文明：手绘历史图鉴

史前文明

[英]尼尔·格兰特◎著　[英]曼纽埃拉·卡彭◎绘　牟超◎译

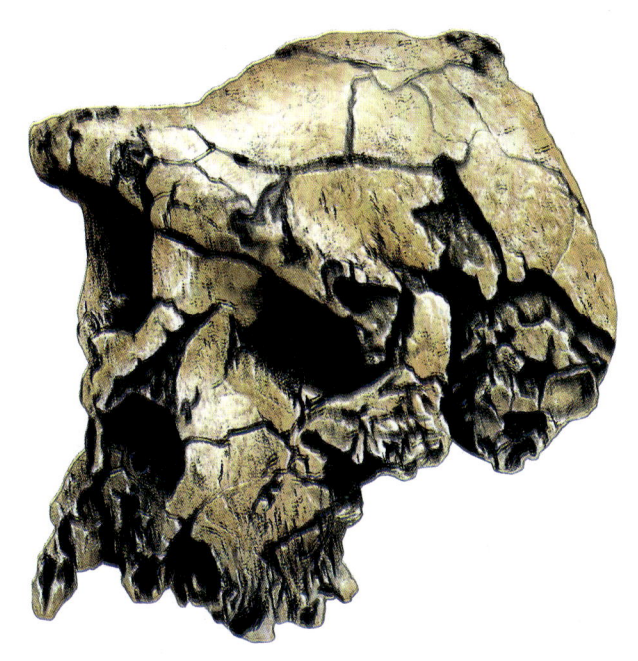

北京日报出版社

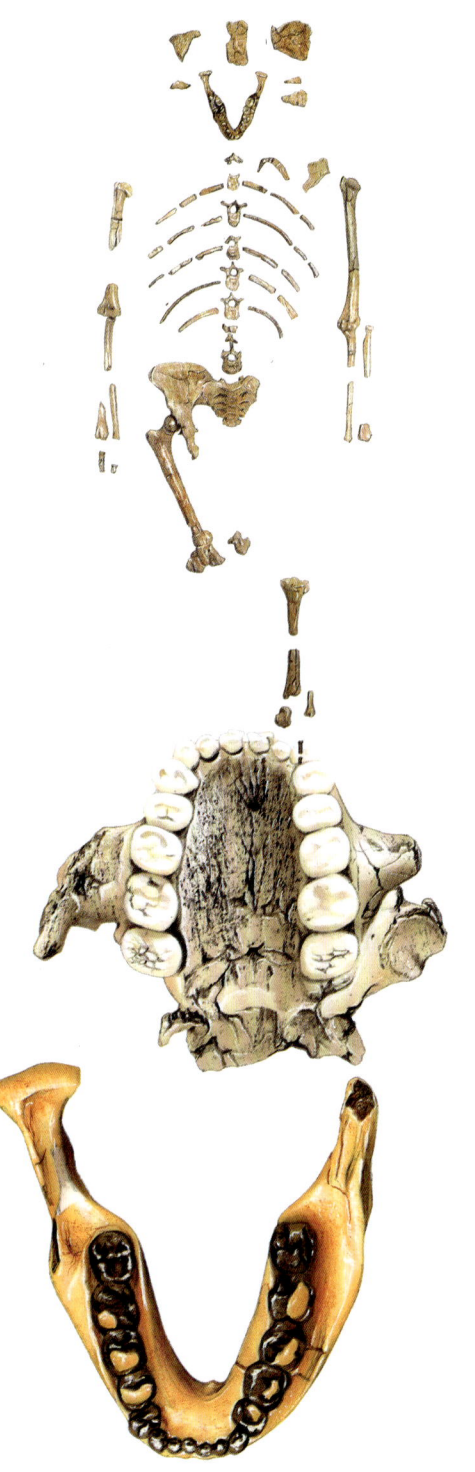

目 录

人类文明的曙光：史前时代 …………………… 3
最早的原始人类 …………………………………… 4
直立行走 …………………………………………… 6
素食的原始人 ……………………………………… 9
群居生活 …………………………………………… 10
能人 ………………………………………………… 12
匠人 ………………………………………………… 14
社会群体 …………………………………………… 16
大迁徙 ……………………………………………… 19
最早的欧洲人 ……………………………………… 20
尼安德特人 ………………………………………… 22
现代人 ……………………………………………… 24
史前艺术家 ………………………………………… 26
寻找栖身之所 ……………………………………… 28
农业的诞生 ………………………………………… 30
村庄 ………………………………………………… 32
从村庄到城市 ……………………………………… 34
最初的人类文明 …………………………………… 36
早期宗教 …………………………………………… 38
史前时代的结束 …………………………………… 41

人类文明的曙光：史前时代

史前时代是指文字记录出现之前很长的一段历史时期。5,000多年前人类发明了文字，而数百万年前人类就已经在地球上生活了，远远早于文字的出现。最近发现的史前化石表明，最早的原始人，或者称为类人猿，可能出现在700万年前的非洲。在接下来的几百万年里，许多不同种族的原始人在地球上进化发展。这些原始人在同一时期的不同地方生活繁衍。最早的智人大约出现在250万年以前，他们的后代开始制作石器，学会用火，并居住在洞穴口、突出的岩石下面或简易的遮蔽所里。凭借在化石中发现的种种迹象，专家们设法拼凑出了早期人类的一些生活方式。

现代人类最早出现在16万年前的非洲，但他们最终离开非洲大陆，分散到了世界各地。在同一时期，欧洲生活着另外一个人种——尼安德特人。尼安德特人消失以后，现代人类——我们所属于的人种，成为地球上唯一生存下来的人种。我们的祖先最初依靠狩猎和采集野菜、野果生活，渐渐地有些人开始了农耕生活。他们的早期聚居地也逐渐发展成为城市，为地球上早期文明的出现奠定了物质基础。后来，人类有了时间发展艺术、宗教和贸易等事项，并发明了文字，这标志着史前时代的结束。

大事记年表

在非洲乍得发现的700万年前的"图迈"颅骨，很可能是最古老的人类

在肯尼亚发现了600万年前的图根原人骨骼

在埃塞俄比亚发现了440万年前的拉密达猿人

在埃塞俄比亚发现了320万年前的南方古猿"露西"骨架

250万年前，罗百氏傍人出现

240万年前，鲁道夫人出现

约200万年前，匠人离开了非洲大陆

190万年前，能人开始制作简单的石头工具

190万年前，匠人很可能是地球上最早的猎人

180万年前，直立人"爪哇人"生活在印度尼西亚

80万年前，先驱人出现在欧洲

40万年前，居住在法国阿马塔的海德堡人搭建了屋舍

20万年前，尼安德特人生活在欧洲等地

10万年前，智人离开非洲分散到世界各地

约2.7万年前，尼安德特人消失

约公元前8,000年，农业始于近东地区

公元前3,500年左右，最早的文明出现在美索不达米亚

公元前3,250年左右，苏美尔人开始使用楔形文字，古埃及人使用象形文字

约在公元前3,100年，英国巨石阵开始修建

最早的原始人类

人科动物中的类人生物属于一个更大的哺乳纲的一目——灵长目。灵长目动物中包括猿类，科学家们认为人类和猿类拥有共同的祖先。1,000万—500万年前期间，最早的类人生物从猿类中分离了出来。今天，科学家们通过研究残留的化石，希望能从中寻找到关于我们的祖先——原始人类更多的信息。

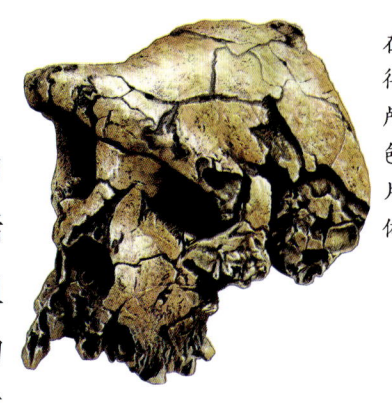

在非洲中北部的国家乍得境内发现了"图迈"颅骨。科学家们试图从包括颅骨在内的骨头碎片中，推算出其整个身体的形状。

最早的人类祖先？

2002年，法国科学家宣布他们发现了迄今为止最古老的原始人颅骨。这种原始人被称为"乍得沙赫人"，昵称为"图迈"，意思是"生活的希望"。人们发现这块颅骨有近700万年的历史，并且认为"图迈"很可能是一位男性，而且推测他的身材大小和现代的黑猩猩差不多。科学家们希望能找到这类原始人更多的颅骨和身体骨骼，这样他们就可以确定"图迈"是一位早期原始人，而不是类人猿。

人类族谱图

经过几百万年的变迁和发展，人类的族谱拥有众多的分支，而不是一条单一的主干。左图展示了不同种类的原始人之间千丝万缕的联系，"族谱图"将错综复杂的人类进化过程用简单明了的方式展现了出来。

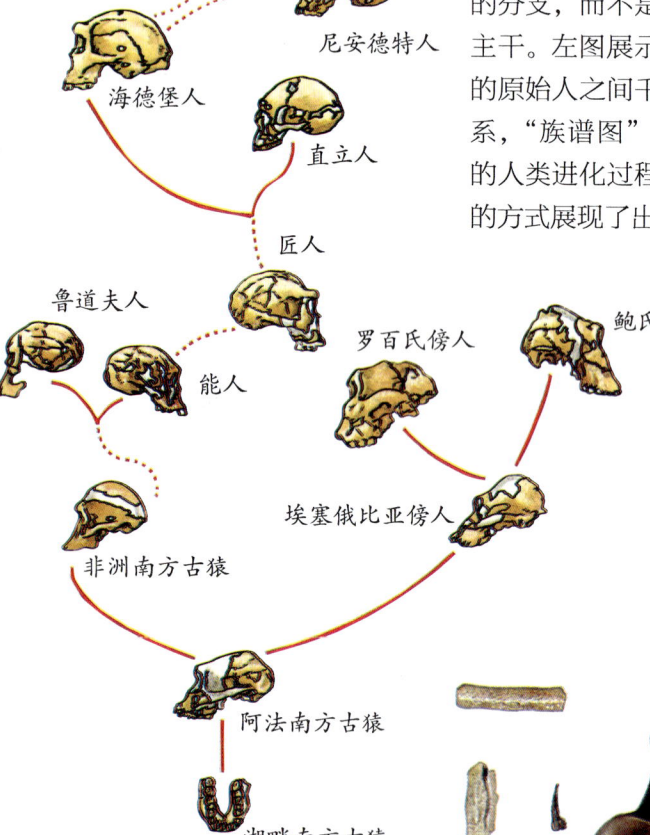

关于原始人历史我们仍有很多未解之谜。未来的化石发现可能会填补这些空白。

千禧猿

科学家们在2000年宣布了一项关于原始人的新发现，此次发现的早期原始人被称为"千禧猿"。其正式名称为"图根原人"（来自肯尼亚图根山）。科学家们从骨骼上推断出，千禧猿既可以爬树，也可以在地上用双腿直立行走。

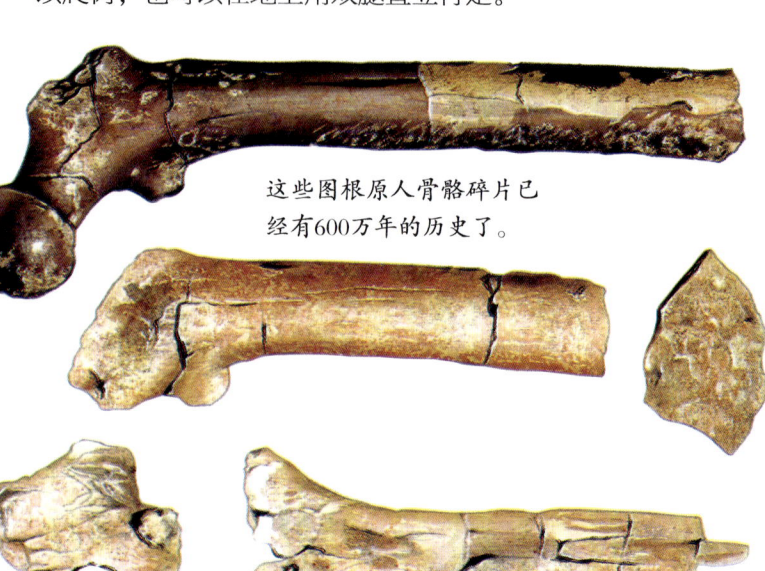

这些图根原人骨骼碎片已经有600万年的历史了。

很多早期原始人，如乍得沙赫人和图根原人，会和猿类、猴子一起生活在林地。就像现代的黑猩猩一样，他们会从树上爬下来，在开阔的草地上行走。

进化

进化是指单个物种在漫长的时期内，从早期的生命形态开始，逐渐发展变化的过程。英国自然主义者查尔斯·达尔文认为所有动物都是通过"自然选择"进化而来。他认为最能适应周围环境的物种，其存活和繁衍后代的成功率最高。绝大多数的现代科学家都赞同达尔文的理论。

黑猩猩的手（左）和人类的手（右）

黑猩猩的脚（左）和人类的脚（右）

 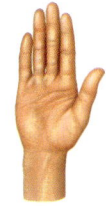  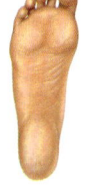

爬树和行走

科学家们在东非的埃塞俄比亚发现了拉密达猿人的遗体。其名字的前半部分"拉密达"的意思是"地猿"。这种生物生活在 440 万年以前。一些科学家认为拉密达猿人用两条腿直立行走。当时的埃塞俄比亚被森林覆盖，即便存在直立行走的情况，拉密达猿人大部分时间也都是待在树上。

拉密达猿人的牙齿还没有进化。一般认为，拉密达猿人是最早的类人动物，是黑猩猩的一个分支。人类和猿类亲缘关系密切。从他们十分相似的手和脚中就可以看出这一点（最左边图）。

5

直立行走

大约 400 万年以前，一群被称作"南方古猿"的早期原始人出现在非洲大陆。科学家们从发现的骨骼判断，在非洲大陆的不同地区居住着几个不同种类的原始人。他们全都用两条腿直立行走。这样可以使阳光照射身体的面积变小，从而更凉爽。直立也解放了他们的双手，他们可以用手抓食物、携带物品和自我防卫。直立还可以让他们越过高高的草丛和灌木，看到更远的地方。

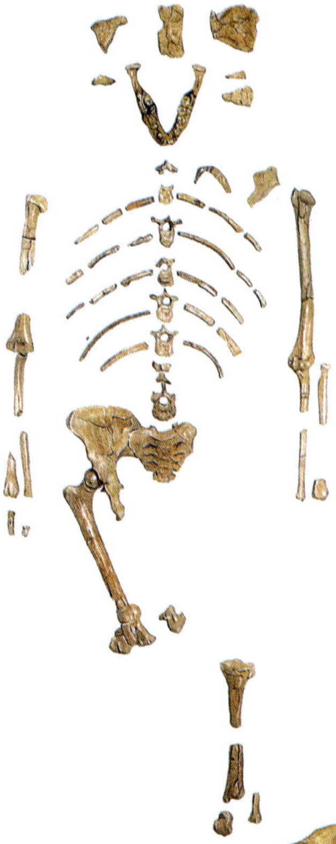

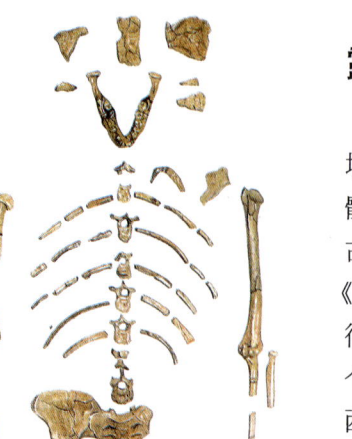

露西

1974 年，研究人员在埃塞俄比亚发现了一些骨骼。这些骨骼属于一位南方古猿。当时，披头士的歌《露西在缀满钻石的天空中》很流行，因此科学家们将这个女性古猿的骨架称为"露西"。从这位女性原始人的盆骨、股骨和胫骨推断，她是用双腿行走的。

露西的骨骼是当时发现的最完整的史前人类骨骼。据推测，她应该有107厘米高，生活在320万年以前。

右图是一个南方古猿的头骨。可以看出，南方古猿的脸大而突出。

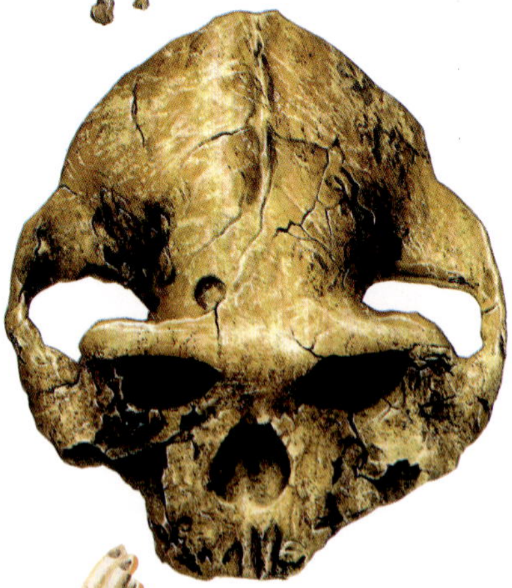

穿越时间的脚印

1978 年，人们在坦桑尼亚发现了两个南方古猿并肩行走的脚印化石。尽管专家们对南方古猿准确的脚部结构并未达成一致的看法，但这些脚印进一步证实早期原始人是直立行走的。

下图是在坦桑尼亚利特里发现的脚印。这些脚印大约是320万年以前留下的。当时，它们印在了潮湿的火山灰上，后来火山灰逐渐硬化，变成岩石，这些脚印就被保存下来了。

女性原始人

女性南方古猿要比男性矮小很多。她们必须在更具攻击性、更强健的男性面前保护自己和宝宝。那时的女性可能会有多个男性配偶，而不是仅有一个。女性们必须相互合作，寻找近地面的食物。她们可能会花大量的时间寻找水果、浆果、草根、树根等食物，并以这些东西为生。她们还会吃鸟蛋、小鸡、白蚁以及一些小型动物，从中摄取身体所需的蛋白质，这样她们才能有足够的母乳来喂养宝宝。

群居生活

南方古猿的脑容量大约是现代人的三分之一。这些早期的原始人没有语言，相貌看起来可能更像现代的黑猩猩，但他们的身体比例和骨骼形态已经和现在的猿类大不相同。科学家们发现大量南方古猿的化石是在一起的，由此可以推断，他们过着群居生活，每个群落大概有20~30个人。群落里的男性会形成十分牢固的关系，其中最强壮的男性就是群落的首领。

和现代的猿类、人类一样，女性原始人精心照顾她们的孩子。

就像现代猿类一样，男性阿法南方古猿很可能对入侵者发起攻击，来保卫他们的领地和族群里的女性。

气候的变化

大约300万年以前，非洲的气候变得愈加干旱，热带雨林和湿润的林地面积变得越来越小，留下一大片干旱的草原。罗百氏傍人主要生活在南非开阔的草原上。很多鲍氏傍人生活在东非的近湖区，那里生长着茂盛的树木、芦苇和其他植物。

右图中的红线表示稀树草原的月平均气温。

右图是在南非发现的大约170万年前的动物角。角上的划痕表明它很可能被傍人当挖掘工具使用过。

挖食物

科学家认为傍人很可能会使用石头、木棍挖掘植物的根、块茎和其他部位。他们也可能使用动物的骨头、角或棍子挖开蚁穴，捕捉白蚁吃。古人类学家（利用化石遗迹研究原始人类的科学家）从史前骨骼上的印记中发现了很多信息。

从粗壮种南方古猿的头骨可以看出，他们拥有大而有力的下颚和坚固的白齿。

上图是非洲白蚁。通过对粗壮种南方古猿牙齿的釉质进行研究，科学家们认为他们很可能以野草为食，或者吃一些像白蚁这样的昆虫。

素食的原始人

大约 250 万年以前，东非出现了不同种类的南方古猿。科学家们将这些原始人类称为"粗壮种"。和早期的"纤细种"相比，粗壮种南方古猿的头骨更重更结实，身体也更强壮。不过大多数个体并不会比早期的南方古猿高很多或重很多。粗壮种原始人通常被称作傍人。大约 190 万年前，第二种相似的原始人出现在南非。通过对颌骨和牙齿的研究，科学家们发现粗壮种古猿的食物包含一些带沙砾的植物块茎。

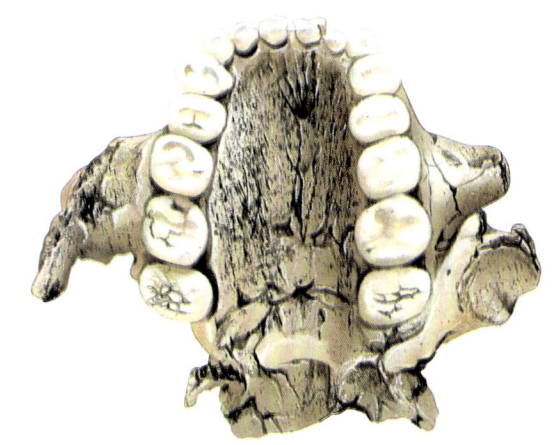

这个保存完好的上颚骨表明粗壮种南方古猿的牙齿上有一层厚厚的牙釉质。

强健的颌骨

粗壮种南方古猿拥有大而有力的下颚，以及坚固的臼齿。男性头骨顶上有一道骨脊，从倾斜的眉骨一直延伸到脑袋后面。他们强壮的颚肌肉与骨脊（又称矢状嵴）相连，使牙齿可以研磨坚硬的食物。正是这些特点，使科学家们相信他们主要吃植物性食物。

下图：东非发现的鲍氏傍人的下颚骨，上面长着大大的白齿。

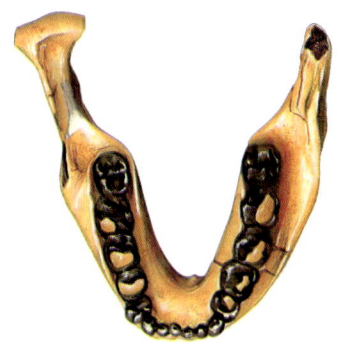

粗壮种古猿主要以素食为主。他们的牙齿适合研磨植物的根和块茎，而不适合咀嚼草类。鸟蛋也是这些原始人的主要食物之一。从左图中我们可以看到，几个原始人正在打开鸵鸟蛋。这幅图大致展示了原始人在栖息地生活时的样子。

群居生活

我们属于人科人属,最早的人属生物生活在大约250万年前的非洲。科学家们曾经认为,在漫长的历史长河中,同一时间只能有一个人类物种,可现在我们发现事实并不是这样。直到距离我们非常近的史前时期,现代人才成为地球上仅存的人类物种。有一段时期,至少有4种不同种类的原始人生活在东非。有些人类物种甚至会为了生存争夺食物。

鲁道夫人

鲁道夫人的骨骼是在肯尼亚的鲁道夫湖附近发现的,并以此命名,鲁道夫湖就是今天的图尔卡纳湖。科学家们在这里发现了很多不同种类的原始人骨骼。最古老的鲁道夫人化石可以追溯到大约240万年前。鲁道夫人是目前已经发现的最古老的人类物种。

早期的原始人会吃一些非洲草原动物的肉,如斑马、瞪羚、高角羚等。

斑马

高角羚

瞪羚

鲁道夫人只吃刚死不久的动物身上的肉,而不吃腐烂的肉,因为腐肉会让他们生病。

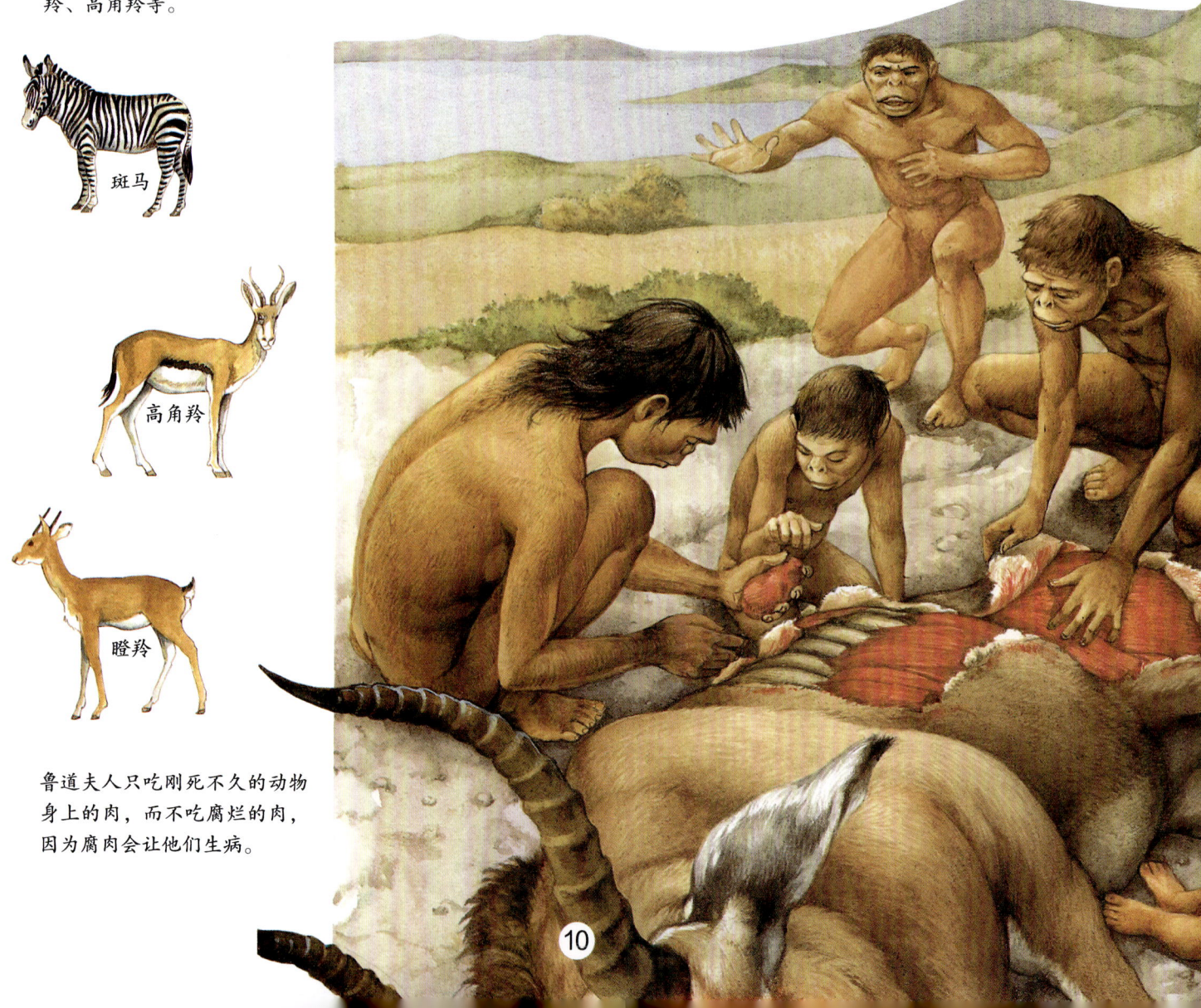

食物的争夺

从180万—190万年前这一时期的化石上可以推断出,另外3个不同的人类物种和傍人中的一种都生活在图尔卡纳湖附近。我们并不是很清楚他们之间是如何相处的,但是能人和鲁道夫人之间很可能争夺过食物。这两种人为了捡死去动物身上的肉吃,会时刻留意那些被大型猫科动物或其他食肉动物杀死的动物尸体。

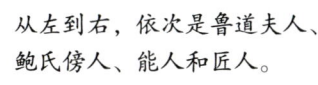

从左到右,依次是鲁道夫人、鲍氏傍人、能人和匠人。

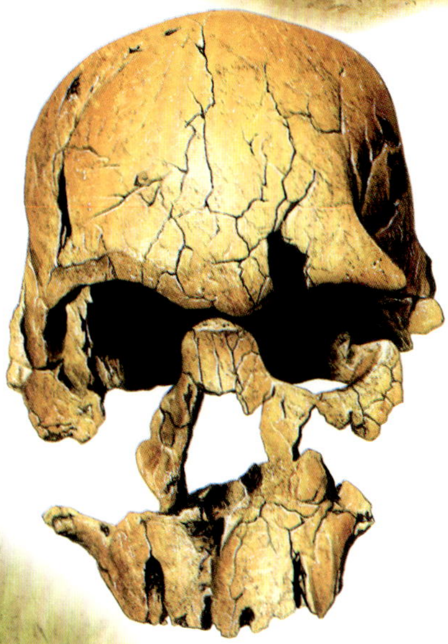

身材大小的比较

能人是东非四种原始人中身材最小的一种,男性身高约为131厘米,女性约为100厘米。鲍氏傍人比能人更高更重一些,但是他们的脑容量很小。匠人是最高大的人种,男性有180厘米高,约66千克重,女性身高为160厘米(和男性鲁道夫人身高差不多),体重约为56千克。匠人脑容量很大——大约为现代人类脑容量的四分之三。

左上图是1972年在图尔卡纳湖附近发现的头骨,已经有190万年的历史。当时的科学家认为它是能人的头骨,不过今天,很多专家认为这应该是鲁道夫人的头骨。

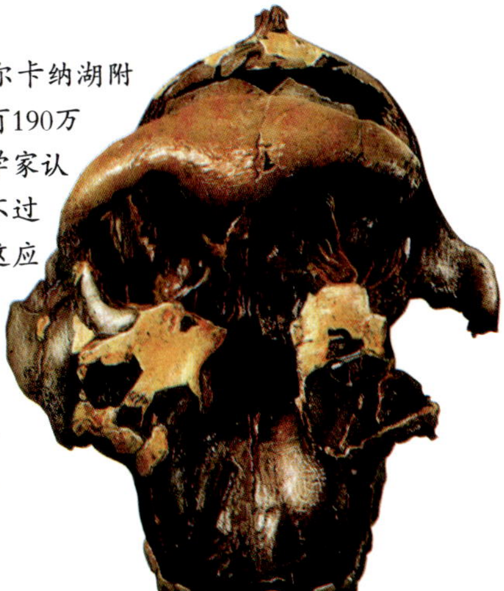

右图:鲍氏傍人的头骨,可以追溯到180多万年前。

成功的捡食者

男性鲁道夫人要比能人高30厘米,而且他们的脑容量也比较大。高大的身材意味着在争夺动物尸体时会成为优胜者,鲁道夫人可以将鬣狗、豺等其他食腐者吓跑,同样也可以打败其他种类的原始人。更强的脑力也有助于他们通过其他线索,如盘旋的秃鹫,寻找到刚被丢弃的动物尸体。

能人

20世纪60年代初,化石勘探者路易斯·利基和玛丽·利基夫妇,以及他们的团队发现了一个原始人的一些骨骼碎片。他们称这位原始人为"能人",意思是"手巧能干的人"。能人的头骨化石已经有180万年的历史。之所以称他们为能人,是因为在他们的骨骼附近发现了一些简单的石头工具和动物骨头。那么他们是不是最早制造工具的原始人呢?最近,科学家们发现有些石头工具可以追溯到260万年之前,由此可见,早在能人或相似人类物种出现之前,就已经有石器被制造出来了。

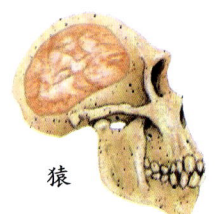
猿

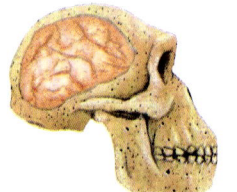
南方古猿

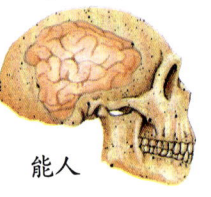
能人

逐渐变大的脑容量

南方古猿的脑容量在几百万年的时间内几乎没有什么变化。不过总体看来,早期人类物种的脑容量是在不断变大的。科学家们根据头骨的脑容量来判断哪些类人动物属于人属。能人的大脑使他们可以比早期类人动物更好地解决问题,包括制造出更高效的工具。

❶ 主石块
❷ 用一个坚硬的石锤敲击另一块卵石
❸ 锋利的石片
❹ 石片用来切割斑马的皮

奥杜瓦伊峡谷

奥杜瓦伊峡谷位于坦桑尼亚境内，有90米深，在图尔卡纳湖以南大约850千米的地方。利基夫妇在这里发现了第一副能人遗骨，后来又陆续发现了一些相似的遗骨。科学家们在遗骨附近发现了很多石头工具，因此他们认为这里很可能是一个生活区。能人曾经聚集在这里，并制造了一些工具，用来从刚死的动物身上切肉吃。

左图是在奥杜瓦伊峡谷发现的一把石斧，属于奥尔德沃文化（东非旧石器时代的文化之一）。

用圆石（右手）敲击石斧（左手）的尖角，可以敲出锋利的薄石片。

右图：在奥杜瓦伊峡谷发现的羚羊下颌骨（下颚骨）。从动物骨骼化石上我们可以找到很多线索，并推断出早期的原始人以什么为食。

工具制造

科学家们将在奥杜瓦伊峡谷发现的最早的石器称为"奥尔德沃石器"。他们在那里发现了碎裂的卵石、圆形的石锤和锋利的薄石片。石锤显然是用来从卵石上敲出锋利石片的。最初，科学家们认为原始人会将卵石打造成工具，但实践证明，敲下来的薄石片可能才是能人使用的最主要工具，因为它们用起来就像匕首一样，非常便利。

最早的房屋？

科学家们在奥杜瓦伊峡谷的一块空地上发现了一圈石头，他们认为这可能是一间简易住所的遗迹。这些石头是房屋的地基，上面支撑一些荆棘之类的树枝，就形成了最早的木屋。现在，科学家们更倾向于认为这一圈石头只是树木朽化后留下的。能人很可能生活在森林里。

匠人

大约 190 万年前，开阔的东非草原上生活着一个新的人类物种，我们称之为"匠人"，意思是"工匠手艺人"。一些科学家认为匠人是非洲"直立人"的起源。无论是男性匠人还是女性匠人，都已适应远离丛林的生活。他们的身材又瘦又高，和现代的人类很相似。除了寻觅动物尸体上的肉和植物性食物，这些原始人还是最早的真正意义上的猎人。

左图的这副骨骼的官方标签为KNM-WT15000，通常称为"纳里奥科托姆男孩"或"图尔卡纳男孩"。

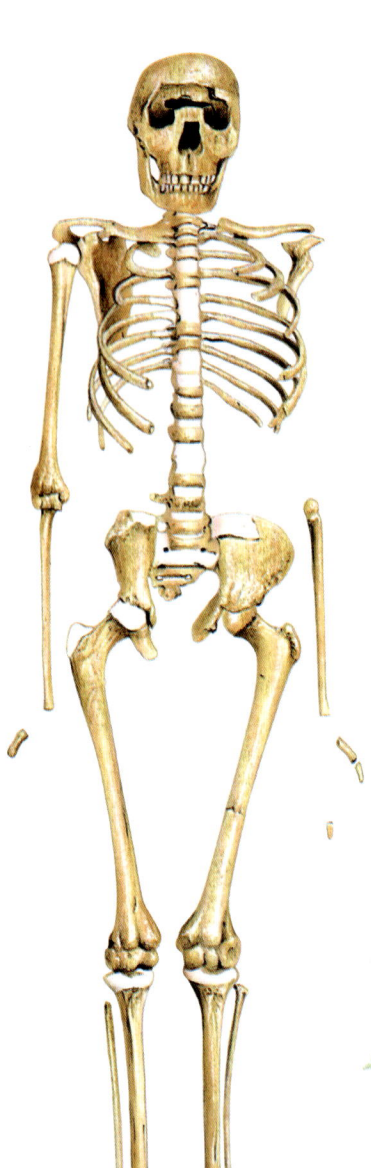

纳里奥科托姆男孩

1984 年，理查德·利基化石勘探队的成员莫亚·基穆，在图尔卡纳湖附近的纳里奥科托姆首先发现了匠人的一个头骨碎片。很快，这个团队就挖掘出了近乎完整的匠人骨骼。这是一副年龄在 9~11 岁之间的男孩骨骼，大约有 160 万年的历史。科学家们推算这个男孩若没死会长得很高，和现在肯尼亚的马赛人身材相近。

狩猎

通过对匠人的牙齿进行研究后得知,他们除了吃植物性食物外,也吃大量的肉类食物。毫无疑问,他们会捡食动物尸体上的肉,但他们也很可能会积极地狩猎。他们会特别留意那些从群体中脱离出来的幼小的、年老的或受伤的动物。匠人体格健壮,动作灵敏,他们会在非洲草原追逐动物,直到动物筋疲力尽,然后将其杀死。

匠人的头骨和更早的原始人相比,脑容量更大。

右图的手斧很可能是匠人在狩猎时使用的。

新工具

和早期的奥尔德沃文化石器相比,"匠人"和"直立人"制造的工具更复杂精细。在这些制作精良的工具中,包括一些泪滴形手斧(左下图)。这些手斧两侧都很锋利,并且指向同一个尖端。钝的那一端圆圆的,方便手握。在接下来的数百年间,这样的工具一直都在被制造,可见非常有用。由于这些工具是在稍晚一些的史前遗址——法国北部的圣阿舍利发现的,所以人们称其为"阿舍利文化"。

身体特征

匠人之前的原始人鼻孔都是扁平的,和猿类很像。而匠人的鼻子和现代人相似,是凸起的。这有助于他们在吸气时将吸入的热空气冷却,同时在呼气时保持身体的水分。匠人的肤色很深,体毛很少,这是适应非洲灼热阳光的结果。这样的进化有助于身体排汗,散发热量。

上图是匠人在猎杀非洲角马。即使是角马这样的大型动物,一旦和群体脱离,也会遭到匠人的追捕。匠人身材修长,会使用石斧和石头猎杀野生动物。

生活在非洲稀树草原上的鬣狗是非常凶猛的食肉动物,会捕食羚羊等动物。在鬣狗或其他大型猫科动物进食结束后,匠人们经常去捡拾它们吃剩的肉吃。

社会群体

只是通过研究发现的化石和骨骼，我们是不可能对原始人的生活方式了解太多的。专家们利用有限的证据，如奥杜瓦伊峡谷发现的遗迹，推测出原始人类是如何生活的。他们认为匠人群落为了寻找食物，走遍了非洲草原和其他地方。他们有时会停留在河流或者湖泊附近，有时会住在突出的岩石下面或者洞穴口。

一小群匠人很可能像这样居住在洞穴里。

成群结队地觅食

和之前的原始人一样，匠人们也是以群体的形式行动。科学家们认为这些群落大概有 100 多人。寻找食物时，族群又会分成多个觅食小分队，每个分队有 10 个人左右。等这些原始人学会了用火，火堆很可能就成了群落活动的中心。

和早期的原始人相比，匠人身上的体毛很少，他们会很专注地为对方梳理毛发。

梳理毛发

人们认为所有的早期原始人都会花时间梳理毛发。他们会相互为对方梳理毛发，去除里面的昆虫、泥土和树叶等。除了实用性之外，梳理毛发还是一种社交活动，用来显示彼此间的尊重和友爱。社会关系就是这样建立起来的。现在的大猩猩每天都会花几个小时相互梳理毛发。

男性匠人和女性匠人都要出去寻找食物。他们寻找的食物包括鸟蛋、块茎和植物的根（上图）、水果、坚果和种子。

和之前的南方古猿以及后来的人类一样,女性匠人负责照顾孩子,并展现她们伟大的母爱。

生育和亲子关系

随着原始人脑容量的增加,他们的头也越来越大。这对女性来说,生产过程会变得更加艰难,而且直立行走使她们的盆骨变得比猿类更窄。在人类缓慢而持续的进化过程中,刚出生的婴儿大脑并没有那么发达,这意味着他们的头在出生时会小一些。然而,这也要求妈妈要花更多精力来照顾孩子,特别是在孩子刚出生的那几年。妈妈通常需要男性伴侣的帮助,并依靠他们为自己和孩子提供食物和保护。

语言的发展

匠人之间很可能通过手势、肢体语言、面部表情以及一些叫声来交流。他们通过挥舞树枝或发出尖叫来表现攻击性或发出警告。科学家认为,匠人的身体虽然和现代人差不多,但是还不具备发音构造,从而不能发出一系列可控的声音。如果说他们有自己的语言形式,那也一定是非常初级的。

左图显示了现代人类的发声通道。我们可以看到,现代人的喉在脖子很低的位置,因此可以讲话。而早期原始人的喉的位置要高得多。我们找到的化石显示,在匠人存在期间,喉的位置有所下降,也就是说匠人是有可能发出一些语音的。

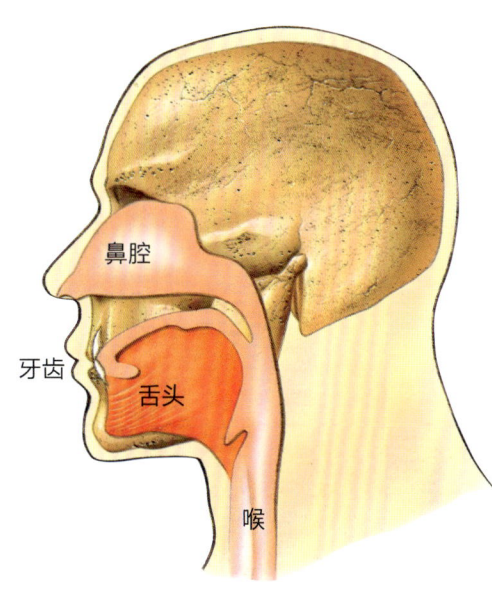

鼻腔
牙齿
舌头
喉

17

大迁徙

在史前的某个时期，非洲的原始人开始向世界各地分散。他们不断迁移，一直迁移到东亚。我们不确定到底是哪一个人类物种最先离开了非洲，以及迁徙的确切时间。很多专家认为，第一批迁徙者应该是匠人或与他们有亲缘关系的人类物种。他们大约是在 200 万年前离开了非洲。到了史前时期，他们的后代有一部分生活在中国东部的洞穴中。

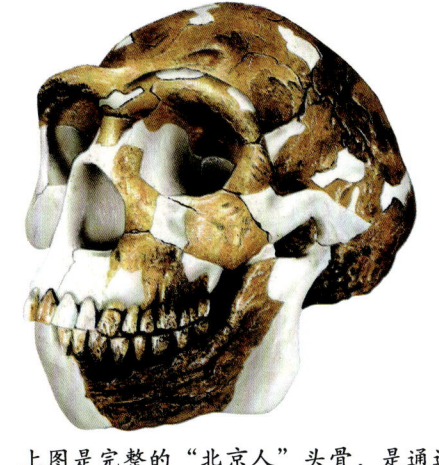

上图是完整的"北京人"头骨，是通过对原始的化石碎片进行复原得到的。

工具的发展

在中国和印度尼西亚发现的史前石器非常简易，还是奥尔德沃文化石器样式。这让很多专家感到意外，因为证据显示早在这之前，非洲的原始人已经开始使用更复杂的石器了，即阿舍利文化。专家们意识到，早在 150 万年前，也就是更复杂的工具出现之前，一些原始人就已经离开非洲了。

上图是"爪哇人"头盖骨。荷兰科学家尤金·杜布瓦最早发现了一些"爪哇人"骨骼碎片，这是其中一块。

走出非洲

这次大迁徙的路程至少有 1 万千米远，这可不是一代人能够完成的距离。人们认为，一小群早期人类在寻找食物的过程中不断行进，最终走出了非洲，而且这一小群人逐渐繁衍成了一个庞大的群体。我们不知道完成这次迁徙花费了多长时间，如果按每 10 年走完 1 千米算的话，这段旅程要花费近 10 万年的时间。

亚洲"直立人"

1891 年，荷兰科学家在东南亚的爪哇岛上发现了原始人化石。迄今为止，"爪哇人"是人类发现的最早的直立人。一些爪哇人化石可以追溯到 180 万年前，这比科学家们原以为的时间要久远得多。20 世纪 20 年代初，在中国北京附近发现了更多的原始人化石遗迹。不幸的是，"北京人"化石在"二战"期间遗失了。

火的使用

根据发现的化石判断，亚洲"直立人"已经学会了用火，而且他们很可能是最早学会用火的原始人。科学家们在北京附近的周口店洞穴中发现了一些 50 多万年前遗留下来的骨头，证明当时的原始人已经学会了将肉烤熟了吃。火给原始人带来了很多好处，比如可以用火做饭，使肉变得容易消化，火堆还可以在晚上提供温暖，吓跑野兽。

亚洲"直立人"是非洲匠人的后代。

"北京人"生活在洞穴的入口处。在完成一天的狩猎和采集食物之后，外出的原始人会返回洞穴，并受到热情的迎接。他们靠捡拾动物尸体上的肉为生，也吃一些野果，如上图中的朴树果。

最早的欧洲人

在欧洲发现的最古老的人类化石，可以追溯到大约80万年前。科学家们在西班牙北部发现了这些化石，并将这些原始人称为"先驱人"。科学家们认为先驱人是海德堡人的祖先。海德堡人大约生活在50万年前，他们的遗迹在欧洲的很多地方都有发现。在东非甚至可以找到更古老的海德堡人化石。科学家们认为海德堡人很可能就是后来的尼安德特人和现代人的祖先。

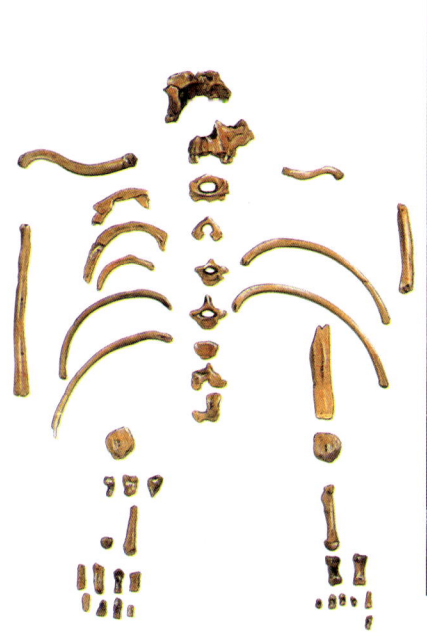

上图是在西班牙北部的阿塔普尔卡发现的先驱人骨架。先驱人被认为是海德堡人的祖先，匠人的后裔。

冰河世纪

在早期欧洲人生活的时代，曾经发生过气候巨变，早期的欧洲人不得不忍受漫长的冰河世纪。那时冰原从北极地区向下移动，覆盖了大片的陆地，特别是北方大陆。海德堡人的生活十分艰难，他们的人口数量并不多，还要适应寒冷的气候。在冰河世纪，冰期和间冰期交替转换。间冰期冰川消融，气候变暖，但是时间较短。

阿马塔遗迹

阿马塔史前遗迹位于地中海附近的法国尼斯，有着40万年的历史。人们在海滩营地发现了原始人遗体化石，以及一些长轴为7.5米的椭圆形木屋。在其中一个木屋里，考古学家发现了浅浅的炉灶，里面有火燃烧过的痕迹，另外还找到了一些石器。

左图是阿马塔遗址木屋复原图。从图上可以看到，弯曲的树枝被聚拢在一起做成屋顶，还在地灶的上方留了一个排烟孔。

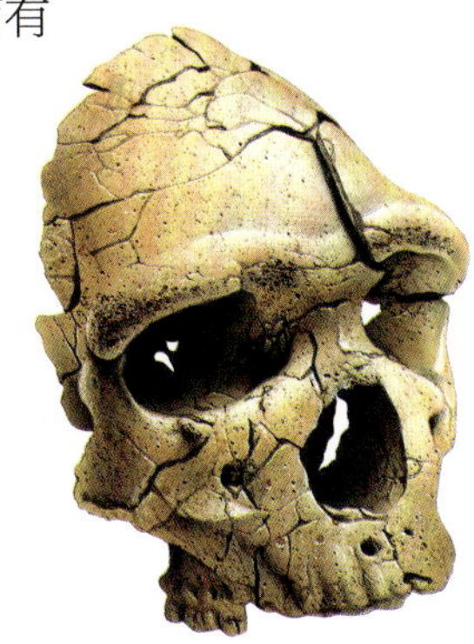

上图的这个头骨是保存最完好的海德堡人化石之一，发现于法国南部的阿拉戈洞穴，大约有40万年的历史。

海德堡人

科学家们认为海德堡人，无论男女，身材都很高大、健硕。他们骨骼强壮，身形和现代人类差不多。不过，他们的脸和我们长得不一样。他们的额头倾斜，眉骨突出，下巴短小。他们的脑容量仅比现代人类小一点点，但并没有发明出自己的语言。

海德堡人使用长矛捕杀野生动物。使用长矛可以远距离攻击猎物。右图的木制长矛是在德国的舍宁根发现的。

① 海德堡人都很高大强壮，是非常优秀的猎手
② 大角鹿。这种巨型的鹿现在已经灭绝了
③ 海德堡人可能居住在木屋里
④ 海德堡人用石器切割大角鹿
⑤ 篝火

狩猎技术

从德国舍宁根遗址的一些发现中，我们可以了解到早期的欧洲猎人在狩猎时会使用2米长的长矛。这些有40万年历史的长矛矛尖非常锋利，是用云杉木做成的，平衡性良好，可以像标枪一样投掷出去。海德堡人还找到了一种特殊的岩芯制造石器，这些岩芯具有一定的形状，简单地敲击几下就能形成切割工具。

衣服

从发现的石器可以看出,尼安德特人会刮制兽皮。他们可能通过咀嚼来使兽皮变软。有些兽皮还可以用来搭帐篷。专家们认为兽皮一定会被做成衣服,这是因为当时的气候非常寒冷。尼安德特人用带状或条状的皮革将动物的毛皮缝在一起,做成衣服。

右图的这个骨头吊坠大约制作于34万年前,是在一个尼安德特人和现代人共同生活过的遗址中发现的。因此,考古学家无法确定这个吊坠是属于尼安德特人还是属于现代人。

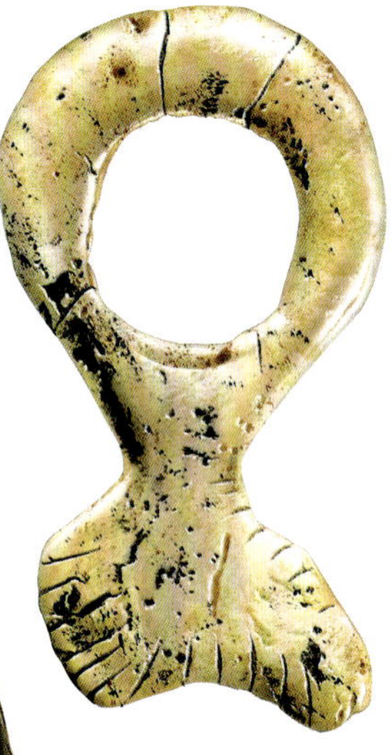

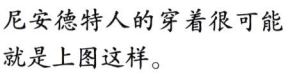

尼安德特人的穿着很可能就是上图这样。

尼安德特人

1856年,在德国的尼安德特山谷发现了一种原始人的化石。1864年,这种原始人被命名为"尼安德特人"。1856年之前,在尼安德特山谷曾经发现过3块头骨碎片,但它们并不属于尼安德特人。从1856年起,我们开始了解尼安德特人。他们和现代人有着非常紧密的亲缘关系,生活在距今20万年以前的欧洲、中东和西亚。他们身材粗壮,在北欧严寒的气候下成功地存活了下来。

狩猎工具

尼安德特人主要吃采集到的植物性食物，除此之外，他们也会捡食动物尸体上的肉或进行狩猎。他们非常擅长制作石器，例如在木制长矛上绑上锋利的尖石。这种长矛并不是像标枪一样投掷出去的，而是用来猛刺猎物。在捕猎大型动物时，这样的动作十分危险。

早期的原始人会用石器将长矛的一端削得很尖、很锋利。

穴居者

尼安德特人很可能是群居生活，每个群体有10~12个成人。他们会四处寻找食物，然后回到同一地点。尼安德特人主要居住在洞穴口或突出的岩石下面，另外也会在洞穴或者开阔的空地上用兽皮和其他材料搭建简易的栖身之所。尼安德特人会生火，地灶通常很浅，也很简易。

下图是绑在长矛上的尖石。

上图是在法国多姆的尼安德特人遗址发现的木桩，有着5万年的历史。这个木桩很可能是用来支撑简易的帐篷的。

洞穴口要比洞穴深处更适合居住，因为这里光线良好，干燥又通风。

右图是用现代手法重现的尼安德特人葬礼。

葬礼

尼安德特人是最早埋葬死者的原始人之一。我们不能确定他们是不是总会将死去的人埋葬。尼安德特人的墓地通常都很简单，在遗体周围找不到任何陪葬品。不过，研究人员在乌兹别克斯坦的一处墓地中发现过一圈野生山羊角，还在位于伊拉克沙尼达尔的5万年前的古墓中发现了一些花粉，这表明尸体可能被放在了鲜花铺成的床上。不过，今天的考古学家认为，这些花粉很可能是沙漠中的老鼠带进墓中的。

左图：早期的现代人极具冒险精神，他们的足迹遍布全球，并制造出全新的工具和武器。

现代人

如今生活在地球上的人类，包括你我，都属于一个人类物种——智人，"智"是"聪明智慧"的意思。没有人确切地知道我们的物种最早是在什么时间、什么地点出现的。大多数科学家认为现代人类起源于非洲，大概在16万—13万年前之间。大约在10万年前，现代人成群地离开了非洲，就像200万年前的早期原始人一样。

亲缘关系

智人和尼安德特人是近亲，海德堡人是他们共同的祖先。和尼安德特人相比，现代人身材更高，骨骼更纤细，下巴更突出，前额没有那么倾斜。一些科学家认为这两个人类物种可能在小范围内有过结合，目前还没有足够的化石证明这两个人类物种有大量的基因混合。

一群现代人偶然间发现了尼安德特人的营地，并饶有兴趣地观察起来。在这两个人类物种共存的时期，这样的景象是不是经常发生呢？未来的研究将会告诉我们答案。

唯一幸存的人类物种

大约2.7万年前，尼安德特人似乎在地球上消失了，现代人成为这颗星球上仅存的人类物种。西班牙南部的萨法赖阿遗址是已知最后的尼安德特人遗址之一。大多数专家认为，是现代人的入侵导致了尼安德特人的灭亡。现代人击败尼安德特人后，占领了他们的土地，致使尼安德特人流离失所，失去了食物来源。随着现代人数量增加，尼安德特人群体人数不断减少，直至灭绝。

尼安德特人和现代人

现代人和尼安德特人在欧洲至少共存了1万年,在西南亚地区共存的时间可能更长。我们并不知道他们是否居住在同一区域,如果是的话,他们之间的接触到什么程度了呢?是什么时候相遇的?又是如何交流的?专家认为,早期现代人在语言运用上要比尼安德特人强得多。

右图:早期现代人将鸵鸟蛋壳做成手链,作为表达友谊的礼物。

上图:将早期现代人克罗马努人头骨(左)和现代人头骨(右)进行对比,科学家们发现他们属于同一人类物种——智人。

右图是在葡萄牙发现的一副4岁儿童的骨骼,死于2.45万年前。这副骨骼同时拥有尼安德特人和现代人的特征,因此一些科学家认为这两个人类物种曾经有过结合。其他的科学家则认为这只是一副长得比较粗壮的智人男孩骨骼。

走出非洲

在奥莫(今东非埃塞俄比亚境内)发现的现代人头骨碎片已经有12.5万年的历史了。这些史前人类的头骨已经和我们的十分接近,属于同一物种。1931年在以色列首次发现了现代人骨骼化石,最新研究表明,这些骨骼化石距今已经有10万年之久,是非洲地区以外最古老的现代人骨骼化石。

史前艺术家

在世界各地，包括非洲、亚洲、澳大利亚，都发现了早期现代人创作的史前艺术作品。其中最著名的早期艺术作品，可能要数新石器时代的克罗马努人（以法国西南部的洞窟命名）在洞穴内画的壁画了。1994年在法国发现了肖韦洞穴，里面的壁画可以追溯到3.2万年前。对史前艺术家们来说，这些绘画和雕塑作品可能有独特的象征意义，也可能是他们表达知识、情感和信仰的一种方式。

左图是史前人类雕刻的石灯，发现于法国拉斯科洞穴，燃烧的是动物的脂肪。在漆黑的洞穴深处，早期艺术家们使用油灯或火把来照明。

右下图：这个用来投掷的矛是用驯鹿角雕成的。

下图：这个马形雕饰是用猛犸象牙雕成的，发现于德国福格尔赫德的一个洞穴内，大约雕刻于3.2万年前。

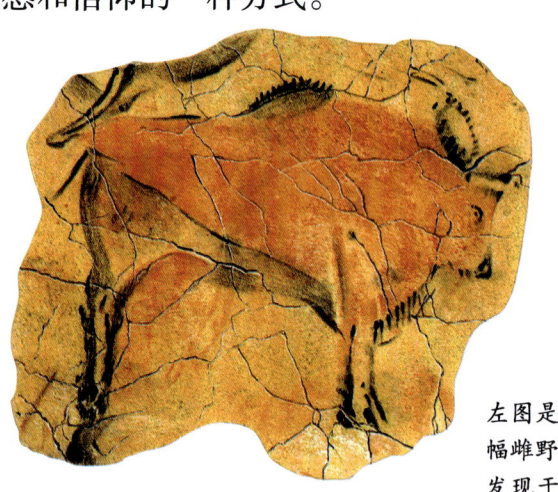

左图是洞穴壁画上的一幅雌野牛图，长1.6米，发现于西班牙北部的阿尔塔米拉洞窟。

右图是《维伦多夫的维纳斯》。这个雕像看不见脸部，有将近3万年的历史。目前在欧洲发现了好几个这样的石灰石雕像。

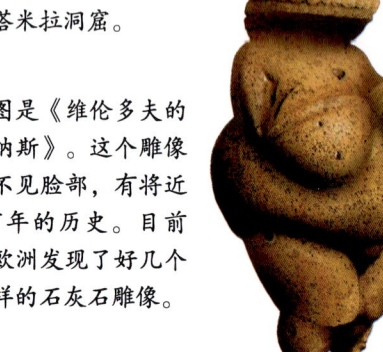

洞穴壁画

早期艺术家已经掌握了各种各样的技巧。一些洞穴壁画只是勾勒简单的轮廓，而有些则使用了多种颜色。红色颜料是从铁的氧化物中获得的，黑色来自木炭，黄色来自赭土，白色来自黏土。史前艺术家们用手指、炭笔、树枝或皮毛做成的刷子将颜料涂在岩石上。大多数作品画的都是动物，后来加上了一些人的形象，看起来像是狩猎时的场景。

右图：绘于澳大利亚卡那封峡谷砂岩峭壁上的岩石画。上面的模板图案包括手、飞镖和棍棒。

随身携带的物品

史前艺术家们还会用石头、骨头或其他材料雕刻一些雕像或其他物品。雕刻出来的动物有些非常精致，而雕刻出来的女性雕像通常非常的臃肿和夸张。有些小雕塑，如上图中的马，很可能是佩戴的吊坠。

土著艺术

在澳大利亚的很多地方都发现了史前岩石图画。原始人大概是在6万年前到达了澳大利亚，他们的图画很多都是采用的模板创作法。史前艺术家们将赭土颜料和水混合含在嘴里，然后将物体压在岩石上，往上面喷颜料，这样就在岩石上留下了物体的形状。

乐器

早在 3 万年前，心灵手巧的人类就已经开始制作乐器了。他们将骨头雕刻成多孔的长笛。在某个史前遗址里，人们还发现了一组大块的燧石片，这些燧石片很可能是史前时期的木琴的一部分。巨大的猛犸象骨头可能会用来做鼓或响板。我们很难想象，几千年前会从洞穴深处发出怎样令人惊叹的声音。

左图的骨质长笛的碎片，发现于法国西南部的洞穴。

下图：在法国西南部的拉斯科洞穴，若干史前艺术家形成一个创作团队。他们搭建木质平台作为脚手架，在洞穴的岩壁和顶部作画。拉斯科洞穴壁画大约绘于1.7万年前。

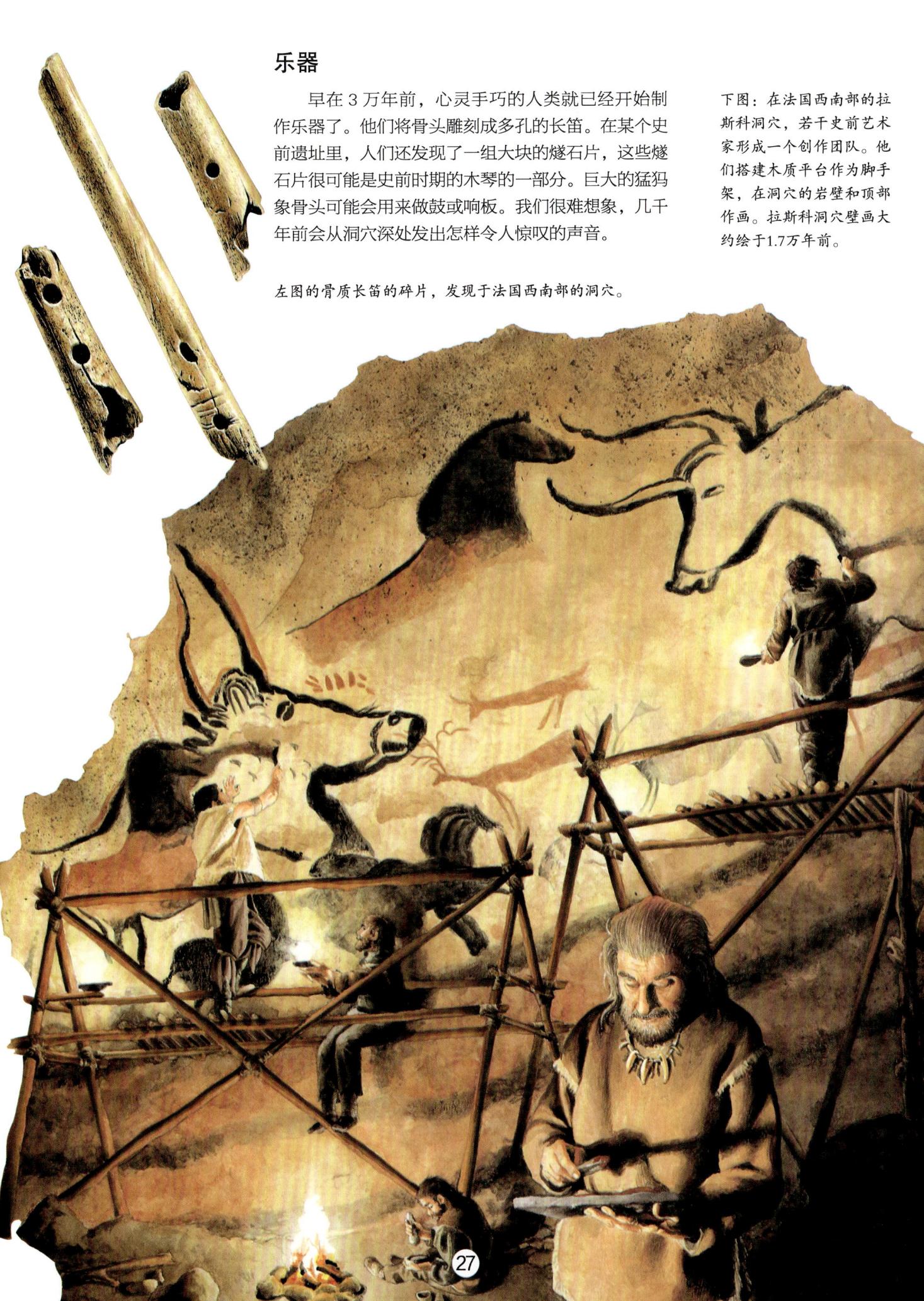

先在岩壁上凿一些洞固定木棍,搭出房屋结构,然后用兽皮围起来,再用大石头压住兽皮,就做成了帐篷。

岩石居所

像早期的原始人一样,克罗马努人和其他现代人通常在突出的岩石或峭壁下寻找合适的住所。这些岩石住所可以为他们挡风遮雨,朝阳的居所在中午的时候会变得特别暖和。到了冬天,现代人会在住所上围一些兽皮来保暖。

寻找栖身之所

早期的原始人就已经开始修建住所,现代人在房屋建造上又向前迈了一步。我们通常称史前人类为"穴居人",也许是个误称。当然,确实有很多原始人是居住在洞穴口和岩石下的。不过,早在 2.5 万年前,我们依靠打猎和采集食物为生的祖先,就已经开始利用可以获得的材料建造半永久性房屋了。

① 用巨大的猛犸象的象牙所建的拱形大门
② 用猛犸象的颅骨、颌骨、肩胛骨、肋骨和腿骨做小屋的框架
③ 用泥巴填补骨骼间的缝隙
④ 每个小屋的宽度在6~10米之间
⑤ 在地下永久性冻土层挖的坑可以像冰箱一样储存肉类,然后用猛犸象的肩胛骨把坑盖住
⑥ 石器和骨头工具
⑦ 用猛犸象的皮将小屋遮盖住,防止雨水进入

28

炉灶是史前住所最重要的一个特征。收集生火的材料是每天十分重要的一项工作。

缝纫

史前人类已经能制作十分精致的针了，用来将兽皮缝合在一起。有了针，原始人就可以缝制衣服、袋子和帐篷。右图是一些尖尖的骨针，最长的有10厘米。

左图是骨针。在史前遗址附近可以找到许多这样的骨针。

在迈兹里奇考古遗址，人们发现了一些装饰品和首饰，右图的象牙雕像是其中一个。

火的使用

克罗马努人要比以前的原始人更擅长用火。他们的炉灶，或生火的地方，通常是用一圈石头围起来的土坑，这样可以更好地保存热量。克罗马努人还发现打击火石可以产生火花，这可比钻木生火要简单快捷得多。他们会将石头放进火里，烧热后再扔进铺好兽皮的坑里，将里面的水加热。

猛犸象骨屋

在乌克兰迈兹里奇村庄附近的第聂伯河畔，人们发现了1.5万年前的一处圆形棚屋露营地。因为这片区域曾经是树木稀缺的草原，依靠狩猎和采集生活的原始人只能用其他建筑材料，如猛犸象的骨头，来建造房屋。大部分象骨是他们从河滩捡回来的，也有一部分是他们成功猎杀猛犸象后获得的。这些小屋的结构非常复杂，经考古学家们推算，建造一个这样的小屋需要10个人工作6天才能完成。

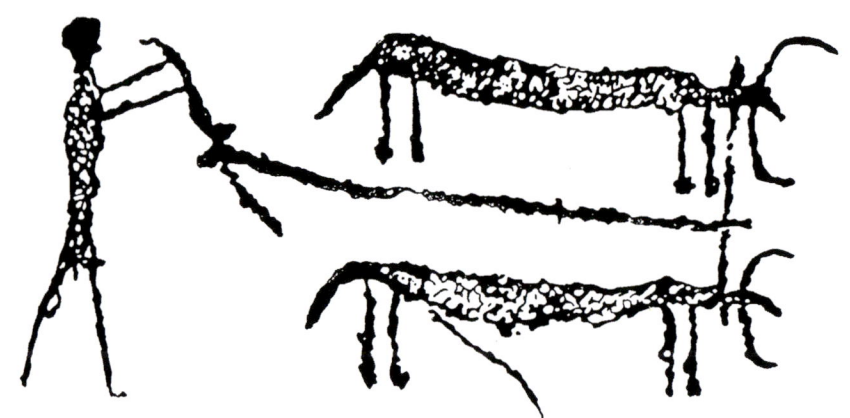

左图是在意大利发现的青铜器时代的图画,画上一个人在赶着两头牛拉犁。

耕种土地

耕种土地一点儿也不轻松,整个家庭都要付出辛勤的劳动,特别是在播种和收获季节。有一点非常重要,就是农田要靠近良好的水源。人类的早期定居地耶利哥城(位于中东),就是公元前 8,000 年左右在一条溪流附近兴起的。耶利哥周围的土地一年有两次收成,因此农民们还可以储存一些余粮。

庄稼和家畜

人们很快就了解到,在自己的土地上可以饲养绵羊、山羊等动物。不同地区种植的庄稼不同,饲养的家畜也不一样。公元前 7,500 年,中国的农民开始种植谷子和水稻,并饲养猪。中美洲的主要作物是玉米,南美洲的农民则会在家中饲养羊驼和豚鼠。在非洲和印度河流域,也很早就发展了农业。

农民通过饲养山羊获得羊肉、羊奶和羊毛。

农业的诞生

大约 1 万年前,在最后一个冰河世纪结束之前,现代人靠狩猎和采集食物为生。为了寻找食物,他们不得不四处游走。随着冰原融化,地貌开始发生改变,世界变得越来越温暖干燥。一些地区的人们开始种植他们经常采集的植物。这个新方法的成功,使人们可以在一个地方定居下来,转变成为农民。农业的兴起彻底改变了世界上大多数人的生活方式。

下图：在收割庄稼的时候，每个人都要下地劳作。这幅图显示了耶利哥定居地收获庄稼时的景象。

左图是非洲岩画，画上一个牧民正在放牛。

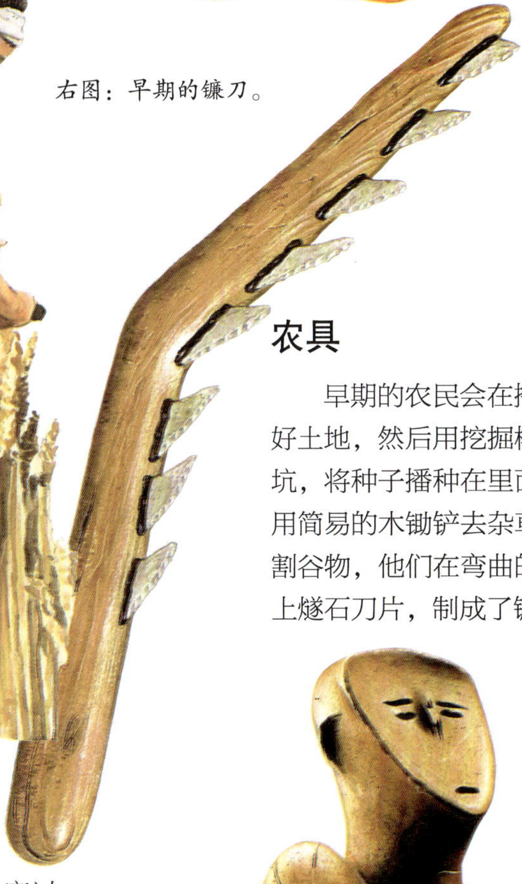

右图：早期的镰刀。

农具

早期的农民会在播种前清理好土地，然后用挖掘棒在地上挖坑，将种子播种在里面。他们会用简易的木锄铲去杂草。为了收割谷物，他们在弯曲的木棍上嵌上燧石刀片，制成了镰刀。

农业发源地

早期的一些农民生活在西南亚的新月沃地。这个地带从扎格罗斯山脉的山麓向外延伸，呈弯弯的新月状，穿过今天的伊朗、伊拉克、土耳其、叙利亚、黎巴嫩、以色列和约旦的部分地区。野生的谷物，如小麦和大麦，在这里生长良好。早期的农民开始播种这些谷物的种子，并在收获的时候将长得最好的植株的种子保留下来，留在下一季播种。这样庄稼变得越来越好，得到的粮食也越来越多，收成一年比一年好。

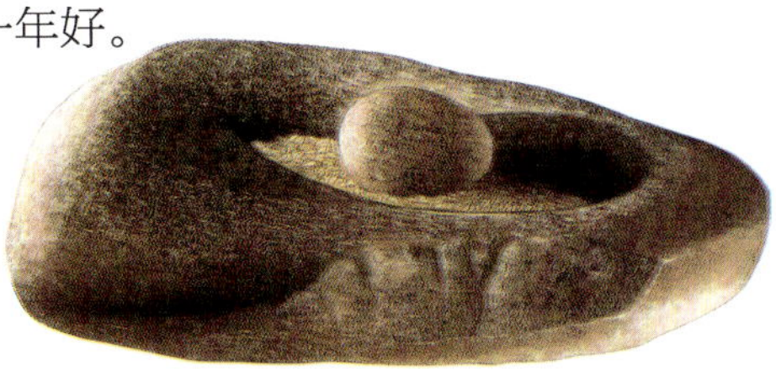

早期农民用磨石制作面粉。用简单的杵（圆形卵石）在研钵（扁平的石头）内碾磨谷物。

大约在公元前6,000年，农业传入了欧洲。上图是在匈牙利发现的陶像，制作于公元前4,500年左右。塑造的可能是一位扛着镰刀的男子，或者某位神。燕麦、黑麦等谷物在这个区域生长良好。

31

村庄

人们会选择最好的地点居住下来，通常是在溪流附近，因为这里有充足的新鲜水源。然后他们开始建造更结实的永久性房屋，通常一家人都住在一个房子里。随着房屋数量的不断增加，一个小小的聚居部落就发展成为拥有数百人口的村庄。由于不用再携带着物品四处迁移，村民们可以放心地制造工具和其他有用的物品了。

来自塞斯克洛的花瓶，大约制作于公元前4,500年。

塞斯克洛

塞斯克洛史前遗址位于希腊东北部，被认为是欧洲第一个农耕村落，大约形成于8,500年前。那里的早期居民种植庄稼，饲养牲畜，在石头地基上修建泥砖房。村落外还建有厚厚的石头围墙，居住人口多达400人。

陶器

陶罐又重又容易碎，这对于四处游走，靠狩猎和采集食物为生的早期原始人来说，非常不实用。不过，随着早期村民的定居，陶罐开始成为存储的容器和烹饪的器皿。最早的陶罐制于日本，大约是1.2万年前。每个陶器都有独特的形状和艺术装饰，历史学家可以根据这些特征来鉴别物品属于哪个史前文化。

下图是希腊塞斯克洛早期农耕村落复原图。

右图是中国北方出土的陶器，制于公元前4,000年左右。

上图是在英国斯卡拉布雷的奥克尼村落发现的骨质骰子，说明当时的村民们已经有了休闲娱乐的时间。

手工艺品

一些村民成为制作工具、容器、炊具和首饰的手工艺者。1991年，在奥地利和意大利边境的厄兹塔尔阿尔卑斯山脉发现了一具保存完整的男性尸体，大约死于5,000年前，人们称其为"奥茨"或"冰人"。在他的身边，考古学家们发现了一些日常用品，包括一个桦树皮容器、一张编织的网、一把匕首和一把斧头。

在斯卡拉布雷的奥克尼村落，村民们用石头制作家具。左图是一个石制储物柜。

房屋

建造房屋使用的材料都是就地取材。在新月沃地附近，大部分村落的房屋都是用泥砖建造的。中国的半坡遗址是世界上最早的农耕村落之一，是在黄河支流流域发展起来的。人们住的房屋是用泥巴和干草的混合物建成的，用木柱做支撑，墙体呈圆柱形，屋顶呈圆锥形。斯卡拉布雷的气候非常寒冷，而且木材稀缺，那里的村民用石板修建房屋。

右图复原的是中国的半坡遗址，村民们会将房屋的一部分当作储藏室，用来存储谷物。

从村庄到城市

农业的成功需要更多参与劳作的人。随着村庄规模的不断扩大，人口越来越多，这意味着人们要种植更多的庄稼，饲养更多的牲畜。和原始人相比，村落居民更容易将孩子抚养长大，因此出现了很多大家庭。村庄很快就发展成了城镇，之后发展成城市。这时，人们要学会在拥挤的居住区一起生活和劳作。

左图为在土耳其加泰土丘出土的女性陶土雕像，塑造的可能是生育母神。

上图是加泰土丘出土的抛光陶罐。

手工艺者

在加泰土丘，农业的成功意味着人们有了时间发展手工业。制陶人开始制作储存的容器，编织工开始用灯芯草或羊毛制作纺织品。工匠们还学会了冶炼金属的方法，他们用铅或铜制作各式各样的吊坠和珠子，这些都是非常早期的金属工艺。

早期的宗教

耶利哥人会对死者的头部进行一些特殊的处理，这可能是一种祭祀方式。他们在死者的头上涂满灰泥，有时还会在上面画一些图案，在眼窝处放上贝壳。在加泰土丘，人们烧制了很多女性黏土塑像。历史学家们认为这很可能是某种生殖崇拜。

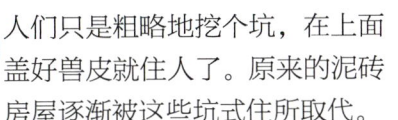

下图是耶利哥人建造房屋时使用的泥砖。人们用手将湿泥或黏土塑造成形，然后放在太阳下晒干。制砖者会在砖上按出手指印，用来填充砂浆。

耶利哥

耶利哥村落的形成要比加泰土丘更早一些。但是发展却不像加泰土丘那么迅速。公元前6,000年，耶利哥村落大约有3,000个居民。这里的房屋在年久失修倒塌后，人们会直接在上面修建新的房屋。甚至在某段时间，人们只是粗略地挖个坑，在上面盖好兽皮就住人了。原来的泥砖房屋逐渐被这些坑式住所取代。

上图是涂满灰泥的耶利哥人头骨。

在加泰土丘，城市里的手工艺人的大部分工作都是在屋顶上进行的。

右图是黏土图章。每个家庭都有自己独特的黏土图章，很可能是用来标记衣服或其他物品。

加泰土丘

加泰土丘位于今天的土耳其，公元前7,000年左右，人们开始在这里定居。经过1,000年的发展，这个小村落变成了一个拥有5,000人口的大型居住区。人们居住在长方形的泥砖房里，房子之间的墙壁挨得很近，因此入口是建在平坦的屋顶上的。不同高度的房屋之间用梯子来连接。有些房屋的内壁装饰有壁画。死者的尸体就埋葬在房屋下面。

来自哈拉帕文化的陶土模型。塑造的是两头公牛拉着一辆两轮车，上面坐着一个驾车人。

最初的人类文明

最早的文明大都诞生于亚洲和非洲土壤肥沃的河谷地区。第一个文明是公元前3,500年左右的美索不达米亚文明。接下来是尼罗河流域的古埃及文明和印度河流域的两座精心规划的城市。公元前1,800年左右，中国出现了第一个王朝。随着这四个区域内部和彼此之间的贸易不断增加，文明的重要性越来越凸显出来。

印度河流域

公元前4,000年左右，人们开始在肥沃的印度河冲积平原上耕种土地。主要的聚居村落逐渐发展成两大城市——摩亨佐·达罗和哈拉帕。两个城市的统治者居住在有防御功能的城堡中，普通市民居住在街道规划整齐的居民区里。居民房屋有盥洗室和卫生间，并与街道下面的排水系统相连。摩亨佐·达罗城中甚至还有大浴池。

美索不达米亚

美索不达米亚的意思是"两河之间的土地"，指的是幼发拉底河和底格里斯河之间的地区。公元前3,500年左右，这个地区的一些农耕城镇逐渐发展成为城邦。历史学家认为这些城邦形成了世界上最早的文明——苏美尔文明。强大的苏美尔城邦，包括乌尔和乌鲁克，不断占领与其相邻的城市，成为小的王国。

在金属钱币出现以前，古代中国人用贝壳当货币。

上图是苏美尔人佩戴的鹰状吊坠，鹰的头是用金子做的。

36

中南美洲

人类首次穿越亚洲到达北美洲是在 1.8 万年前。之后一小群依靠狩猎和采集食物为生的原始人不断南移。公元前 3,000 年，在中美洲出现了农耕群落。500 年之后，在中美洲和南美洲的安第斯山脉区域出现了村落。公元前 1,200 年以后，奥尔梅克人开始在墨西哥湾附近围绕礼仪中心建造城镇。

公元前3,000年，南美洲太平洋海岸的聚居村落开始制作陶器。下面这些陶俑就是那个时期制作的。

左图是来自摩亨佐·达罗的彩绘陶罐。早在公元前3,500年左右，那里的制陶工匠就开始使用陶轮了。

1. 摩亨佐·达罗的大浴池面积为12米×7米，深2米多，用泥砖建成。在去旁边的寺庙祭拜之前，人们要先在这里沐浴
2. 木板台阶
3. 小浴室
4. 偏房
5. 石柱廊
6. 围绕浴池的主墙厚度约为2米
7. 平平的屋顶是用木板建成
8. 两轮车和牛

早期宗教

宗教的起源很可能来自人类对雷电风暴、火山地震等自然现象的敬畏。认识到阳光雨露有助于形成肥沃的土壤，是生命不可或缺的东西后，人类开始膜拜这些自然现象。也可能是死亡让人类想到了超自然的力量，他们开始想象日常生活以外的另一个世界。虽然我们不知道史前人类的信仰是什么，但考古学家们发现了早期宗教存在的证据。

这是一个史前墓石牌坊，或平顶石墓，位于意大利巴里。

石碑

6,000多年前，西欧的人类会在坟墓上或其他举行仪式的地方竖立石碑。有些仪式是为了庆祝丰收和土地肥沃，有些仪式则是为了告知季节的变化。其中最著名的一处遗址是位于英国索尔兹伯里平原的巨石阵。大约在公元前3,100年，开始了巨石阵的第一阶段的修建。

考古学家不能确定史前建筑者们是如何将这些石头竖立起来的，不过可以肯定的是，这是一项非常巨大的工程。他们很可能利用滚木将巨石移到合适的位置，然后用绳子把巨石拉起来。而将过梁石横在上面的时候，史前人类可能还会使用脚手架。

宗教表达

对史前艺术家们来说，洞穴壁画可能具有一些象征意义。这些壁画很可能被认为是能够带来幸运的魔咒。他们画一些动物或许是为了能够拥有源源不断的、安全的食物来源。或者这些史前艺术家们只是单纯地相信，只要在洞壁上画了这些动物就能控制它们。

上图是法国拉斯科洞穴壁画。两个长着巨大弯角的动物是野牛——现代牛的祖先。最左边的动物，长了两个细长的直角，很可能是虚构的神话动物。

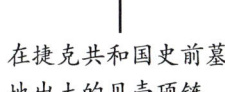

右图是在法国的一个洞穴中发现的图画。一个人装扮成动物的样子，他很可能被认为拥有神奇的魔力。

左图是在罗马尼亚发现的赤陶土女性塑像，可能是生育的象征。

在捷克共和国史前墓地出土的贝壳项链。

墓葬

我们知道，尼安德特人有时会将死者埋葬，而现代人在数千年间一直都在这样做。大多数时候，现代人会在死者的墓里放一些陪葬品。这说明当时的人们相信有来生，并相信这些物品会对逝去的人有帮助。在俄罗斯的桑吉尔，考古学家们发现了一座已经有2.8万年历史的古墓，里面的陪葬品有手镯、项链和几千颗珠子。

下图是巨石阵的复原图。在一年中的某些特定日子，某些巨石的连线会指向当天太阳升起或者落下的地方。

神灵

一些早期人类认为，神灵就存在于大自然中，如太阳、月亮、山川和河流。还有一些早期人类认为自然力量拥有人类的特质。这些想法使人们开始相信世界上存在多位神灵，并进行祭祀。在早期的美索不达米亚地区，每个村落都有自己的守护神，苏美尔人还为他们的守护神建造了神庙。

左图是来自摩亨佐·达罗的赤陶土母神像。摩亨佐·达罗位于今天的巴基斯坦。

右图是公元前2,500年左右的一个赤陶土雕像，来自马耳他巨石庙。一些专家认为这可能是个牧师。

左图是献给月亮女神的金字塔形神庙，位于苏美尔的乌尔城，约建于公元前2,100年。

右图是古埃及书记员的彩绘石灰岩雕像,大约制作于公元前2,500年。他的腿上放着一本纸莎草书卷,右手握的应该是芦苇笔。

书记员

最早的文字出现在美索不达米亚和埃及地区,在文字发明以后,很长一段时期只有少数人懂得读书写字。因此,能够用文字记录事件的书记员在当时十分重要。他们主要为统治者、宗教官员和牧师工作。正是因为书记员的存在,现代历史学家们才能了解到大量关于人类早期文明的信息。

美索不达米亚的书记员在用泥板记录农业收成。他们在湿泥板上刻下一行行文字,然后放在太阳下晒干或在火上烤干。

40

史前时代的结束

公元前4,000年左右，人类进入了书写时代。人们开始用图片、符号和一些特殊的记号记录事物，不同的文化诞生了不同的书写体系。在很多地区，这些书写符号逐渐发展成为字母。只有极少数群体，如澳大利亚的土著居民，从来没有产生过书写文字。文字是人类非常重要的发明，同时也标志着史前时代的结束。文字发明以后，历史就有了记录。

苏美尔人使用的黏土代币（左下）和空心球（上图）。他们通过将代币密封在空心球里来记录贸易项目。

古埃及和美索不达米亚

最早的美索不达米亚书写系统，很可能是从早期苏美尔商人使用的黏土代币发展而来。公元前3,500年左右，苏美尔人将贸易代币封进空心球中，几百年后，他们在黏土泥板上书写文字。文字的形状呈楔形，因此被称为"楔形文字"。在同一时期，大约公元前3,250年，古埃及人开始使用不同形式的文字——象形文字。

印度河流域和中国

不同的地区发展出了不同的文字体系。文字的概念从一种文化传播到另一种文化，然后各个文化都会独立地发展出自己的文字。印度河流域文字最早形成于公元前2,500年左右。1,000年后，古代中国人开始在骨头和龟壳上书写文字。虽然文字的风格特征发生了改变，但是汉字的基本体系一直没变。因此汉字成了当今世界上仍在使用的最古老的文字体系。

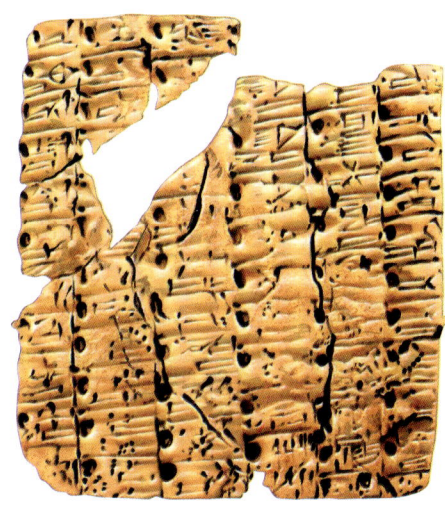

上图：乌鲁克城早期的黏土泥板，很可能是账簿的一部分。

下图：来自印度河流域摩亨佐·达罗的石头印章。现代学者还没有破译这种古老的文字。

古埃及的象形文字用符号表示声音，用图形表示字母。例如猫头鹰（上图）就表示字母"M"。

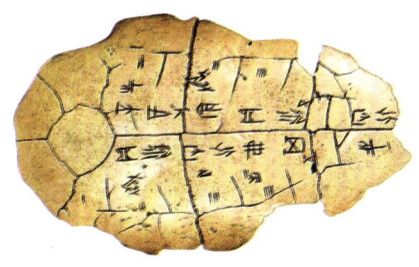

左图是古代中国人在龟壳上书写的文字。古代中国人将龟壳加热至裂开，他们相信裂纹形成的图案就是祖先给予他们的指引。

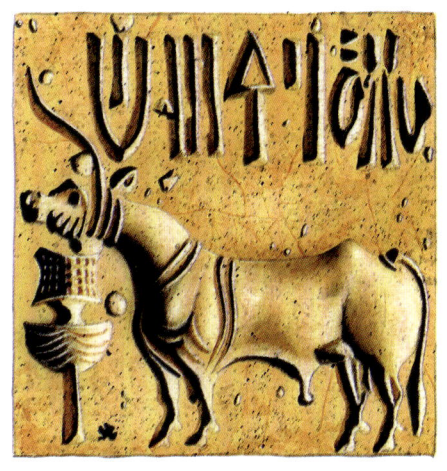

图书在版编目（CIP）数据

文明：手绘历史图鉴. 史前文明 /（英）尼尔·格兰特著；（英）曼纽埃拉·卡彭绘；牟超译. -- 北京：北京日报出版社，2023.10

ISBN 978-7-5477-4211-2

Ⅰ.①文… Ⅱ.①尼… ②曼… ③牟… Ⅲ.①文化史 – 古罗马 – 儿童读物②文化史 – 阿拉伯半岛地区 – 古代 – 儿童读物 Ⅳ.① K103-49

中国版本图书馆 CIP 数据核字 (2021) 第 257526 号

北京版权保护中心外国图书合同登记号：01-2022-5624

Everyday Life in Prehistory
Text by Neil Grant Copyright © 2017 Nextquisite Ltd., London
Illustration by Manuela Cappon Copyright © 2017 Nextquisite Ltd., London
First published in 2005 by McRae Books Srl, Florence (Italy)
All rights reserved.

文明：手绘历史图鉴

史前文明

出版发行：	北京日报出版社
地　　址：	北京市东城区东单三条 8-16 号东方广场东配楼四层
邮　　编：	100005
电　　话：	发行部：（010）65255876
	总编室：（010）65252135
责任编辑：	姜程程
印　　刷：	天津善印科技有限公司
经　　销：	各地新华书店
版　　次：	2023 年 10 月第 1 版
	2023 年 10 月第 1 次印刷
开　　本：	889 毫米 ×1194 毫米　1/16
总 印 张：	21.25
总 字 数：	660 千字
定　　价：	168.00 元（全 5 册）

版权所有，侵权必究，未经许可，不得转载

文明：手绘历史图鉴

印第安人

[英]尼尔·莫里斯◎著　　[英]曼纽埃拉·卡彭◎绘　　蔺鹏飞◎译

北京日报出版社

目 录

文明的碰撞：印第安人 ……………………………………… 3
最早的定居者 …………………………………………………… 4
筑丘人 …………………………………………………………… 6
第一批农民 ……………………………………………………… 8
第一批小镇 ……………………………………………………… 10
西南村民 ………………………………………………………… 12
沙漠游牧民族 …………………………………………………… 14
北极地区 ………………………………………………………… 16
富饶之地 ………………………………………………………… 18
西北之家 ………………………………………………………… 21
高原和大盆地 …………………………………………………… 22
加利福尼亚 ……………………………………………………… 24
大平原 …………………………………………………………… 26
圆锥形帐篷 ……………………………………………………… 29
大平原上的习俗 ………………………………………………… 30
北部森林 ………………………………………………………… 32
东北林地 ………………………………………………………… 34
易洛魁村庄 ……………………………………………………… 36
东南林地 ………………………………………………………… 38
欧洲人的到来 …………………………………………………… 40

文明的碰撞：印第安人

1万多年前，部分亚洲人迁移到了北美洲。他们分成不同的族群，在这片大陆上四处游荡，捕猎野生动物，采集蔬果，或者在海洋、河流和小溪中捕鱼。后来族群之间相互融合，变成了多达百人的小团体。小团体逐渐发展壮大，形成部落。不同的部落中，语言、风俗习惯和信仰也不相同，原有的北美印第安人有成百上千种语言。生活在不同地区（如北极、大平原、东部林地）的部落，渐渐适应了自己所在区域的生活方式。有些部落猎杀美洲野牛、驯鹿、海豹和鲸鱼，有些部落则定居下来发展农业，种植玉米、大豆和南瓜等主要作物。另外，他们的房屋也各有不同，有的部落住在木屋或者长屋中，有的部落生活在地洞里。流动的部落则利用动物的皮毛和桦树皮搭成圆锥形状的帐篷或者简陋小屋。

500多年前，欧洲探险者给这片大陆带来了巨大的变化。他们为这些部落带来马匹的同时，也给这个"新世界"带来了疾病和战争。这些侵略者贪婪地掠夺印第安人的土地。印第安人被从自己的家园驱逐了出去，不得不改变传统的生活方式。今天，越来越多的人开始推崇印第安人的传统生活方式，因为这些生活方式尊重自然，有利于长期发展。

大事记年表

约公元前26,000—前11,000年
白令陆桥形成

约公元前18,000—前13,000年
第一批人类从亚洲迁移到北美

约公元前9,000年
克洛维斯人在大平原繁荣发展

约公元前7,000年
北美出现第一批半永久性的居住地

约公元前1,000年
早期丘堆建造文化起源

公元前600年
北极地区多尔塞特文化崛起

公元前100—公元500年
霍普韦尔文化进入繁荣期

约100年
西南地区霍霍坎文化兴起

约700年
密西西比文化兴起，村庄发展成城镇

约800年
西南地区的阿纳萨齐人开始定居，
修建洞穴形成村落

约1000年
图勒文化在北极地区兴起

约1000年
维京探险家莱夫·埃里克森
发现北美洲

约1200年
卡霍基亚成为密西西比河
流域第一大城市

约1400年
北部的阿帕切人来到西南的沙漠地区

1492年
哥伦布到达美洲

1620年
"五月花"号轮船载着移民
到达马萨诸塞州

最早的定居者

第一批来自亚洲的游猎采集民族，通过俄罗斯和阿拉斯加之间的白令陆桥（现已变成了白令海峡的海床），踏上了美洲大陆。我们不知道他们迁移的确切日期，但是大多数考古学家认为时间应该在公元前2万—前1.5万年之间。之后不断有人继续向南移动，直到几千年后，从北美到南美就都有人类居住了。

克洛维斯文化

最早的北美印第安人是以新墨西哥州的克洛维斯命名的。他们大约以10个家庭成员为一个小团体。男人负责猎杀猛犸象、河狸和其他动物。女人则负责采集野生的水果蔬菜，照顾孩子，为家人做饭。克洛维斯人在北美分布范围很广。

白令海峡

现在的白令海峡，连同西伯利亚及阿拉斯加的大片地区统称为白令陆桥。大约在公元前2.8万—前1.3万年之间，白令海峡结成冰面，在亚洲和北美洲之间架起了一座大陆桥。尽管冰面在不断融化，但那时候天气冷冽多风，冬天黑暗而漫长。

当第一批人类开始踏上白令陆桥的时候，有一段时间，冰面融化严重，难以穿行。当时的风景应该和现在的阿拉斯加差不多。

当时的人类之所以踏上白令陆桥，很可能是因为他们正在追逐自己的猎物。

克洛维斯人将锋利的石块绑在长棍的一端（上图），以团队协作的方式猎杀猛犸象之类的大型动物。

工具

早期的美洲印第安人通过打磨石块边缘使其变得锋利。他们还会使用梭镖投射器以便更快更准地捕杀猎物。石器可以用来切下象牙和骨头，还有兽皮。渐渐地，大型动物被猎杀得越来越少，他们开始更多地依赖水果和蔬菜填饱肚子。

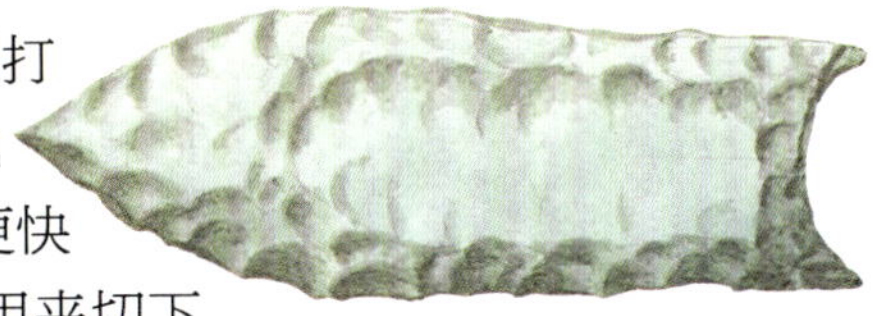

上图的这块在新墨西哥州发现的石器，是用来狩猎和切割皮毛的。

右图中的石盘和小块圆石是用来研磨种子的，就像现在的杵和臼一样。

史前动物

最早的美洲印第安人以猎杀大型哺乳动物为食，如猛犸象、乳齿象、大地獭、河狸等。大约在1万年前，这些动物都灭绝了，很可能与全球变暖所导致的气候突变有关。

剑齿虎是一种可怕的食肉动物（右图），它能对史前最大的哺乳动物构成威胁。

觅食

离开冰川踏上北美大陆后，以游猎采集为生的美洲印第安人发现这片地区有着肥沃的土壤和丰富的野生植物。在大型动物不断灭绝的情况下，这对他们来说太重要了。这里有大量能食用的植物根部、水果、浆果以及榛子和山核桃等坚果。在沿海游荡的部落则捡食贝类。

女人们根据代代相传的经验，知道在什么地方能够找到食物。上图这个女人在完成一天的"觅食"工作之后返回部落。

筑丘人

早期的美洲印第安人会筑起巨大的丘堆，用来埋葬死者或有一些其他用途。这些土丘上的土都是靠人一筐一筐背上去的，因为当时没有车，也没有牲畜。我们在俄亥俄州的遗迹中发现了第一批筑丘人，并称其为"阿登纳"。从公元前600—前100年，阿登纳文化十分繁荣，之后又出现了霍普韦尔文化（也是以俄亥俄州的遗迹命名）。

这个铜制面具（上图）展示了霍普韦尔人眼中的自己。

上图向我们展示了丘堆的内部情况，里面是骨架和殉葬品。

葬礼仪式

很多丘堆里面只是一个简单的坟墓，个别坟墓里面会放有死者焚化后的骨灰。酋长或者地位较高的人的遗体会安放在原木做成的坟墓里。在安葬之前，死者身上会被撒上一些赭石的粉末。坟墓中还会放上一些陪葬品，如串珠、罐子、武器和陶土烟斗。

俄亥俄州的巨蛇山长400多米（下图）。左端的椭圆形的坟堆代表着蛇即将吞下的蛋。这座巨蛇山可能是由阿登纳人或者霍普韦尔时期的印第安人建造的。

象形丘

至今，那些并没有安葬死者的丘堆仍是一个谜。它们常常被称为"象形丘"。有些象形丘状似长蛇，有的像鸟儿或乌龟，这可能是某些重要酋长的象征，或者是在向先祖表达敬意，而一些考古学家认为它们可能代表着天上的星辰。

贸易网

为了获得装饰性和实用性的材料，霍普韦尔人和其他地区的部落开始了一些贸易往来。例如他们的铜和铅来自五大湖地区；黑曜石和灰熊牙齿来自落基山脉；水产品来自大西洋沿岸和墨西哥湾地区；闪闪发光的云母则来自阿巴拉契亚山脉。

上图是一把用黑曜石做成的匕首，可能用于某种仪式上。

右图的这个霍普韦尔青蛙是用铜制成的，其双头的造型是用锋利的燧石刀切成的。

这个陶罐（左图）的表面装饰着勺嘴鹬——霍普韦尔人最喜爱的装饰。

印第安人在采摘蔬果的同时，会把种子保留下来，播种在肥沃的土壤里，并对其进行培育。向日葵是第一批被培育的植物，人们不断用更好的种子来培养下一茬向日葵，使向日葵变得越来越大，越来越粗壮。之后南瓜、紫菀属植物等作物也得到了培育。这些作物和肉类、水果、蔬菜一起成了印第安人食物的一部分。

匠人工艺

阿登纳的女人会制造一些简单的陶制器皿，而男人则会把铜打制成手镯、戒指和项链等装饰品。霍普韦尔人甚至还可以用铜制作人工鼻子，放在死者脸上。他们还用金、银装饰耳环和其他珠宝。研磨赭石的石片上还会刻一些好看的动物图案。

葵花籽富含蛋白。印第安人用葵花籽榨制食用油。

第一批农民

学会种植作物为印第安人定居创造了条件。玉米的培植是北美农业文明的开始，之后传播到了西南地区和中美洲。人们将玉米和南瓜、大豆一起种植。印第安人开始把土地和信仰联系在一起，随着种植方式的成功，他们开始用剩余的农产品和其他部落进行贸易。

左图是一把锄头，它是用木棍和骨头做成的。

耕种

妇女一直以来主要负责的就是采集工作，因此她们在农业种植上承担了大部分的农活。她们在播种、照料和收集作物等事情上非常熟练，并且会将这些知识传给自己的女儿。她们认为只有幸运的女人才能在土地上播种。而那些不幸运的女人，比如被蛇咬过的，则会被安排去做其他的事情。

种植作物的农田一般离村子很远。妇女们会搭建一些平台，以方便孩子们驱赶那些危害作物的鸟儿（上图）。

庆祝丰收

农民为了丰收,对早期的准备工作以及作物生长期间所需的雨水非常重视。霍皮人会在夏末的时候举办"大蛇仪式",即男人将蛇含在口中载歌载舞。人们也会将一些爬虫放归大漠,他们认为这些爬虫会将自己的祈求告知上苍,带来丰沛的雨水。

玉米的用途

玉米的用途有很多,东南地区的部落能用玉米制作上百种食物。林地部落的人会用玉米配水和灰在火上煮玉米粥。人们还会将玉米碾成玉米粉,和大豆混合制作"豆煮玉米"。玉米的秸秆可以用来生火,玉米皮则可以制作面具、坐垫和玩偶。

普韦布洛人会举办一场玉米舞来庆祝丰收。左图中的男子手中拿着一节树枝和一个装满鹅卵石的摇鼓——其摇动后发出的声响代表着雨声。

右图是休伦人用玉米皮制作的玩偶,脑袋是木头做的。这样的玩偶可以是孩子的玩具,也可以是某种仪式上的道具。

左图是用玉米皮做成的面具。佩戴这副面具的人会被认为拥有治愈的魔力。

灌溉

很多田地都是紧邻水源的。在干旱的季节,人们必须要学会利用有限的水源。在当今亚利桑那州的索诺兰沙漠地区,霍霍坎人通过挖掘沟渠让为数不多的河流与自己的田地相通,这样他们就能灌溉自己的田地了。用这种方法,他们可以一年收获两次玉米。

神圣的烟草

烟草一般会单独种植,并一度被认为能够治愈疾病和祛除邪灵。人们先将烟叶晒干,然后放在精美的烟斗中吸上几口。而在求雨或者欢迎贵客的时候,人们会使用"神圣的烟斗"。

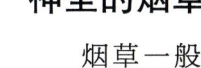

上图是帕塔瓦米人用鹰羽装饰成的烟斗。

"三姐妹"

印第安人认为玉米是最重要的农作物,是来自"上帝的礼物"。而被人们称为"三姐妹"的玉米、大豆和南瓜是北美印第安人食物中的标配。玉米的秸秆可以给大豆提供养料,大豆则可以将其他两种作物消耗的养料重新补充好,同时南瓜宽大的叶子可以保持土壤中的水分。

人们将被称为"三姐妹"的玉米、南瓜和大豆种在同一块土地上。

塞尼卡人使用的篮子。

第一批小镇

玉米等农作物的成功培植使得密西西比河流域变得越来越重要。800年左右，密西西比河河岸的村庄逐渐发展成了小镇，和早期的文化一样，丘堆也是一个重要的象征。当时最大的城市坐落在伊利诺伊州的卡霍基亚，由酋长和贵族们统治着。另外在芒德维尔、亚拉巴马州、埃托瓦和佐治亚州等地区，也出现了城镇。

在卡霍基亚外围有五圈木桩围成的圆环。历史学家认为这是用来观测一年当中某个特殊的日子太阳所在的位置的，和现在的日历有相似的功能，它可以告诉人们最佳的播种日期（右图）。

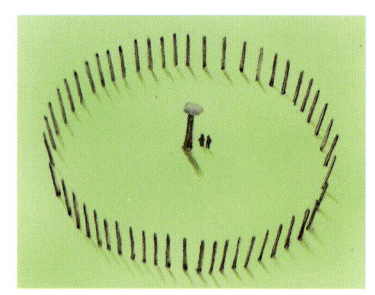

卡霍基亚

历史学家相信在卡霍基亚的全盛时期，即1200年左右，居住人口达到了3万多人，并且周围还有很多的村庄和定居点。卡霍基亚人建造了100多座丘堆，其中一部分是用来在上面建造木制建筑，另一部分则是地位较高的人的坟墓。

这个锄头是用燧石做成的（上图），可以用皮带穿过上面的凹槽将其捆绑在木柄上。密西西比人经常使用燧石制作各种工具。

这个人头形状的陶罐（左图）可能用于某种仪式上。考古学家认为在密西西比文化中陶器主要是由女性制作的。她们展现出了高超的工艺水平。

酋长和贵族

生活在密西西比河流域的部落有着严格的等级制度。密西西比人相信酋长是太阳神的子嗣。作为伟大的太阳神的代表和宗教领袖，酋长理应受到绝对的尊敬和崇拜。他出门坐在人抬的轿子上，住在最高的丘堆上。在酋长及其家人之下是贵族阶级，普通民众则向他们交纳玉米或其他东西作为贡品。

这具被称为"公主"的骷髅（左图）身上覆盖着大约2,000颗珍珠。珍珠在密西西比河流域备受喜爱。

信仰及仪式

密西西比人会举行一种被称为"南部崇拜"的宗教仪式。这种仪式同中部地区的很多部落所举行的仪式有共同之处，都会将人作为祭品。祭祀用品上会刻上十字、太阳、流泪之眼、啄木鸟和蜘蛛等图案。从出土的祭祀用品上可以看出印第安人对死亡和来生有着浓厚的兴趣。

左图的这个彩绘瓶子上的旋涡图案可能有某种象征意义。

右图的这个铜制头颅展示了南部崇拜典型的分叉眼睛形象。

卡霍基亚地区有着大量的僧侣土丘（建于900—1050年间）。土丘上有很多小棚屋，其中有一间屋子位置最高，规模也最大，人们认为这就是首长的屋子。

卡霍基亚的中心被一圈栅栏围了起来（上图）。它的功能可能是将宗教场所和平民居住区域划分开。

西南村民

阿纳萨齐人建造的阶梯状房屋。

大约在88年，美国西南部的阿纳萨齐人开始在新墨西哥州建立村庄。他们建造的多是大型的多层房屋，而且还会在地下建造"基瓦会堂"。西班牙探险者们称阿纳萨齐人为"普韦布洛"（意思是村庄）。今天生活在亚利桑那州的霍皮族就是阿纳萨齐人的后裔。

上图：几百年前，印第安人用丝兰叶子编织彩色的背带、筛种子用的篮子和麻布袋。

下图：基瓦会堂是人们编织、斋戒、祭祀和净化自身的场所。人们有时候也将自己重视的东西放在这里，例如祈祷杖、用羽毛装饰的面具，以及扮演克奇纳神的舞者所穿的服装。

编织与纺织

女人们负责编篮子，人们用篮子盛装丰收的玉米等食物或孩子，甚至包括水。纺织工作大多是由男人们来做。他们先将棉花摘下，待女人们将棉花染色之后，将其纺织成线。男人们用高大的织布机将线纺织成布，这样全家的衣服就有保障了。

基瓦会堂

阿纳萨齐人（包括他们的后人霍皮人）会在地下的基瓦会堂举行重要的会议，或者组织宗教活动。通常会堂只允许男人进入，而女人只有在参加特殊仪式的时候才能进入。在2月的帕瓦姆节上，孩子们会被带到基瓦会堂，在这里，一位扮演灵界信使——克奇纳神的男人，会给孩子们讲一些吓人的故事。

左图：在查科考古遗址处发现了几处基瓦会堂。村庄紧挨着村庄，并通过笔直的街道与村外的小的定居点相连。

下图：这些陶制器皿上面装饰的几何图案是阿纳萨齐人特有的。

查科考古遗址

查科（意思是"美丽的村庄"）考古遗址位于当今新墨西哥的查科峡谷。整个村庄建在一幢多层房屋上，大约建于900年，一共有800多间屋子，住着1,000多口人。

普韦布洛人很喜欢绿松石，有很多村庄都有加工绿松石的店铺。查科峡谷的人控制着绿松石的贸易。

制陶

阿纳萨齐的妇女们制作陶器的过程是：先将湿润的黏土揉搓成细长条，然后一圈一圈地往上叠加，再经过挤压、摩擦等处理方式使层叠处的缝隙消失。最后她们会将做好的陶坯晒干烘烤。

阿纳萨齐人创造了一种"太阳匕"历法，即让阳光穿过石头间的缝隙，落在刻有螺纹的石板上。这种历法可以记录季节，指导人们进行农耕活动。

1. 舞者戴着面具扮演克奇纳神
2. 只有在特殊的节日，才会允许孩子们进入基瓦会堂
3. 石头地面
4. 基瓦会堂屋顶
5. 木制天窗
6. 梯子
7. 靠墙的长凳
8. 墙上的壁画展示了人们对丰收和雨水的渴望

13

沙漠游牧民族

在 15 世纪，西南地区的普韦布洛人和来自北方的游猎民族融合在一起。这些游猎民族来自如今的加拿大和阿拉斯加，和阿帕切族与纳瓦霍人有很近的关系。阿帕切族以狩猎为生，他们在几个世纪里对普韦布洛人构成了极大的威胁。而和阿帕切族很相似的纳瓦霍人，很快就学会了种植庄稼，接纳了普韦布洛人的风俗习惯。

这块纳瓦霍地毯很像一幅沙画，展示的是众神围绕着一株玉米的场景。

战士与猎人

"阿帕切"在普韦布洛人的语言中是"敌人"的意思。因为他们经常突袭普韦布洛人的部落，掠夺粮食、家畜和马匹，给以农业为主的普韦布洛人带来了恐惧。夏天，阿帕切族会在大山中露营。他们住在拱形的窝棚里面，以猎杀鹿、兔子等动物为生。

妇女的地位

妇女在纳瓦霍人及阿帕切族的地位很高。家庭传承以母系为主，新婚夫妇是和女方的母亲住在一起的。如果妻子不想再维持夫妻关系的话，可以将丈夫赶出家门。孩子归属于母亲，并从母亲那里继承家产。

左图是阿帕切族在突袭的时候会佩戴的用鹿皮和羽毛做成的帽子。

阿帕切族的妇女在编篮子上是一把好手。这只轻巧的篮筐（右图）在迁徙的时候能发挥很大的作用。

下图：纳瓦霍人的房屋呈圆形或八角形，里面是用泥土和木头搭建而成，外面再盖一层干土。房顶上有一个烟囱，屋门总是面向东方。

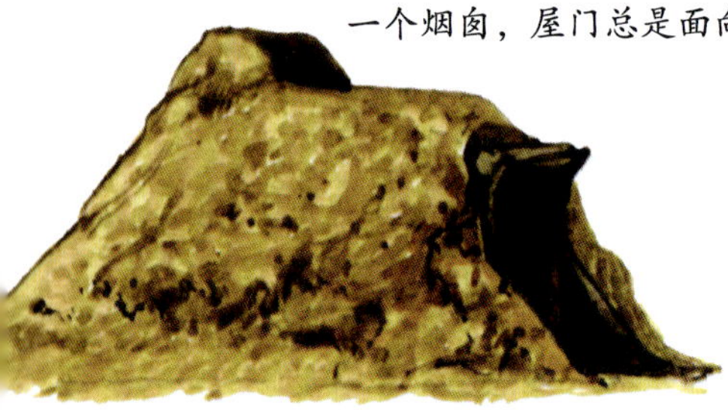

纳瓦霍人的生活方式

纳瓦霍人刚到西南地区的时候，还保留着游猎和采集的传统。他们和阿帕切人一样突袭普韦布洛人。但渐渐地，他们开始向普韦布洛人学习种植和编织技艺。他们都是分散而居，所以不会形成村庄或者小镇。在某个季节，他们还是会进行狩猎活动。

沙画

不管是从前还是现在,纳瓦霍人都以沙画闻名于世。沙画画家从悬崖峭壁间采集五颜六色的沙土,再掺入玉米粉和揉碎的花瓣,从而使沙土的颜色更加鲜艳亮丽。沙画画家一般是巫师或者医生,他们将沙画用在一些治疗仪式中,例如将沙画放置在病人身上,这样沙画中所蕴含的能量就可以转移给病人了。

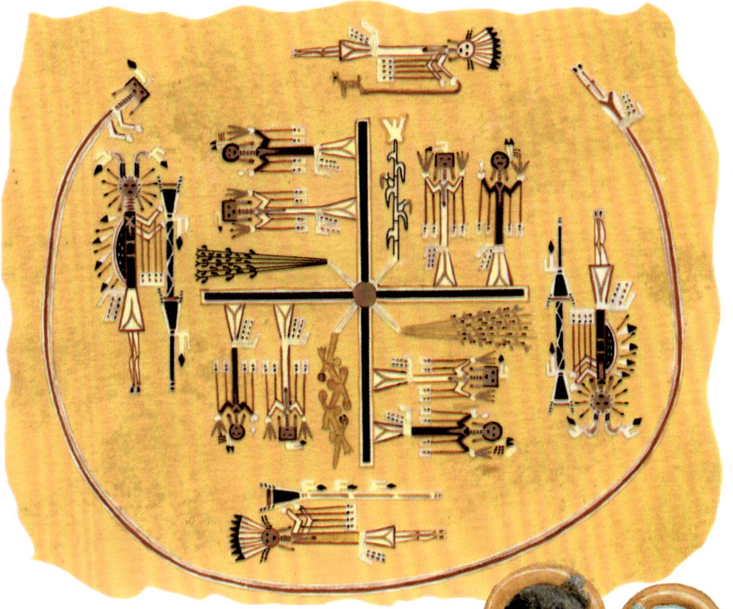

神圣之人

纳瓦霍人认为,这个世界上存在两种人,一种是超越自然的"神圣的人",一种则是"地上的人"。那些神圣的人创造了沙漠、山川等世间的一切,并教会人类如何生存。但这些神圣的人并不总是和善的,所以纳瓦霍人经常举行仪式,以求能一直得到神明的庇佑。

上图的这幅沙画展现了纳瓦霍人神秘的一面。沙画往往会在治疗仪式结束之后被毁掉。

阿帕切族舞者戴着高高的木制头饰,手持木剑扮演山神。

山神

阿帕切族崇拜那些赋予大地生命的神明。他们相信这些神明就生活在某座山里。山神可以治愈疾病和抵挡邪灵,同时也会给人类带来伤害,所以人类要时刻对他们保持尊敬。阿帕切族会举行仪式,并在仪式上戴着面具扮演山神。

北极地区

因纽特人生活在北极地区，即加拿大北部、阿拉斯加和格陵兰岛等地，因纽特人原来叫爱斯基摩人，但"爱斯基摩"的意思是"吃生肉"，因此因纽特人不喜欢这个称呼。"因纽特"的意思是"人"。他们的祖先创造了一种文化，历史学家称其为多塞特文化和图勒文化。他们使用独木舟、鱼叉，并让狗拉雪橇。大约1,000年前，因纽特人在白令海海岸形成了自己的文化。

上图是一件女性穿的皮质大衣，前面的衣襟短，后面的衣襟长。因纽特妇女会将孩子背在缝在后襟上的育儿袋中。起装饰作用的衣服毛边变得越来越实用。

左图：因纽特人每户家中都有这样的皂石灯，用来照明和取暖。它烧的是海豹油，点的是由苔藓做成的灯芯。

冰原沙漠

因纽特人的家乡在一片冰原地带，冬季又长又黑又冷，地面大部分时节都是冻着的。在这样严酷的环境下生活，因纽特人必须建造厚实的房屋，穿暖和的衣服。男人、女人和孩子穿的大衣都差不多，标配是一件带兜帽的夹克、裤子、绑腿和手套，鞋子有厚达四层的保暖措施。他们的衣服通常是用北美驯鹿的皮毛做成的。

右图是因纽特人的独木舟，它们又轻又快，外面包着防水的海豹皮。

上图这个护目镜是用海象牙齿做成的。它可以降低太阳炫光的影响，防止出现雪盲症。

因纽特人通常在海岸附近的浮冰上猎杀海象。他们特别喜欢海象牙，因为海象牙可以雕刻成装饰品或者制成工具。海象肉则可以用来喂狗。

打猎

因纽特人通过打猎和捕鱼获得食物的同时，也获得了皮毛、骨架和长牙，这些东西可以用来制作衣服、帐篷和工具。他们的猎物大多是驯鹿和海豹。他们用弓箭猎杀驯鹿，尤其在夏天驯鹿大批南迁的时候。他们用鱼叉猎杀海豹，通常是蹲守在海豹游出海面进行换气的地方，或者乘坐独木舟直接在大海上进行猎杀。渔民用三叉矛捕杀红点鲑，或者用渔网进行捕捞。

房屋

夏天，因纽特人会住在用动物皮毛搭成的帐篷里（海象皮是制作帐篷的最佳材料），冬天则搬进由木头和鲸鱼骨头搭建的圆顶房屋中。圆顶房屋是半地下式建筑，外面覆盖着草皮。当他们外出旅行，尤其是打猎时，会建造临时性的雪屋。雪屋由雪砖堆成，外形和圆顶房屋相似。

左上图：因纽特人可以在几个小时内就建成一座雪屋。他们切割雪砖的刀子是用鲸鱼骨头做成的。

右图是猎人们将石头搭成人形吓唬驯鹿，把它们驱赶到预先设下埋伏的地方。

狗拉雪橇

几千年前，人们就开始用狗拉雪橇了。对于因纽特人来说，狗拉雪橇是很重要的一种交通方式。木制雪橇有两根长长的滑板，板上绑着鲸鱼骨头，这样雪橇就可以在雪上轻松前行了。一个轻型雪橇至少需要六条雪橇犬才能拉动。狗狗们还可以帮助猎人找到正在冰下通过孔洞换气的海豹。

雪橇犬会在雪橇前呈扇形分布，由头狗率领，响应主人的吆喝声和鞭子声。

贸易

人们将雪松的树干挖空，再用热水将雪松软化塑形，最后做成独木舟。海达人做的独木舟是最棒的，是广受欢迎的贸易产品。他们制作的毛毯也很畅销，尤其是饰有精美图案的毯子，不过这样的毯子需要好几个月才能织成。其他的一些部落，如特林吉特人，则出售"奢侈品"。

富饶之地

生活在大西洋西北沿岸的印第安人，可以从周围的环境——海洋和森林中获取生活所需的所有物品。海洋中有各种各样的鱼和其他生物，森林中则有雪松等树木，可以为建造房屋和独木舟提供原材料。生活在这里的部落，例如海达人、夸扣特尔人和努特卡人，他们的生活方式都很简单，享受着大自然提供的丰富资源。这让他们有充足的时间发展艺术和讲故事。

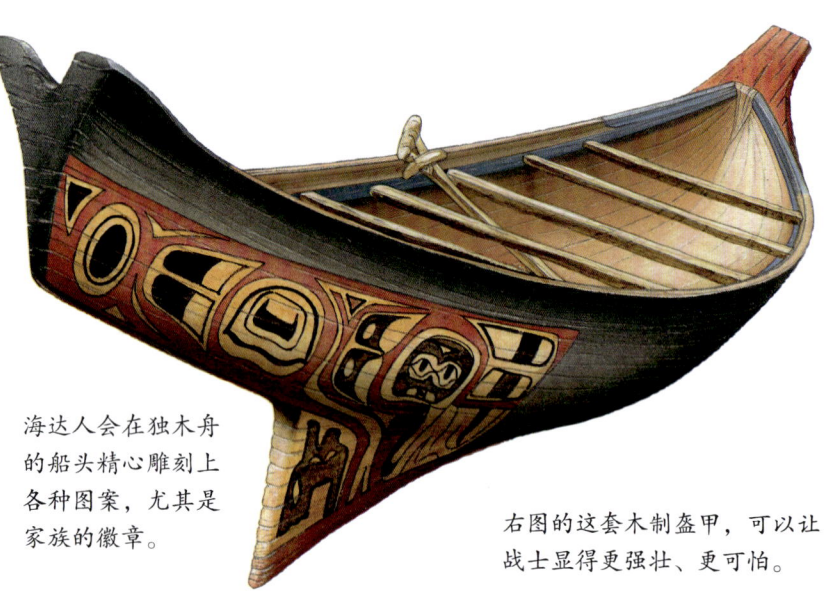

海达人会在独木舟的船头精心雕刻上各种图案，尤其是家族的徽章。

右图的这套木制盔甲，可以让战士显得更强壮、更可怕。

冲突

在西北海岸，村庄、家族以及部落之间的冲突，一般会在夜间以突袭的形式发生。他们大多数情况下都是划着独木舟进行突袭，目的之一就是俘获敌人，将他们当作奴隶使用和售卖。奴隶可以帮助主人做一些日常事务，更重要的是，拥有奴隶数目的多少，可以彰显一个家庭的财富和地位。

下图是夸扣特尔人当武器用的一种棍棒。

下图的这块特林吉特毛毯是由羊毛和雪松皮制作而成。上面的动物图案是某些家族的图腾。

在某些特殊场合,舞者会戴上面具扮演神灵。面具(左图)下面鸟喙形状的嘴,可以根据剧情的需要,随意张开和闭合。

讲故事

神话故事的重要性就在于,它阐释了人类在大自然中所处的位置,强调了传统习俗的意义。其中很多故事都是非常有趣的。在冬天,孩子们围坐在火堆旁,听爷爷讲大乌鸦和懒男孩的故事。还有关于祖先的故事,他们从一开始就占领了这个世界。除此之外,他们还可能听到关于森林、山脉和海洋起源的故事。

每个村庄在捕获第一条大马哈鱼时,都会举办一场感恩仪式来庆祝。

猎捕大马哈鱼

每年春末,大量的大马哈鱼从太平洋洄游到出生的淡水之地产卵。沿岸的人们在河中拦起鱼梁,将鱼儿赶进陷阱,最终将其捕获。几周时间,人们就可以捕获足够吃几个月的大马哈鱼。妇女们则将这些鱼串好,晾在木架上。

鱼叉上绑着长长的绳子(下图),绳子另一端是用海豹皮做成的浮漂,可以阻止鲸鱼下潜。渔民会在鲸鱼死后将其拖到岸边,把肉分给村民。

猎杀鲸鱼

努特卡人非常擅长猎杀灰鲸和座头鲸。他们划着独木舟靠近鲸鱼后,将鱼叉插进鲸鱼体内。猎杀鲸鱼的头领地位很高,并且是世袭。鲸鱼全身都是宝:肉和皮可以食用;鲸脂可以炼成油;内脏可以做成容器;骨架有多方面的用途;筋则用来做成绳子。

图腾柱

柱子多被用来建造房屋，但也有一些柱子是树立在屋外的。这些柱子上的雕刻图案和装饰品代表了房屋主人的家族历史。图腾柱上的动物形象对于家族来说有着特殊的意义，他们相信这些神秘的动物能够保护他们。

❶ 开在图腾柱下的房屋入口
❷ 外墙上画着与家族有关的符号
❸ 用来装东西的篮子
❹ 雪松木地板
❺ 木质隔板，用来将卧室与起居室隔开
❻ 卧室
❼ 顶梁柱

海达人以擅长雕刻图腾柱而闻名。

右图的这把锤子可以将楔子敲打进雪松木内，将雪松木劈开。

木屋

海达人的房屋是用大量雪松木建成的。房子的墙壁和屋顶是用木板钉成的。四角和中央的立柱为房子提供了稳定性，人们还可以在中间的立柱上面雕刻自己家族的图腾。由于没有窗户，所以房子里面很黑。

所有的房屋都面向大海。

巫师

人们相信世界上存在很多神灵，而巫师可以和神灵进行交流。巫师还有治疗疾病的法力，并通过一些仪式或者舞蹈来治疗疾病。他们还能影响天气，给战争带来胜利，或者使大马哈鱼增多。

西北之家

在西北海岸，人们将房子建在靠近大海的地方。海达人将房子沿着海岸建成一排，面向大海，酋长的房子在最中间。每个房子里住着好几户人家，地位高的人家住在最后面，这代表他们可以离森林或者天空的"上层世界"更近一些。夏天，很多家庭会搬到森林深处，在他们最喜欢的捕鱼点附近建立临时的木屋。

左图是特林吉特巫师所佩戴的面具，代表着一位守护神。

夸富宴

夸富宴是一个大型的宴会，举办人会在宴会上送出大量的财产。这样的宴会往往在家庭发生重大事情的时候才会举办，比如婴儿出生、结婚或者举行葬礼。举办人通过展示自己的财富来获得一定的社会地位。

右图的这个雕像人物遮挡面部的动作是为了远离大火。

右图的这个海达妇女正在用云杉树根编篮筐。

篮筐

妇女们利用草、草根或树皮编织各种篮筐，用来储藏物品，如衣服和食物。雪松树皮做成的器皿，可以用来煮食浆果或其他食物。而一些编织细密的小容器，可以用来盛水喝。

海达人建造的木屋有15米宽，18米长，可以住6户人家。

高原和大盆地

汗蒸棚

生活在大盆地的部落相信出汗可以净化人的身体和灵魂。他们用小树苗作为支撑，在上面盖上动物皮毛做成汗蒸棚。通过将水浇到烧红的石头上来制造蒸汽。男人们坐在里面进行某种仪式或者开会。

高原地区位于喀斯喀特山和落基山脉之间，从北部的不列颠哥伦比亚省一直延伸到南部的加利福尼亚州。大盆地地区则是一片荒漠，包括如今的内华达州、犹他州和其他州的一部分。高原地区的人们有充足的食物来源，那些大河里都是鱼类。而大盆地地区几乎没有什么植被和动物，生活在这里的部落不得不努力地寻找食物。

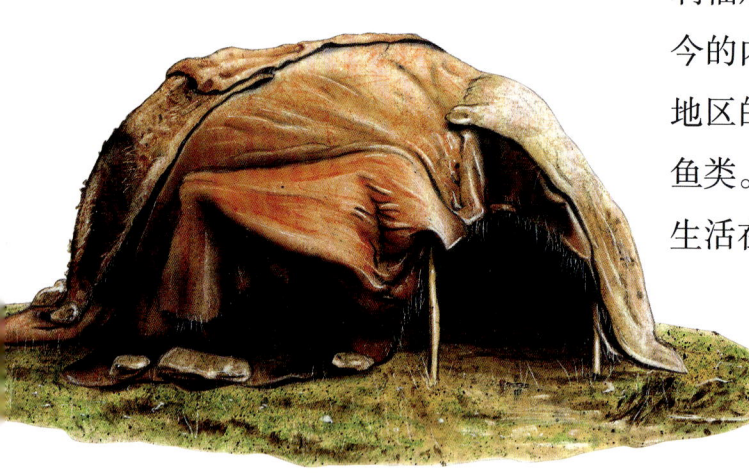

男人们大部分时间都待在汗蒸棚（上图）里。

猎杀长耳野兔

每年 11 月左右，派尤特人会组织追捕长耳野兔的活动。他们首先在选好的地方，如一条狭长的山谷，围上栅栏。猎人们穿过沙漠，挥舞着棍棒将长耳野兔从洞穴中吓唬出来，然后向设伏的地方驱赶。长耳野兔的皮毛和肉很受人们的喜爱。

大盆地求生

在炎热干旱的夏季，为了求生，大盆地地区的人们什么东西都吃。这里的昆虫最多，不管男女都会寻找蝗虫、毛毛虫或者蚂蚁来吃。人们将蝗虫直接扔到火堆里，之后将烤熟的蝗虫磨成粉末，煮粥喝。

大盆地部落的三项主食：蚱蜢（左图）、松子（上图）和香蒲（右图）。香蒲的茎叶可以直接生吃。

人们在编好的水壶（右上图）外面涂上一层松脂以防止漏水。

篮筐技艺

高原地区和大盆地地区的部落也会编篮筐。他们编的篮筐甚至不漏水，可以用作烹饪器皿。人们将烧热的石头放进盛水的篮筐内，加热凉水。大盆地的妇女们会戴着自己编的帽子。各式各样的篮筐被用来盛放食物或其他物品。

人们先将野兔的皮毛揉搓成长条状（上图），然后再缝制成衣服。

圆锥形的篮筐（左图）和拍打器（右图），用来收集浆果和种子。

捕鱼和伟大的河

在漫长的夏季，从5月到11月，高原地区的部落都会住在两条伟大的河——哥伦比亚河和弗雷泽河附近。不同村庄的渔民会在各自传统的捕鱼地点进行捕捞，但大家捕获的鱼类，主要是大马哈鱼，最后会平均分配。他们通过设置鱼梁或者使用长矛和渔网捕鱼。

左图的这个渔民正在哥伦比亚河边，用一根长竿渔网抓大马哈鱼。

派尤特族的男人们将松果从树上打落，妇女和儿童在树下捡拾松果并剥去外皮。

收获松果

松树生长在大盆地地区的山坡上。而松果对于派尤特人和其他部落的人来说都是重要的食物来源。在9月丰收的季节，每个人都会帮忙。男人们爬上树枝把松果打落下来，女人们则把松果捡到篮子中背回部落。

23

加利福尼亚

加利福尼亚文化区域可从西部的太平洋延伸到东部的内华达山脉。从北部的森林到南部的沙漠，地貌也复杂多样。这里的食物充足，人口众多，零散分布着60多个部落。其中很多部落只有几个村庄。这里说印第安语的人数要远超北美其他地区。

波莫族

波莫族是一个生活在加利福尼亚北部海岸的小部落。波莫族妇女非常擅长编篮子。她们编的篮子都会装饰上羽毛或者珠子，而且篮子上的图案都是不完整的。她们认为如果图案一旦编完整，编篮子的人就会失明。

妇女们将胡桃壳（左图）扔到垫子上，然后数有多少个是平面向上。

游戏

这里无论男女都喜欢玩游戏，他们用贝壳或其他形式的货币赌博。男人最喜欢玩猜枚游戏，一名玩家将做了标记的骨头和没做标记的骨头在双手间迅速交换，然后让另一方猜测做了标记的骨头在哪只手中。而女人们则玩掷点游戏，她们将某种物体掷在平面上，然后观察物体落地后的点数。

下图：波莫族妇女利用柳树枝、莎草根、紫荆树皮或者芦苇编各种各样的篮子。

上图：这是一个装饰有珠子和贝壳的礼物篮。

世界复苏仪式

生活在加利福尼亚北部的胡帕族、卡罗克族和尤罗克族会定期举行仪式来确保这个世界的神明不会消失。在长达 10 天的世界复苏仪式中，人们会跳"鹿舞"，来使世界在下一年重新恢复力量。载歌载舞的人们穿着华丽的服装，如用珍稀的白鹿皮缝制的衣服。

这个小屋是用弯曲的树枝做支撑，外面盖上芦苇做成的。

上图：这是一名舞者的鹿皮头巾，上面装饰有红色的啄木鸟羽毛。

沙漠武士

莫哈维族和其他部落不太一样，他们拥有很多武士。莫哈维族经常突袭周围的部落。有些人使用弓箭，有些人则使用棍棒和长矛。

莫哈维族的弓与箭。

房屋

不同部落的房屋样式也不相同。加利福尼亚北部的部落住的是木板房，而南部的部落则住在地下挖出的坑洞里。还有许多部落住在用树枝搭成的，外面覆盖着树皮和芦苇的圆顶房屋中。

橡子

橡树的果实是生活在加利福尼亚的部落的主食。橡子去皮晒干后，捣成粉末。经过这样的处理，橡子的苦味被消除掉，可以煮粥或做面包吃。

贸易

海滨和内陆的人通过贸易相互帮助。例如内陆的胡帕族用橡子交换海滨的尤罗克族的海藻和干鱼。胡帕族还会和其他部落交换一种又长又薄的贝壳，用来当钱币。

左图：这位波莫族妇女正在用热水透过芦苇冲洗橡子粉，这可以洗掉橡子粉中又苦又有害的物质。

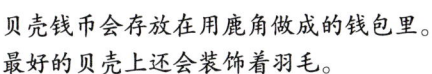

贝壳钱币会存放在用鹿角做成的钱包里。最好的贝壳上还会装饰着羽毛。

大平原

大平原面积辽阔，从落基山脉一直延伸到密西西比河。曾经的大平原草木茂盛，生活着大量的美洲野牛，因此这里也成了游猎民族的聚集地。渐渐地，部落的人们开始种植庄稼并定居下来。夏天，他们会外出捕猎美洲野牛。等他们打猎回来，庄稼也到了成熟的季节。

下图：这是一间曼丹土屋。曼丹人生活在密西西比河河岸，他们用粮食和其他部落交换物品。

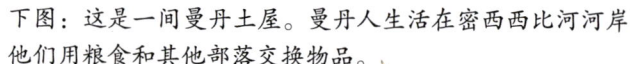

土屋村庄

早期的部落大多定居在河边。他们用沟渠和栅栏将村庄围起来，妇女们在村庄附近开垦田地，种植玉米、大豆和南瓜。几个家庭共同生活在一间用泥土建成的土屋中，大门则面向东方，太阳升起的地方。

下图：这只狗正在拉一架旧式雪橇，它的力量没有马那么大。

狗的力量

在拥有马匹之前，大平原上的人们用狗拉东西。一开始他们直接将物品绑在狗的身上，但后来发现如果把物品放在雪橇上，狗能拉得更多。旧式雪橇制作起来非常简单，在两根棍子中间绑一张网或皮兜就制成了。

和大平原上其他部落一样，克劳妇女也在衣服上装饰设计精美的羽毛或者珠子。等她们拥有了马匹之后，又开始给马儿打扮上了。左下图的鹿皮饰品是用来绑在马脖子上，而左图的鹿皮饰品则绑在缰绳上。

右图是一把清理美洲野牛皮用的骨刀。

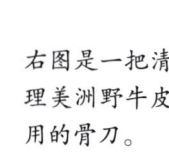

医疗轮

考古学家在大平原的边缘地带，从阿尔伯塔省到怀俄明州，发现了大量的用石头搭成的圆形结构图。它的布局和大平原地区举办仪式用的医疗屋很像，所以我们称之为"医疗轮"。医疗轮可能是某些宗教仪式上的道具，也可能是观察星星用的。

上图的这个医疗轮有28根辐条，建于600多年前的怀俄明州大角山地区。

受惊的野牛有可能会在悬崖边"惊天一跳"。在今天的阿尔伯塔省,我们找到了摔死的野牛尸骨,并发现人们在公元前3,600年就开始使用这种方式猎杀野牛了。

猎杀野牛

猎杀美洲野牛是大平原部落的传统。猎人有时会单独捕猎野牛,但一支箭或者一根长矛很难杀死野牛。因此猎人们通常将牛群赶进一个封闭的峡谷或者悬崖边,集体射杀它们。

以野牛为食

生活在大平原的人们以野牛为食,并充分利用野牛身上的每个部分:牛皮用来制作帐篷、衣服和鞋子;牛毛用来编绳子;牛筋用来当线或弓绳使用;牛角用来制作杯子和勺子;牛舌用来做成发刷;牛尾巴做成蝇子拍。当然这些都只是附加品,最主要的还是牛肉。

人们在牛皮上以图画的形式记录重要的事件和仪式。

孩子们

孩子们生活在一个大家庭里，家里有叔叔、阿姨和祖父母等。他们在游戏中学习生活技巧，由老一辈人告知部落的信仰。男孩子会被培养成猎人和武士，女孩子则学习如何操持家务。

当妈妈需要外出时，会将孩子放进摇篮板里（左图），背在身上。

妇女的地位

妇女负责有关帐篷的一切事物。比如用动物皮毛缝制和搭建帐篷，在部落迁移时，她们还要把帐篷拆掉并整理好。在天气恶劣或者冬天的时候，妇女们要在帐篷内生火做饭。因此除了打猎用的工具和武器外，帐篷里的一切物品都归妇女所有。

妇女们穿野牛皮做成的长袍、裤子和鞋（右图），也有人穿鹿皮做成的裙子。

1. 篷顶的开口大小可以调节
2. 支撑帐篷的长杆
3. 野牛皮做成的帐篷布
4. 木销
5. 门，朝向东方
6. 背婴儿用的摇篮板
7. 正在进行处理的野牛皮
8. 头饰
9. 晾晒架
10. 工具

圆锥形帐篷

大平原的人们经常迁移,尤其是在夏天外出狩猎的时候。整个部落都会行动起来,在接近水源的地方搭建帐篷。这种帐篷非常实用,住着也很舒适,只不过搭建起来需要一定的经验和体力。此外帐篷的样式还有着神圣的意义——覆盖的圆形地面代表大地,围布代表天空,而支撑帐篷的长杆则代表通往神明世界的路径。

右图:一个有装饰图案的牛皮箱。

上图:一支夏延人制作的长笛。

结婚

在大平原地区,部落里的年轻人基本没有选择配偶的权利。婚姻主要由父母通过媒人介绍而定。当然也有一部分年轻人能和自己喜欢的人结婚。男孩在平时的生活中会试图打动女孩,并借助长笛表达爱慕之情。

绘画

人们会在衣服、物品和身体上画画。他们用杨木或者柳枝当笔,蘸着由水、胶水和自然颜色制成的颜料画画。黑色来自木炭,绿色来自植物,黄色来自某种浆果,蓝色则来自鸭粪或者有色土壤。

可携带的帐篷

圆锥形帐篷里面是用雪松树干做的支撑,外面是野牛皮缝成的帐篷布。帐篷搭起来后,妇女们会用木桩将帐篷牢牢钉在地上。天气炎热的时候,人们还可以将一边的篷布卷起来,用于通风。

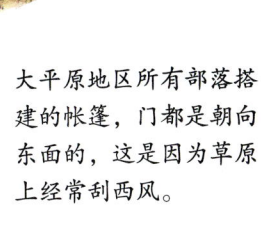

大平原地区所有部落搭建的帐篷,门都是朝向东面的,这是因为草原上经常刮西风。

29

左图中的手势表示"朋友"的意思。

大平原上的习俗

传统习俗和仪式都是建立在对神明世界的信仰上，而神明世界里有一位伟大的灵魂创造者统治着一切。生活在大平原上的人们相信，人应该与自然和平相处，因为大自然向人类提供了生活所需的一切东西。幻象可以帮助人们理解生命的奥秘，而这些奥秘正是人们所追求的，所以人们要举行大型仪式或者进行个人沉思。各个部落之间，节日和舞蹈可能有所不同，但都有禁食和苦痛的内容。

手语

大平原地区的各个部落都有自己的语言，尽管有些语言十分相似。也有部落使用同一种语言，例如苏族和希多特萨人、克劳人都讲苏语。不同部落之间最好的交流方式是手语，人们可以通过手语知道别人想表达什么。欧洲的探险家和商人采用的也是这样的交流方式。

戴着这样的鹰羽帽（右图）是阿拉帕霍族武士的最高荣誉。

左图是一根装饰着羽毛的棍棒，武士用其在战斗中赢取荣誉。

战斗荣誉

部落之间经常会因为狩猎领地而发生冲突，而突袭是主要的战斗方式。通过在战场上的英勇表现，男人可以获得别人的尊敬和仰慕。他们通常采用打疼敌人（而不是杀死敌人）的方式来赢得尊敬。要么赤手空拳，要么手持装饰着鹰羽的棍棒——他们相信这样的棍棒拥有神奇的力量。

太阳舞

跳太阳舞是人们在夏天举行的最重要的仪式。仪式的其中一部分是对过去一年所取得的成功，向神明表示感谢，并祈求下一年仍能获得好运。随着鼓声、歌声和其他音乐声，人们围着柱子站成一圈，并抬头看着太阳。一些人还会将绑在柱子上的木扦绑在胸前跳舞，直到木扦掉下来。

右图的人们会伴随着摇铃（左图）声跳太阳舞或者其他舞蹈。

30

寻求幻象

年轻的男人们会被送到一个人烟隔绝的地方去寻求幻象，在那里他们要独自过上4天，并在禁食的过程中召唤神明。如果这个召唤过程成功的话，他们就能看到神明的幻象，之后这个神明会成为他们的私人保镖。当他们遇到困难的时候可以向神明寻求帮助，如果召唤的神明幻象足够强大的话，他们还可以成为巫师。

上图：人们幻象中看到的东西会被放到这样的药包里。

神明与神话

大平原地区的人们相信草原是由神明创造出来的，而神明允许他们生活在这里。为了取悦神明，人们会举办各种各样的仪式。这些信仰在神话故事中得到进一步加强，例如在神话故事中，"神龟"的龟壳上藏着月亮的秘密。大平原上一年可以分为13个月，而"神龟"的龟壳上则有代表不同月份的刻度。

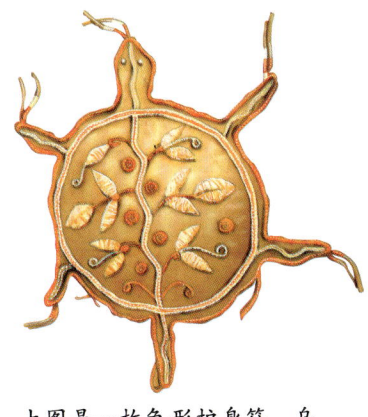

上图是一枚龟形护身符。乌龟对于大平原地区的人们来说，是长寿的象征。这样的护身符可能会被绑在摇篮板上，以求给孩子带来好运。

下图：中间柱子是用白杨木做的，而这棵白杨树则是人们在特殊的仪式上砍倒的。

北部森林

北极冻原的南部，有一片广袤的森林横跨北美洲大陆。这里的冬季漫长而寒冷，生活十分艰难。在森林的西部住着一些讲阿萨巴斯卡语的部落，如奇帕维安族。在森林的东部则住着一些讲阿尔冈琴语的部落，如克里族和纳斯卡皮族。他们以猎杀驯鹿、驼鹿和其他动物为生，也采集一些能吃的植物。有些部落，如奥吉布瓦人，会在秋天迁移到五大湖区，收割那里野生的稻米。

右下图：驯鹿是北美地区的一种大型动物，身高能达到1.5米。雄性的鹿角比雌性的要大得多。

驯鹿

北美驯鹿可以满足北部森林部落的诸多需要。驯鹿的肉可以果腹；皮毛可以制作衣服、帐篷；鹿角和骨头可以制作工具。当成群的驯鹿开始迁徙的时候，猎人们分工合作，将一部分驯鹿赶到一个包围圈中进行猎杀。

下图是一幅1,000多年前画的壁画，上面以铁矿石为颜料画着人、驼鹿和美洲狮。

岩石画

北部森林部落里的人们喜欢在石头上刻画人和动物的形象，或者一些象征符号。其中一部分内容被认为是在讲述神话或幻象故事，但史前的那部分内容至今仍是一个谜，可能是一些警告或者其他信息。

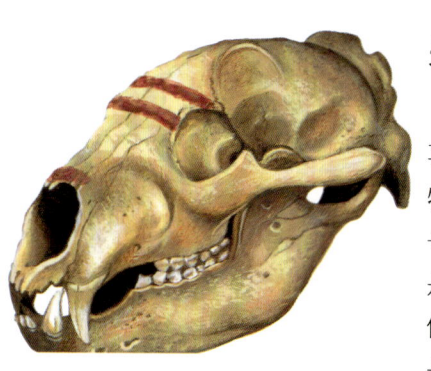

为了表示尊敬，像这样的彩绘鹿头骨（上图）会被绑在猎杀地点的树上。

可移动的家

奇帕维安族和其他部落都住在圆锥形的帐篷里，有点类似大平原地区人们住的帐篷，只不过上面盖的是驯鹿皮。阿尔冈琴族所建造的棚屋呈拱形，上面覆盖的是桦树皮、灌木和皮毛。男人砍一些树枝做框架，女人采集一些东西铺屋顶。这样的棚屋不管是搭建还是拆卸都很方便。

左图是奥吉布瓦人用桦树皮搭建的棚屋。

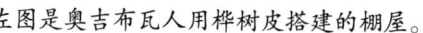

右图：这张桦树皮上刻画的是大药师会的圣歌和故事。

针织物

人们也会为了得到肉和皮毛而猎杀一些小型动物，如河狸、貂鼠和麝鼠。豪猪身上的棘刺是一种有用的装饰材料。这些棘刺经过晾晒软化和染色之后，就可以装饰在其他物品上了。

左图是一个摇篮板上的装饰，上面装点着豪猪毛，图案为神话里的雷鸟。

大药师会

大药师会对于奥吉布瓦人和阿尔冈琴人来说十分重要。这个组织中的学徒要经历一段很长时间的实习期，在此期间，他们主要学习一些关于药草和沟通神明的事情。

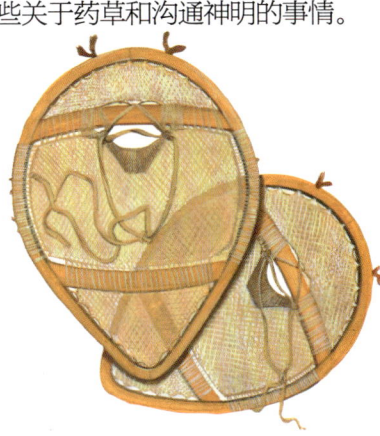

右图的圆形雪鞋非常适合在刚下过雪的路上行走。纳斯卡皮族制作的雪鞋有木质框架和牛皮绑带。

左图是用桦树皮或者枞树皮编的不透水的篮子。

下图：平底雪橇是用柔韧性很好的桦木板或者松木板制成的，站在雪橇前面更容易在雪地上滑行。

雪地旅行

在冬天，森林里到处都是雪。人们出门穿着雪鞋，或者拉着平底雪橇运输笨重的货物和补给品。有时候，人们会让狗来拉雪橇，但大多数时候还是女人拉雪橇，男人则在森林中打猎。

东北林地

东北林地东西方向从大西洋沿岸到密西西比河大部分地区，南北方向从五大湖地区到现在的田纳西州。大量的木材满足了人们建造房屋和独木舟的需求。这里的人们有的捕鱼打猎，有的从事农业。东北林地主要有两大族群，一个是说阿尔冈琴语的，如阿布纳基族和萧尼族；另一个是说易洛魁语的，如莫霍克族和休伦族。

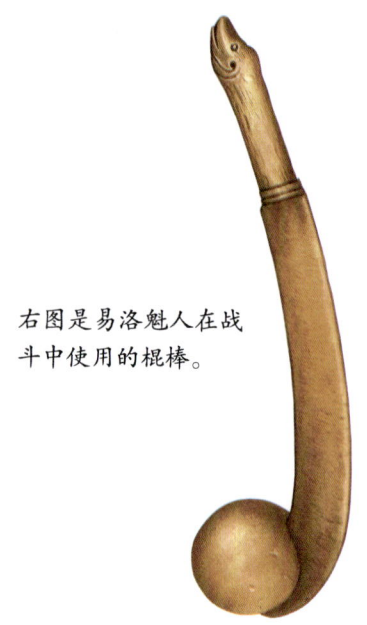

右图是易洛魁人在战斗中使用的棍棒。

假面社团

易洛魁部落有一个很重要的社团，传说里面的成员都有一种使人康复的能力。他们都戴着由生命之树做成的面具。这些"面具"是人们在森林中或者睡梦中见到的幽灵。凡是见过幽灵的人都会被社团接纳，成为其中的一员。社团成员可以为人治病，也可以组织仪式帮助大家预防疾病。

战斗

部落间的战斗时常发生。人们经常会因为长期不和或者为了给死去的武士报仇，而突袭敌人的村庄。战俘被突袭者抓回部落后，有一些人会被虐待或者杀死，但大多数人会被接纳。

上图是用泥龟壳做成的摇铃，里面装着鹅卵石。假面社团的成员会在治疗仪式上不停地挥舞摇铃。

下图：假面社团的成员在举行治疗仪式。

用途不同，独木舟在设计和尺寸上也会有所不同（下图）。

独木舟

为了能在河上和湖上穿行，东北林地部落制作了独木舟。小船的骨架是用雪松木做的，壳体包的是桦树皮。划桨则是用硬枫木做的。

东北林地的人们也会用驼鹿的皮毛制作衣服。

狩猎

驼鹿和河狸是林地猎人的最爱。他们有时候会用狗来追踪猎物。人们一般用弓箭和大型陷阱来猎捕驼鹿，用棍棒和陷阱来抓捕河狸。

棍子球

东北林地流行玩巴加特韦兜网球游戏。这种游戏速度快，危险性高，有时候规模可达几百人，在空旷的草地上混战一场。大树、石头或者柱子都可以当球门。这种游戏也算是曲棍球的鼻祖了。

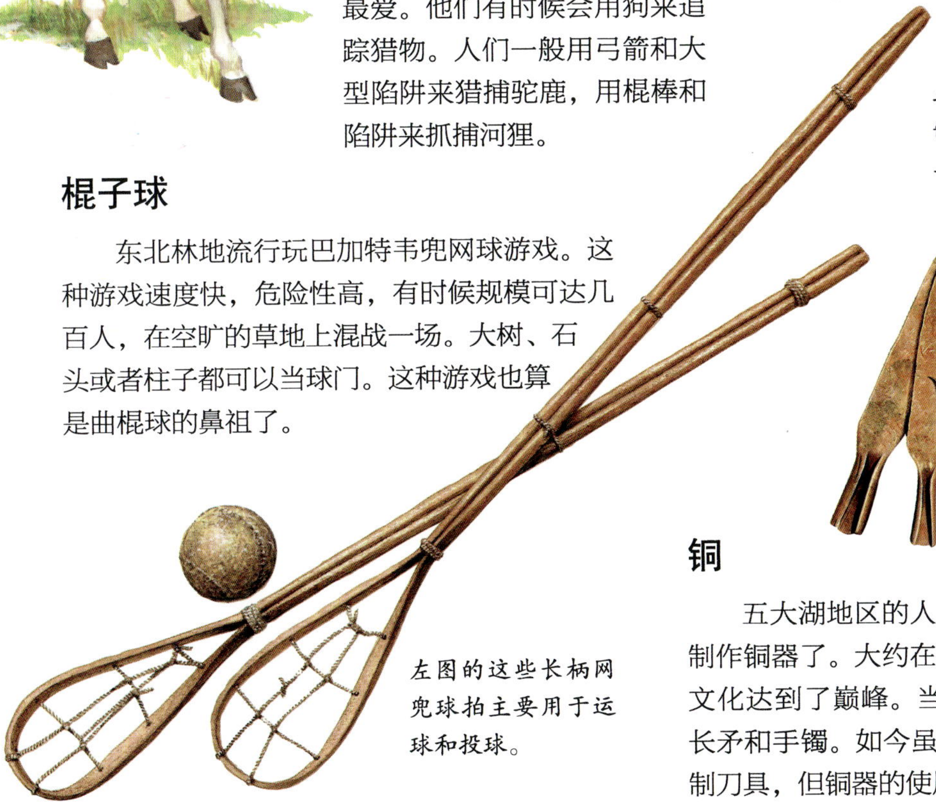

左图的这些长柄网兜球拍主要用于运球和投球。

易洛魁联盟

1570年左右，五个易洛魁部落——卡尤加族、莫霍克族、奥奈达族、奥内达加族及塞内卡族——组成了易洛魁联盟。据说，这个联盟是由莫霍克族伟大的海华沙酋长一力促成的，为的是使各族之间和平共处。1722年，塔斯卡洛拉族也加入了这个联盟。

右图的这个权杖上刻着参加大议会的五个易洛魁部落的50名成员的名单。

左图是一条制作于1755年的贝壳念珠，具有象征友谊的意义。

贝壳念珠

林地人会在一些特殊的场合、纪念性活动或者协议达成的情况下向别人献上贝壳念珠——由白色和紫色的珠子串成。这些珠子是从大西洋里的贝壳中找到的。人们用绳子将珠子串起来，编成贝壳念珠。

五大湖地区的人们擅长制作铜器（下图），并与其他部落进行贸易。

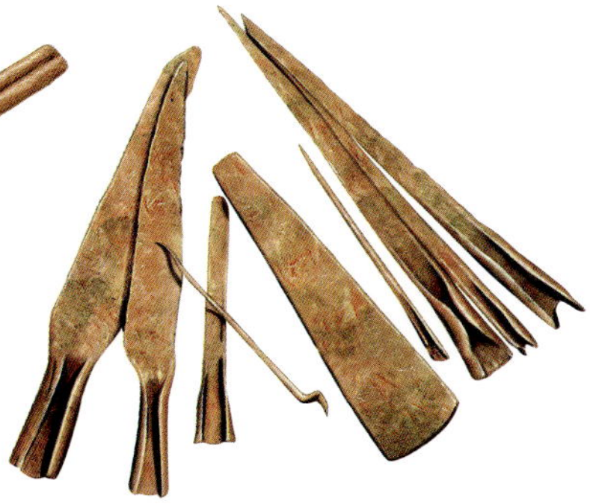

铜

五大湖地区的人们早在几千年前就开始制作铜器了。大约在3,500年前，铜器制作文化达到了巅峰。当时人们用铜打造铜斧、长矛和手镯。如今虽然有些部落仍在用铜打制刀具，但铜器的使用价值已经越来越低了。

35

长屋

长屋大约长 45 米，里面可以住 20 户人家。家庭之间会用动物皮毛隔出各自的活动区域。在每一户家里，都有一个高台，上面铺着芦苇垫或者鹿皮，白天人们在上面闲坐或工作，晚上则用来睡觉（盖的也是毛皮）。两个挨着的家庭会共用一个火堆。

长屋的房顶较高，呈拱形。虽然没有窗户，但是门和烟囱足够保障空气的流通。

易洛魁村庄里有着一排排的长屋。长屋里面，人们用动物皮做的帘子隔出生活区域，两户中间有一个火堆，用来做饭、照明和取暖。

易洛魁村庄

易洛魁人的村庄建的都是一排排的长屋，长屋周围还竖着高高的栅栏，以阻挡敌人的入侵。妇女们种植常见的作物"三姐妹"，即玉米、大豆和南瓜。她们还会采集坚果和浆果。男人们则外出打猎或者捕鱼，因此他们会经常不在家。当田地变得贫瘠而没有收成的时候，他们就会迁移到别的地方。

左图：这条项链上面串的是灰熊的爪子，只有男人才能佩戴。

左图：这是休伦族的鹿皮鞋，上面的装饰图案也是用鹿毛绣成的。

36

女性

每个长屋最年长的女性会被大家公认为长屋之母。家庭通过母系进行传承，所以男子结婚后，要搬到妻子家或者岳母家住。部落中的女酋长可以提名参与易洛魁五族大议会的人选，她们还拥有族内职务的任免权。

左图是一把16世纪用骨头雕刻成的梳子。

枫树可以为人们提供木材和树液，树液熬制成的枫糖还可以加到玉米粉中制成甜点。

枫糖

易洛魁族有个传说，曾经有一个部落的酋长在某个晚上将自己的战斧插在了一棵枫树上。第二天早晨，他的妻子发现斧头劈开的地方流出了树液，而且这些树液尝起来甜甜的，之后她将这些树液放到了自己准备煮饭的水中，从此人们发现了枫糖。人们先在枫树上开一个口子，然后用碗收集树液，之后在碗中放入烧热的石头，将其煮沸，这样就能得到枫糖了。

❶ 由榆木制作而成的立柱框架及用榆树皮铺成的屋顶
❷ 可以放置食物、皮毛、篮子、烹饪工具和其他物品的储藏架
❸ 用来悬挂玉米、干肉、鱼和南瓜的橡子
❹ 走廊
❺ 由两家共用的火堆
❻ 动物皮毛做成的帘子

编织

易洛魁族妇女用椴树和雪松的内皮，经过揉搓后编成篮子、包和带子。她们还会用香蒲编一些垫子。

这个袋子是用棉花、羊毛和野牛皮做成的。

东南林地

东南林地覆盖范围从俄亥俄河一直向南延伸到墨西哥湾,这里夏季潮湿,冬季温和。人们以农业为主,食物非常充足,其中最重要的作物也是玉米。女人们负责种植和采摘植物,男人们则负责耕地和捕鱼打猎。村子里有游乐场,供人们在闲时娱乐和玩游戏。

左图是在马可岛发现的一个美洲狮木雕,可能代表某位神明。

下图的这名切罗基族男子正在吹箭。后背的箭袋里放着吹箭用的飞针。

马可岛

在佛罗里达州西海岸附近的马可岛上,考古学家发现了很多神秘的历史遗迹。这里有海堤、伸到海里的木制码头、蓄水池、贝壳做成的工具和一些木雕。历史学家认为这些可能是卡卢萨人的杰作,不过卡卢萨人在17世纪的时候似乎就不在此地区了。

这把切芦苇用的锄刀(左图)是用鲨鱼的牙齿制成的。

草药疗法

切罗基人认为人之所以得病,是因为人杀死了动物并吃了动物的肉,而植物则能治疗人类的疾病。东南林地的人们懂得很多用药草治病的方法。

在茶中放入黑莓(右图)能够养胃和促进消化,还能缓解风湿病。

吹箭和弓箭

切罗基族和林地的其他部落使用吹箭猎杀一些小动物,如兔子、松鼠和鸟类。而像鹿一样较大的动物,人们则使用弓箭狩猎。猎人们为了尽可能地靠近猎物,会身披鹿皮。猎人们也用弓箭和棍棒猎杀熊和鳄鱼。

青玉米节

部落之间每年都会举行一场重要的集会来过青玉米节,以庆祝玉米的成熟。人们在节日上跳舞,举办宴会和发表演讲,感谢神明赐予他们肥沃的土地,最后以点燃篝火结束。妇女们会从火堆里捡一根柴火,带回家做饭用。

家庭与村庄

村庄中的房子都是茅草屋顶,村子周围也会围一圈栅栏。村子中心一般都会有一个广场,用来举行会议和仪式,以及供人们娱乐。人们主要的娱乐方式是玩一种被称为"查基"的游戏,在这个游戏中人们会将长矛扔向正在滚动的圆盘状的石头。

在炎热潮湿的南方,房子是没有墙壁的,地板则是一块高出地面的平台(右图)。

38

战前准备

武士们在参加突袭之前，会进行一些严酷的仪式。首先他们要禁食3天，只喝蛇根草制成的药水。3天后他们会狂吃鹿肉，因为他们相信吃鹿肉可以让他们在战斗中像鹿一样敏捷。最后，武士们会在脸上涂抹黑红两色的颜料。

圣火

一些南方部落会架起十字形状的圣火，将空间分成4个部分。他们相信这个世界也是这样划分的。切罗基族人认为火神是一位老妇人，每一顿用火做成的饭都是供奉给她的祭品。

五大文明部落

有些部落能够很好地适应欧洲人的到来。崇拜太阳的纳齐兹人因为抵抗欧洲人而被消灭了。切罗基族、契卡索族、乔克托族、克里克族和塞米诺尔族愿意接受欧洲人的生活方式，因此存活了下来。他们被称为"五大文明部落"。

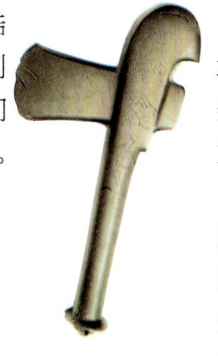

上图的这把石斧是在仪式上使用的。

要保持圣火全年都在燃烧。

在青玉米节，人们会围着篝火跳舞。宴会结束之后，村民会到附近的小溪中沐浴，净化自己（下图）。

上图的这套由86个符号组成的书写系统，是由一位名叫塞阔雅的切罗基人在1821年发明的。

欧洲人的到来

16世纪，欧洲的探险家、商人和移民来到了北美洲。他们对这些美洲土著和他们的生活方式感到好奇，之后开始强硬地加以干涉。因此而引发的冲突一般都是欧洲人获胜，所有美洲土著部落不得不离开他们的家园，进入面积狭小的保留地。北美印第安人的生活方式被彻底改变了。

与世界接轨

刚开始的时候，一些部落和新来的欧洲人相处得很愉快。他们很开心地将自己关于狩猎、采集和种植玉米方面的知识传授给欧洲人，作为回报，欧洲人则将一些有用的东西，如铜壶和锋利的刀子，送给了部落。不过，欧洲人也给当地人带来了无法抵抗的疾病，例如天花和湿疹，这些疾病给印第安人造成了灾难性的后果。

基督教来临

传教士和定居下来的欧洲人想让印第安人信奉基督教，并自信地认为很快就能成功。但是这样做势必会迫使印第安人放弃他们的传统生活方式，而依附于欧洲人。欧洲人从来不会考虑这些问题，因为他们认为自己做的是非常正确的事情。

左图：内兹佩尔塞人喜欢骑带斑点的阿帕卢萨马。

1692年，一位西班牙传教士在皮马人的村子旁边建了一座圣泽维尔教堂（上图）。当地人很尊敬这个教堂，所以从来没有袭击过它。这座教堂经历过多次重建，至今仍屹立在美国亚利桑那州南部的图森市。

马

16世纪，西班牙探险家首次把马带到了北美洲，这给印第安人的生活带来了巨大的影响。印第安人意识到马可以让他们跑得更快更远后，开始通过交易或者袭击的方式获得马匹。他们认为马是一种神圣的动物，平原地区的某些部落甚至把马称作"天空之犬"。印第安人很快就学会了骑马。

上图是纳瓦霍人在19世纪编织的毯子。左图是纳瓦霍人制作的一条镶有绿松石的银腰带。

工艺材料

西班牙人将绵羊引进到西南地区，因此普韦布洛人开始用羊毛制作衣服。纳瓦霍人也开始养羊。在19世纪早期，欧洲人将玻璃珠引进到美洲，部落的妇女们开始用色彩斑斓的玻璃珠设计自己的作品。在平原地区，玻璃珠很快就替代了传统的毛饰品。

17世纪，欧洲开始流行戴皮帽，因此欧洲人对河狸（上图）的需求也增长起来。

1621年，乘坐英国"五月花"号轮船来到美洲的朝圣者们开始庆祝他们的第一个感恩节。他们邀请曾教授他们如何生存的万帕诺亚格人一起分享食物。

皮毛贸易

在 16 世纪早期，法国的渔民和探险家开始从加拿大东海岸向内陆进发。他们向林地的部落提供刀具、水壶和其他物品，换取动物皮毛，如河狸皮、貂皮和水獭皮。法国人在魁北克地区建立了第一个皮毛交易市场，到 1685 年，他们已经在密西西比河两岸建立了很多通商口岸。法国的皮毛商还帮助英国人成立了哈得孙湾公司，而这个公司很快就控制了东北地区的商业贸易。

1876年，苏族酋长坐牛（下图）在小巨角河战役中策划实施了对美国骑兵的袭击，大获全胜。

文化遗产

现在，很多印第安人都在努力保护自己的文化遗产。他们在保留地中过着传统的生活，其中有些地方现在由部落自己管理。加拿大的因纽特人已经拿回了属于他们的土地，例如努勒维特地区（意思是"我们的土地"）。

为土地而战

欧洲来的移民在印第安人的土地上定居下来，建造房子和围栏，并想把土地传给他们的孩子。印第安人完全无法理解，因为他们才是这片土地真正的主人。当他们自己的狩猎场和村庄受到威胁的时候，他们意识到自己所面临的不是灭绝就是为生存而战。

上图：这个因纽特女孩穿着传统的皮质大衣。

图书在版编目（CIP）数据

文明：手绘历史图鉴. 印第安人 /（英）尼尔·莫里斯著；（英）曼纽埃拉·卡彭绘；蔺鹏飞译. -- 北京：北京日报出版社, 2023.10

ISBN 978-7-5477-4211-2

Ⅰ.①文… Ⅱ.①尼… ②曼… ③蔺… Ⅲ.①文化史 – 世界 – 儿童读物 Ⅳ.① K103-49

中国版本图书馆 CIP 数据核字 (2021) 第 264651 号

北京版权保护中心外国图书合同登记号：01-2022-5624

Everyday Life of the Native Americans
Text by Neil Morris Copyright © 2017 Nextquisite Ltd, London
Illustration by Manuela Cappon Copyright © 2017 Nextquisite Ltd, London
First published in 2004 by McRae Books Srl, Florence (Italy)
All rights reserved.

文明：手绘历史图鉴

印第安人

出版发行：北京日报出版社
地　　址：北京市东城区东单三条 8-16 号东方广场东配楼四层
邮　　编：100005
电　　话：发行部：（010）65255876
　　　　　总编室：（010）65252135
责任编辑：姜程程
印　　刷：天津善印科技有限公司
经　　销：各地新华书店
版　　次：2023 年 10 月第 1 版
　　　　　2023 年 10 月第 1 次印刷
开　　本：889 毫米 ×1194 毫米　1/16
总 印 张：21.25
总 字 数：660 千字
定　　价：168.00 元（全 5 册）

版权所有，侵权必究，未经许可，不得转载

文明：手绘历史图鉴

古埃及和古希腊

[英]尼尔·莫里斯◎著　[英]曼纽埃拉·卡彭◎绘　蔺鹏飞　王鹏飞◎译

北京日报出版社

目 录

金字塔上的王国：古埃及	4
前王朝时期	6
尼罗河	8
古王国时期	10
死亡和来世	12
木乃伊	14
金字塔	16
文字的诞生	18
众神	20
神庙与祭祀	23
农业	24
食物	26
战争	28
帝王谷	30
妇女和儿童	32
服饰和妆容	34
娱乐和游戏	36
乡村房屋	38
手工艺人	40
贸易	42

爱琴海上的城邦：古希腊 …… 44

古希腊文明 …… 46

殖民地 …… 48

社会 …… 50

农业 …… 52

战争 …… 54

宗教 …… 56

节庆日 …… 58

体育 …… 60

戏剧 …… 63

贸易 …… 64

集市广场 …… 66

艺术 …… 68

建筑 …… 70

医学 …… 72

教育 …… 74

美食 …… 76

家庭生活 …… 79

儿童 …… 80

服装与首饰 …… 82

金字塔上的王国
古埃及

金字塔上的王国：古埃及

古埃及是世界四大文明古国之一。大约在公元前3,100年，上埃及和下埃及统一之后，这个王国在尼罗河沿岸兴盛了近3,000年。散户聚成乡村，乡村发展成城镇，然后开始建造宏伟的建筑，如皇陵和神庙。这些建筑和出土的棺椁、木乃伊、壁画、雕像等，向世人讲述了当时的法老以及皇室人员的生活状况。古埃及建筑堪称世界奇迹。埃及气候干燥，使得文物可以保持几世纪不朽。近代，考古学家通过发掘，研究曾经不被重视的房屋、村庄以及生活用品，更多地了解到古埃及人民的信仰和日常生活，尤其是对商人、手工艺人、艺术家、建筑师和农民的了解。农民在尼罗河泛滥后的肥沃土地上种植农作物，这也为古埃及文明的形成奠定了基础。

大事记年表

约公元前3,100年以前
前王朝时期

约公元前3,100—前2,890年
第一王朝

约公元前2,686—前2,181年
古王国时期

约公元前2,181—前2,040年
第一中间期

约公元前2,040—前1,786年
中王国时期

约公元前1,786—前1,567年
第二中间期

约公元前1,567—前1,085年
新王国时期

约公元前1,085—前747年
第三中间期

约公元前747—前332年
古埃及后期

约公元前332—公元641年
希腊和罗马统治时期

前王朝时期

大约公元前 5,300—前 3,100 年，这段最早的历史被称为古埃及的前王朝时期。此时还没有建立封建王朝，那些以打猎为生的人们渐渐聚集在一起，形成一个个村庄，最终发展成两个国家：上埃及与下埃及。下埃及指的是尼罗河三角洲地带，上埃及指的是一直延伸到尼罗河谷的肥沃地带。随着两个国家的繁荣昌盛，部分古埃及人成了手工艺者。人们在一些墓穴中发现了手工艺品，当时的埃及人民认为它们会随着死者进入来生。

定居尼罗河

大约在公元前 1 万年前，撒哈拉的游牧民族向东进入尼罗河谷。起初，他们极有可能是人数很少的部落，随着季节和尼罗河每年一次的泛滥，不断迁移自己的营地。他们的生活离不开尼罗河河水，以及沿岸肥沃的土地。

葬礼及艺术

早期的埃及人会将逝者直接埋在沙地中，沙子会吸收尸体中的水分，从而保持尸体不会腐烂。尸体旁边偶尔会放一些陶器、珠宝和小型雕像。在耶拉孔波利斯，考古学家发现了一座建于公元前 3,000 年的墓穴，墓穴的墙壁上画有彩绘，考古学家认为这是古埃及第一座画有彩绘的墓穴。

左图：耶拉孔波利斯遗址中部分壁画内容，画上有大型船只、动物和人，是目前发现的最古老的古代墓穴壁画之一。

定居

大约在公元前 5,500 年前，一些以狩猎采集为生的埃及人开始种植小麦和大麦等农作物。他们定居在某地，蓄养了一些山羊和绵羊。这些农民依靠尼罗河一年一度泛滥后的肥沃土地，可以种植出足够一家人食用一年的作物。

古埃及人利用尼罗河的泥土建造房屋或其他遮蔽物。一开始，他们只是将湿泥盖在已经架好的树枝和芦苇上。如果是建大型建筑物，他们需要打一些土坯。打土坯首先是用泥土和水混合，再加入一些稻草和沙子。混合好后，浇进特制的木质模具中制成土坯。最后土坯被放置在阳光下晒干、变硬。

村落与手工艺

当定居地壮大成村庄，村民就可以更有效地利用尼罗河了。他们挖掘河道，在河水泛滥的时候，堵住河道以储存水源。农忙之余，人们开始关注其他事务，例如烧制陶器之类的手工艺品。大约在公元前 4,000 年以后，人们开始在陶器上装饰图案。

左图：这件花瓶大约制造于公元前3,500年前。瓶身上画了一艘船，船上有桨、船舱和棕榈叶，还有几只瞪羚、一只鸟和一名女子。

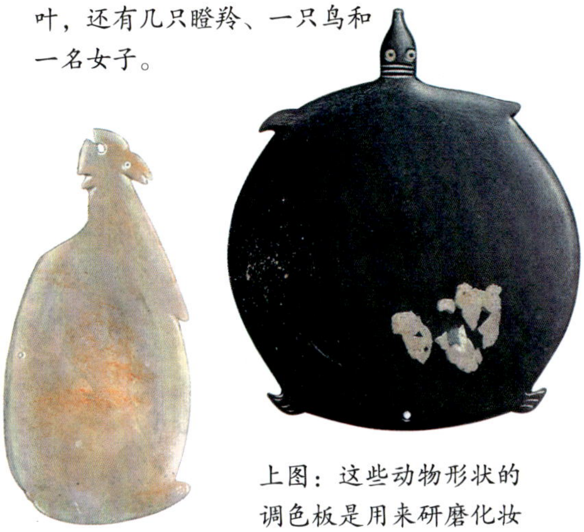

上图：这些动物形状的调色板是用来研磨化妆品的。

化妆品

男人和女人都会使用化妆品。他们研磨颜料给眼睛加彩，并用油膏或油脂涂抹肌肤。考古学家在墓穴中发现了用来研磨颜料的调色板和盛装颜料的容器，它们被做成了动物的形状。墓主人显然希望自己在来世也能保持良好的形象。

右图：这个河马形状的象牙容器是用来装油膏的，大约制造于公元前4,000年前。

尼罗河

尼罗河被古埃及人简单地称为"这条河",他们认为尼罗河河水来自哈比神的深不见底的罐子。尼罗河是埃及人的全部,不仅给他们带来了水和能够种植庄稼的土壤,还提供了一条贯穿整个埃及的运输通道。尼罗河泛滥所携带的黑色淤泥,变成了埃及人赖以生存的肥沃的"黑土地"。可以说,没有尼罗河就没有古埃及文明。

统一埃及

那尔迈大约在公元前3,100年统一了上、下埃及,建立了第一王朝,定都孟斐斯。他很可能和充满传奇色彩的国王美尼斯是同一个人。左图是那尔迈调色板的正反两面,一面画着那尔迈带着上埃及王冠正在痛击敌人。另一面则画着狮子、愤怒的公牛和正在监斩的那尔迈,象征着国王的权力。

右图:这个鱼形涂釉陶瓷是一个香水瓶。

日历

古埃及人根据尼罗河的涨退,将1年分成3个季节。从7月中旬到11月中旬是尼罗河的泛滥期,同时也是第1个季节。紧接着是播种季节,这个季节会持续到3月中旬。第3个季节是收获季节,而在这个季节尼罗河的水位会降到最低。

上图:这个象形文字日历的上3排代表了3个季节。每个季节参照月亮分为4个月。每个月又分为3个星期,每个星期有10天。

河水泛滥

尼罗河之所以每年都会泛滥,是因为埃塞俄比亚高原每年会有大量降水。这些雨水经青尼罗河流入孟斐斯和三角洲地区,尼罗河进入汛期,开始泛滥。沙漠中的干燥峡谷(旱谷)有时会突然降雨,雨水冲毁周围大量的土地。为了控制洪水,人们建了很多大坝,但是大自然的力量是人类很难控制的。

上图:公元前2,600年,在尼罗河东岸的赫勒万(孟斐斯的对面),开始修建这座大坝。大坝表面是石块,里面是砾石,计划10年建成,可在洪水冲毁了部分大坝后放弃了。

8

左图：渔民用网捕鱼，猎人用矛捕杀河马之类的大型动物。

生命之河

尼罗河是很好的食物来源，有鱼和水鸟，人们使用渔网捕猎它们。早期的船只是用河边的芦苇做成的。河水被用来饮用和洗漱，河边肥沃的土地被用来种植庄稼。尽管尼罗河泛滥时会冲走一切，但人们还是会将房子建在河边。

右图：鳄鱼神索贝克戴着一顶与众不同的王冠。在古时的尼罗河两岸，鳄鱼很常见。

左图：这个石板上记载着公元前1,831年尼罗河的水位线。每年，农民所缴纳的税额是根据尼罗河的水位线以及洪水所覆盖的土地面积而定的。

古埃及大部分的百姓都生活在尼罗河两岸的村子里。尼罗河也是社交生活的聚集地——村民们在岸边劳作时，总会聚在一起聊天。

古王国时期

古王国时期大约开始于公元前 2,686 年，持续了 5 个世纪。统一后的埃及以孟斐斯为首都，经历了 4 个强盛的王朝。这段时期，埃及的政府职能逐渐完善，农业开始蓬勃发展，国家在稳定中创造了大量财富，已经有能力修建大型的工程，如金字塔。但是，这些繁荣完全依赖于尼罗河。当尼罗河连续几年没有泛滥时，古王国时期开始走向衰落。

上图：这座哈夫拉雕像表明其受鹰神荷鲁斯的庇护。古埃及人相信法老是神明在人间的化身。

右图：造物神普塔是孟斐斯城的主神，城内建有普塔的圣殿。普塔还被认为是工匠的守护神。

神圣的国王

作为荷鲁斯在人间的化身，国王被视为爱与美的女神哈托尔的孩子。在右图的雕像中，孟卡拉的右边是哈托尔。左边是另外一位女神，她代表着上埃及的第 17 个省份。孟卡拉是第三座吉萨金字塔的建造者。

孟斐斯

孟斐斯位于尼罗河支流形成点的上端，是古埃及统一后最理想的建都地，被人们称为"上、下埃及的平衡点"。由于尼罗河每次泛滥之后，河道都会发生变化，因此孟斐斯城不得不随着河道移建。

左图：这个镶嵌式的木柜展示了古王国时期优良的工艺技术。

右图：这个木制镶金的手镯盒是在海特菲莉斯一世的墓穴中发现的，她是法老斯奈夫鲁的妻子。

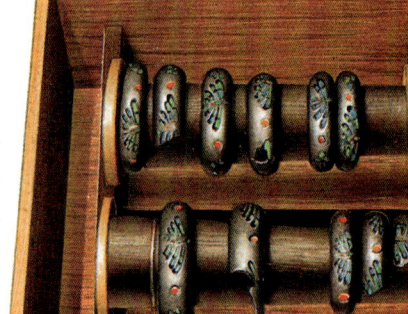

左图：一对真人大小的彩色雕塑，他们极有可能是法老斯奈夫鲁的儿子和儿媳。

政府官员

整个王国被视为法老的私有财产，但为了能让王国稳定而有效地运行，法老还需要一大批官员帮助他治理国家。宰相的官职最高，其下是分管各省的省长，省长下面是负责各项事务的官员。这些官员的主要职责是征税和为建造大型建筑寻找足够的劳动力。

右图：这是一尊穿着官服的铜像，官服是用特殊带子捆扎的长袍。

左图：当地官员会对违法行为作出判决，例如偷窃或是未按时纳税，记录官会将判决结果记录下来。罪大恶极的案件将交由上级官员处理，例如法老。

死亡和来世

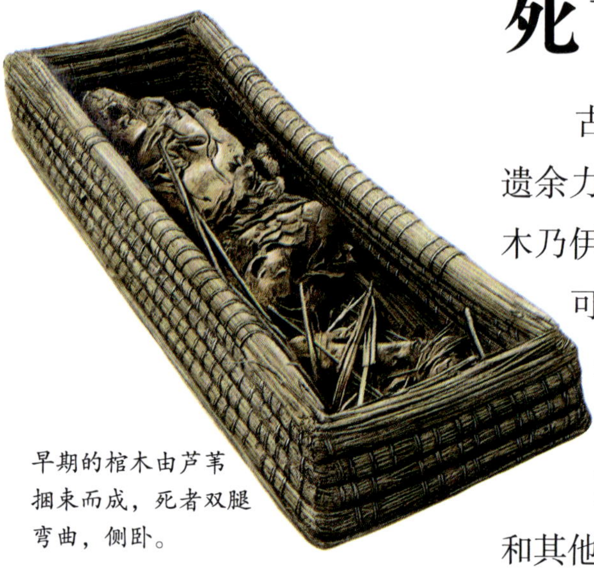

古埃及人相信人死后会有来世，因此他们不遗余力地为此事做准备。人们将死者的遗体制成木乃伊，他们认为，只要尸身不腐，人的灵魂就可以继续存活。他们相信，在葬礼之前，死者会受到神明的审判，并通过特殊的仪式重新获得感知，之后在咒语的保护下走过冥界的艰难旅程。那些陪葬的食物、衣服和其他物品将会帮助亡灵在来世继续生活。

早期的棺木由芦苇捆束而成，死者双腿弯曲，侧卧。

早期棺材

早期的棺材是用芦苇做的。之后出现了造型简单的棺木，直到公元前2,000年后，才演变成人体形状的棺木。

右图：这些职业的送葬人被雇来营造葬礼的哀痛气氛。

葬礼

在去往墓地的路上，死者通常由两名哀悼的妇女陪同，一个站在死者棺材的头部，一个站在死者棺材的尾部。她们分别象征哀悼死去的奥西里斯的伊西斯和奈芙蒂斯两位女神。送葬的其他妇女往头顶撒灰并拍打胸部表示哀痛。男人们很少会表现出他们的哀伤。

下图：这些侍者人俑被放置在墓穴中，用来在来世继续服侍死者。

殉葬品

保存良好的木乃伊是灵魂在来世的安身之所。构成灵魂的卡、巴也需要食物和水。在来世，死者还需要仆人、衣服和家具。

从古王国时期后期开始，棺木的一侧出现了一双面向东方的眼睛（下图）。这是为了让死者可以看到初升的太阳。

右图：奥西里斯拿着弯钩和连枷，绿色的皮肤象征着复活。

冥界之神

冥界之神奥西里斯掌管死亡和复活。死者接受审判时，奥西里斯会出现。法老死后，会受到奥西里斯的照顾，其他死者在通过善恶审判之后，也会受到奥西里斯的照顾。

12

右图：戴着阿努比斯面具的祭司会扶着木乃伊，而其他祭司在为"开口"仪式做准备。

通往来世之路

古埃及人认为，人死后心脏会在一场特殊的仪式上，与真理之神玛特的羽毛一起称量。胡狼头人身的阿努比斯有时会"帮助心脏"，让天平向羽毛一侧倾斜，这样死者就可以安全地进入来世。在下葬之前，祭司会用一个特殊的道具触碰木乃伊的嘴巴，进行"开口"仪式。仪式过后死者会重获感知，可以在来世吃饭和说话。

左图：《死亡之书》中的一段文字，是在大约公元前1,250年的一位记录官的墓穴中发现的。

《死亡之书》

死者必须穿过冥界才能到达天堂般的来世。这个过程非常艰难，人们需要使用咒语来度过途中遇到的重重危险。这些咒语被写在称为《死亡之书》的卷轴上，放在棺木中。

木乃伊

古埃及人非常善于制作木乃伊来保护尸体不让其腐烂。他们先使尸体干燥，然后用亚麻布进行包裹。这个过程需要大量的时间，而且有一个重要的、神圣的仪式。木乃伊会被放在棺椁或者石棺中下葬。近代，人们为了看到里面的尸体，很多包裹在木乃伊外面的亚麻布被揭开了。而现在，在不拆封和造成损坏的情况下，考古学家可以利用探测设备观察到木乃伊的内部。

木乃伊包裹好后，就会被戴上面具。这些面具可能是经过艺术加工的产品——有时是格式化的脸谱，有时是更加逼真的死者形象。这些面具最早出现在1世纪，正是罗马艺术最风行的时候。左图中的面具制作得非常用心——仿真头发、玻璃项链和一圈石膏做成的精美花环。

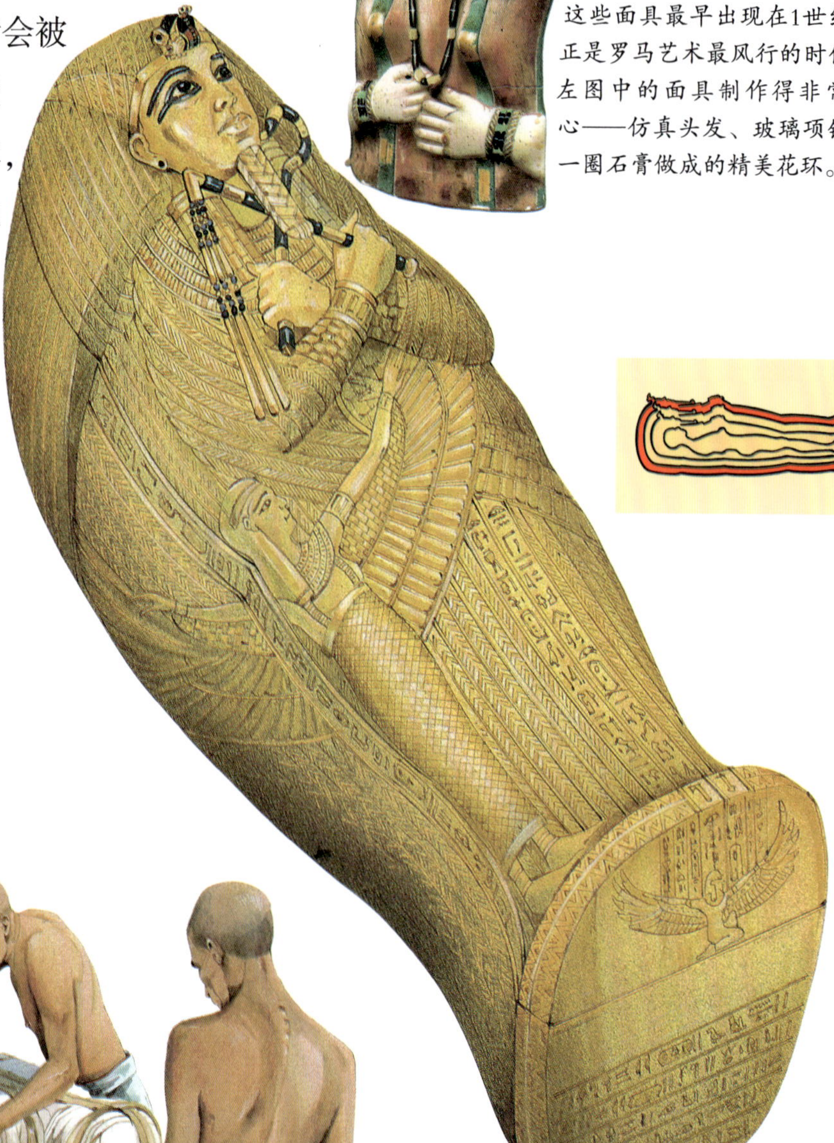

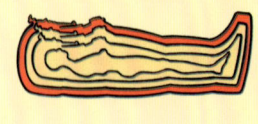

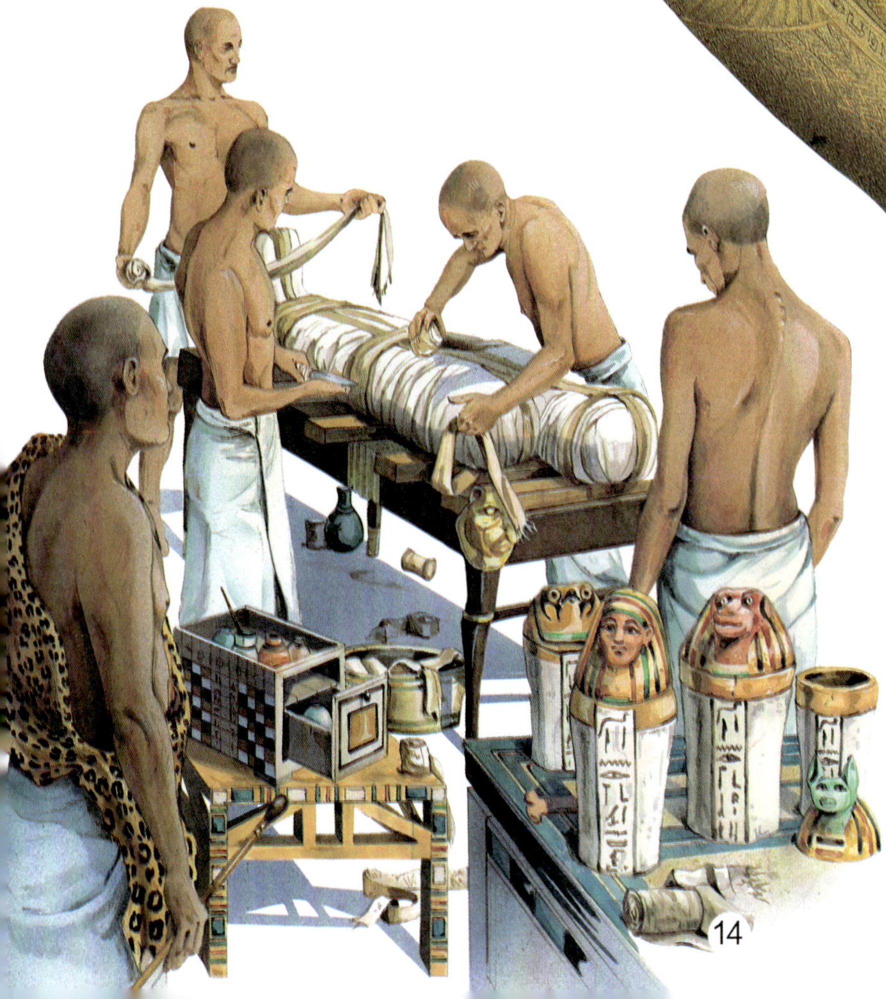

保存尸体

人死后不久，敛尸官就会为死者清除内脏，包括大脑。尸体被仔细地清洗后，用盐裹住，晾上40天使尸体干燥。然后用亚麻布和香料包裹尸体，并用油脂和树脂封存起来。最后，木乃伊被一层层的亚麻布包裹好，放在棺木中。葬礼将在逝者死亡70天后举行。

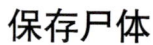

死者的肝、肺、胃、肠被分别放置在对应的卡诺匹斯罐中（下图）。这些罐盖的形状分别代表了荷鲁斯的4个儿子。而死者的心脏，被认为是生命的象征和智慧的源头，则继续留在死者体内。

石棺

法老和重要官员的棺木外面会多一层保护。他们的棺木被放在石棺之中，石棺很重，搬运和放进墓中的过程都相当困难。很多石棺都被雕刻得十分精美。

右图：这个写满铭文、木乃伊形状的小雕像可以追溯到大约公元前1,350年。这些陪葬俑会被放在棺木中，用以在来世帮助死者。

棺木

经过香料处理后的死者会被放在棺木内加以保护。有时为了更好地保护，或者彰显死者的身份，一些皇室的木乃伊会被放置在两层或更多层的棺椁中。图坦卡蒙的木乃伊被放在镶有金箔的内棺中，贵重的陪葬品被亚麻布包裹着放置在棺木中。

胡狼头人身的阿努比斯被认为是木乃伊制作神。木乃伊制作过程中，大祭司会戴着阿努比斯面具（右图）。

棺木内外都有精美的装饰画，内容通常为埃及的神灵形象，或者是具有魔力的符号和咒语（右图）。

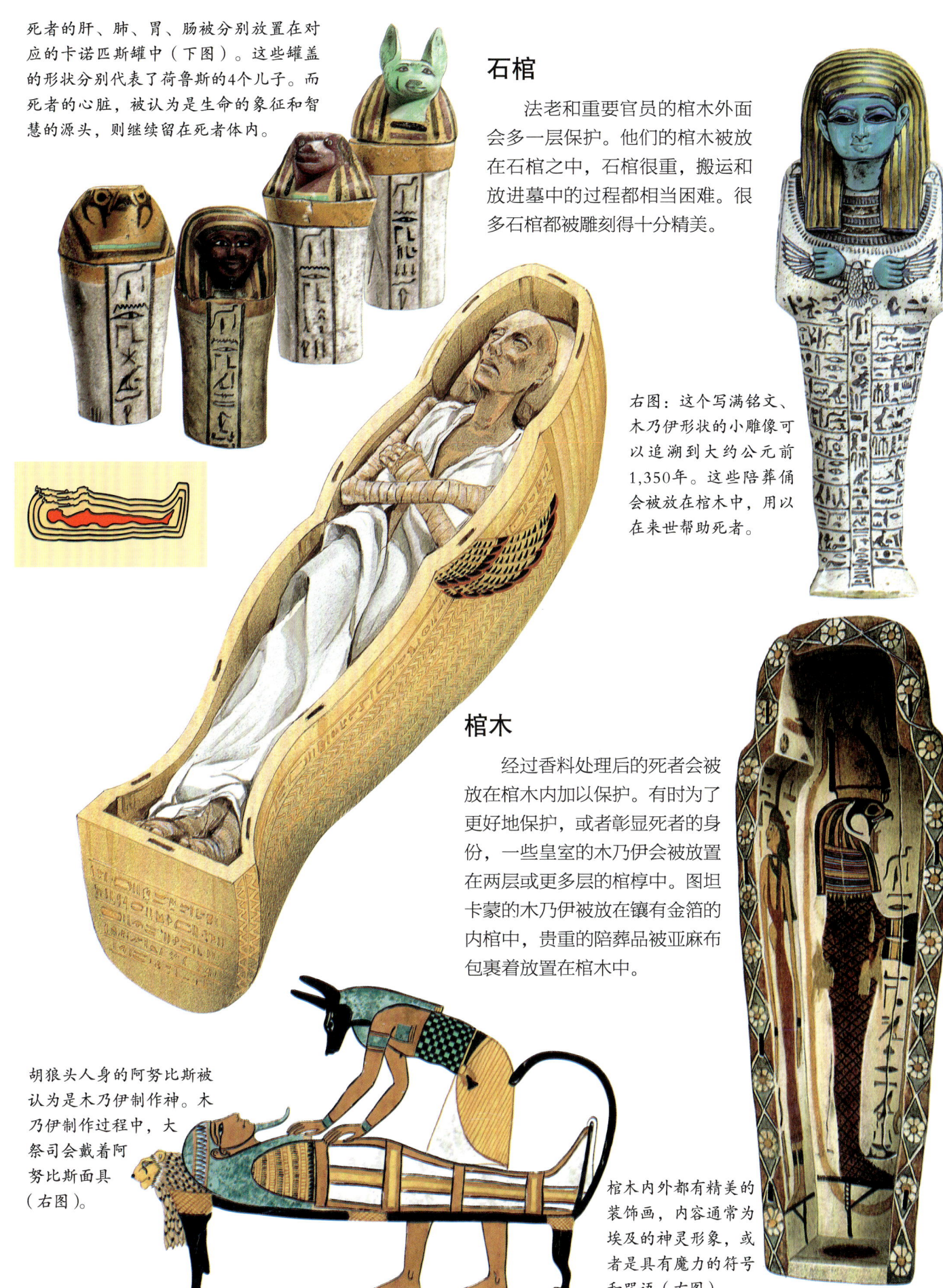

石室坟墓

在金字塔出现之前,法老去世后会被安葬在土坯围成的地下墓室中,上面用沙土覆盖。后来发展为在墓室的地面上方,用泥砖建成一个方形的坟墓,称为石室坟墓。之后,坟墓变得越来越高,越来越精巧,最终发展成了金字塔。

吉萨金字塔

在孟斐斯的北边有三座非常巨大的金字塔,它们分别是为胡夫(下图1)、胡夫的儿子哈夫拉(下图2)、胡夫的孙子孟卡拉(下图3)建造的。从公元前2,589年开始,他们三人相继统治了古埃及80年左右。法老死后,遗体会被放在船上运出孟斐斯,通过一条连接着尼罗河的运河,运到一座建在峡谷中的神庙里制成木乃伊。接着木乃伊会顺着堤道被运往祭庙,被放置到主金字塔内的石棺中。法老的妻子和重要的官员会被安葬在旁边的小金字塔或者墓室中。

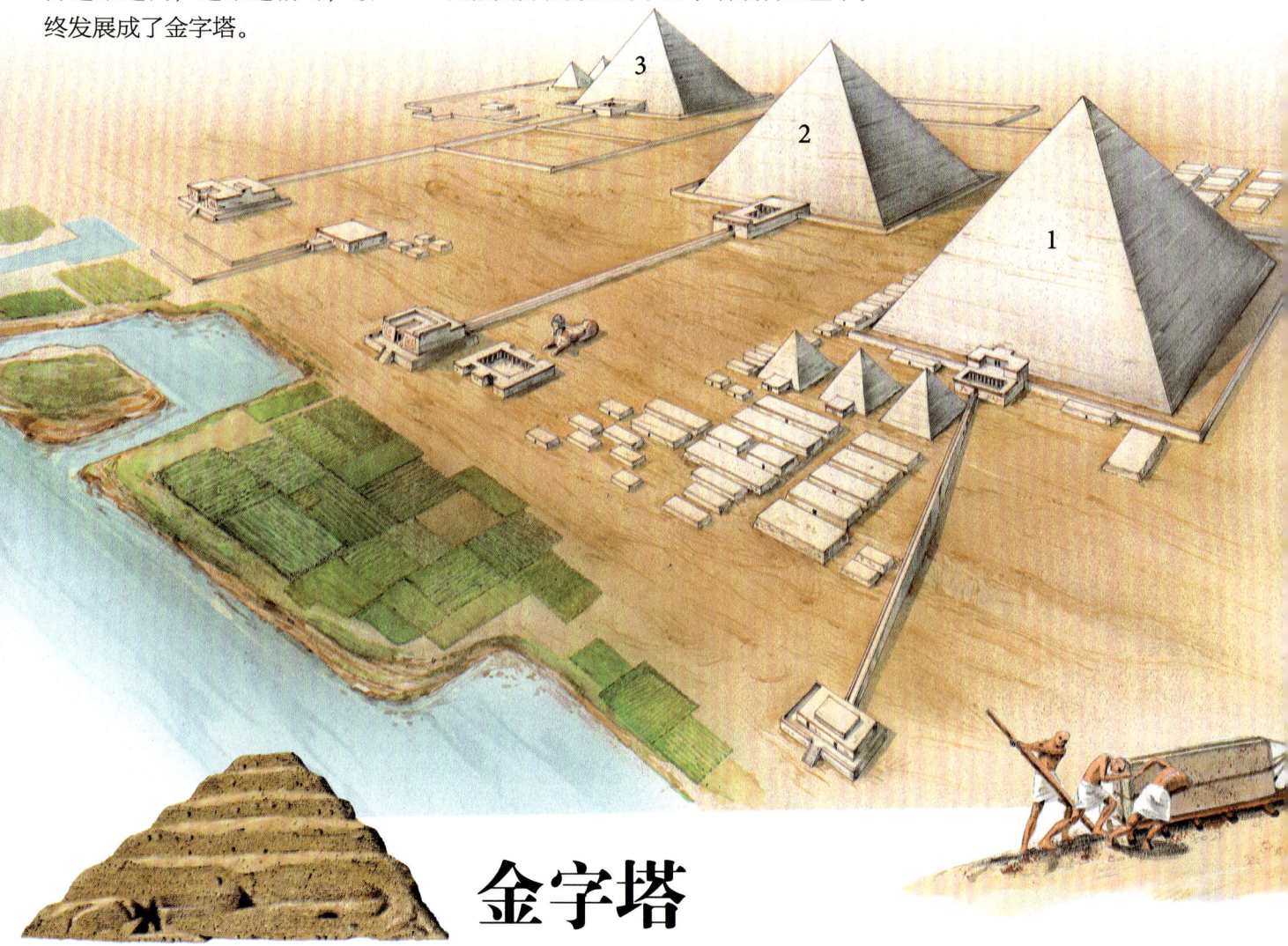

早期金字塔样式

左赛尔法老的阶梯金字塔(上图)位于孟斐斯旁的塞加拉。塔内有1个大的、11个小的皇家墓室。之后的法老又建造了其他几座阶梯金字塔,直到斯奈夫鲁建造出表面光滑的金字塔。而关于金字塔形状的问题则被建造胡夫金字塔的建筑师解决了。

金字塔

古王朝时期是金字塔建造的黄金时期,而吉萨大金字塔是其间的巅峰之作。整个埃及一共有80余座皇室金字塔。这些宏伟的建筑既是法老的坟墓,也是法老的灵魂通往天堂的圣地。那么多巨大的石块能够严丝合缝地叠放在一起,完全是建筑史上的奇迹。金字塔的形状对埃及人来说意义重大,它提醒着人们万物起初的模样,同时也指向天空和太阳。

伊姆霍特普是左赛尔法老的重要"顾问"之一。在埃及几千年的文明史中，他一直是埃及最受尊重的建筑师、数学家、天文学家、作家和医生。他设计建造了第一座金字塔，即塞加拉的阶梯金字塔。

下图：胡夫的大金字塔原高146.59米，底部原边长230米。它不仅是最大的金字塔，还是世界七大奇迹中最古老的。下面这幅图显示了金字塔的内部构造。

建造过程

建造大金字塔动用了3万名工人，花了30多年的时间。塔身大约用了230万块巨石，每块巨石重好几吨，通过木制的雪橇和滚轴运送到合适的位置。工人们可能在塔的一侧建了一条运输坡道，一些历史学家还认为，他们可能使用了上图所示的起重设备。

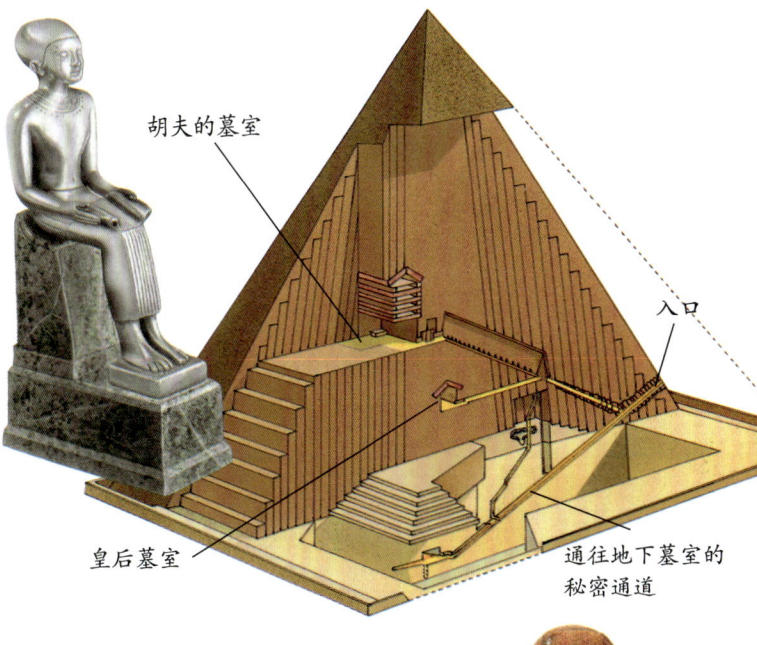

胡夫的墓室
入口
皇后墓室
通往地下墓室的秘密通道

左图：胡夫的父亲斯奈夫鲁是皇室金字塔最伟大的建造者。他在美杜姆建造了第一座具有光滑表面的金字塔，随后在代赫舒尔建造了两座同类型的金字塔。在无法从事农耕的尼罗河泛滥期，农民开始为法老建造金字塔。

狮身人面像

右下图这座巨大的人首狮身石像，高达20米，长达73米，坐落在哈夫拉金字塔的堤道旁边。大多数历史学家认为这座石像是在哈夫拉在位时建成的，脸是照着哈夫拉的面貌雕刻的。新王国时期以后，埃及人将狮身人面像视为"地平线上的荷鲁斯"。

17

文字的诞生

最近的发现表明，古埃及人在公元前3,250年之前，也就是上、下埃及还没有统一的时候，就开始使用象形文字了。古埃及象形文字，即圣书体，是由图形文字（例如圆形代表太阳）、音节文字（例如猫头鹰代表字母"m"）和字母构成。古埃及人后来又发明了一种简单易写的文字——僧侣体。一般情况下，圣书体用来书写陵墓或者神庙中的铭文，而僧侣体则用于人们的日常生活中的。

早期的象形文字多出现在小型象牙或者骨片做成的标签上。上图中画着闪电的标签上写着"黑暗之山"，画着朱鹮的标签上写着"光明之山"。这很可能分别指的是埃及东面和西面的两座大山。

书记员

由于读书认字的古埃及人不足百分之一，因此书记员非常重要，他们很多都在当地担任公职，或者是建筑师，或者在富裕家庭任职。有些书记员在军队里管理后勤和写日志。书记员中最有地位的是神庙中的老师和学者。

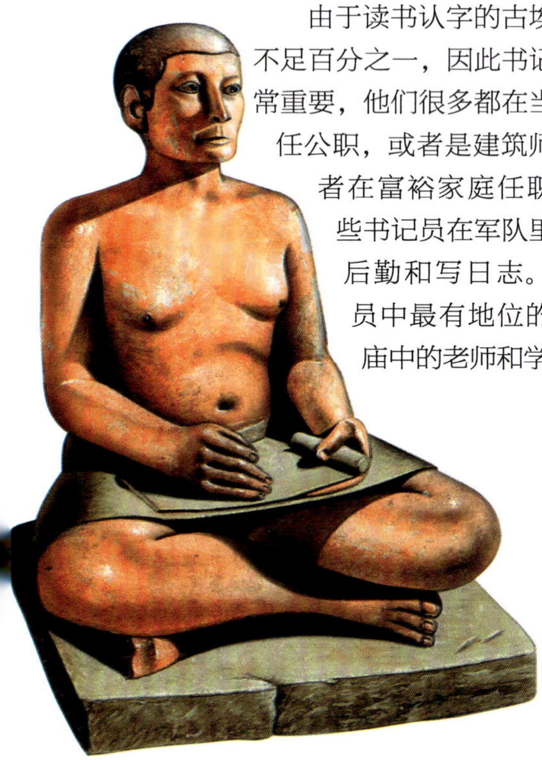

上图：这个木质棺盖上面刻着精美的古埃及象形文字，同时镶嵌着彩色的玻璃。

左图：这个书记员以传统的盘腿姿势坐着。他左手拿着莎草纸卷轴，右手应该拿着一支芦苇笔。雕像人物看起来很富态，这在古埃及是成功人士的特征。

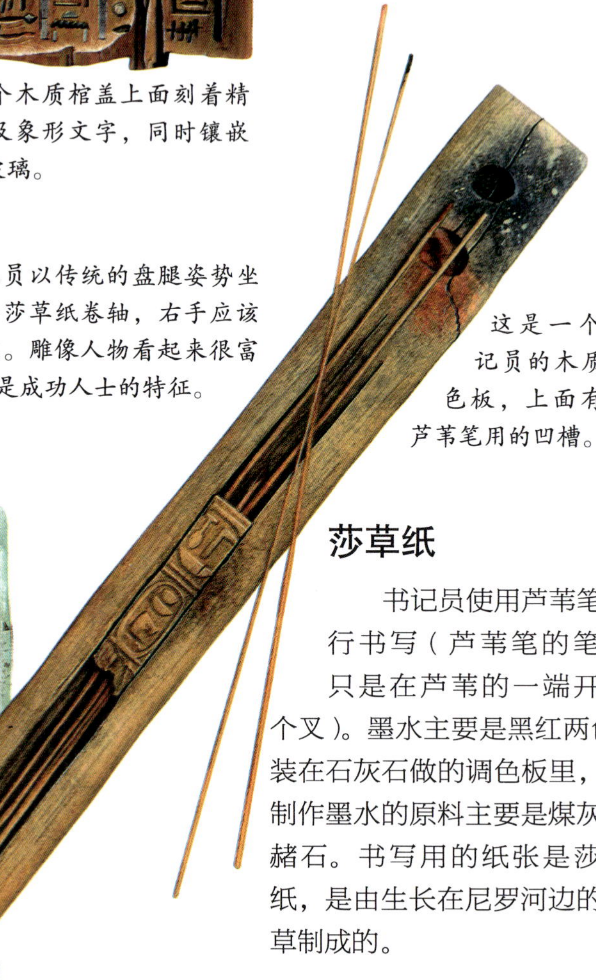

这是一个书记员的木质调色板，上面有放芦苇笔用的凹槽。

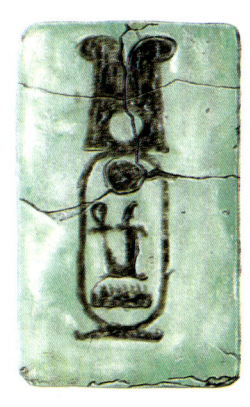

左、右图这些上釉的瓷砖标注着塞提一世的名字和尊号。这些名字用一种椭圆形文字书写。

莎草纸

书记员使用芦苇笔进行书写（芦苇笔的笔尖只是在芦苇的一端开了个叉）。墨水主要是黑红两色，装在石灰石做的调色板里，而制作墨水的原料主要是煤灰和赭石。书写用的纸张是莎草纸，是由生长在尼罗河边的莎草制成的。

学习写字

只有为数不多的男孩子才会去学校学习读书和写字。他们从5岁开始学习，学制12年。他们先学习僧侣体文字，之后其中一些人继续学习圣书体。老师会让学生在陶片上或者石板上写单词和作文，这是因为莎草纸非常昂贵。

制造莎草纸

首先将纸莎草的外皮去掉（A），然后将里面柔软的内茎泡在水中，切成片（B）。将切好的草片并排放在一起，然后在上面再排一层，两层相互垂直（C）。接着用锤子（D）将上下两层敲打粘连在一起。最后再压上重物（E），等待纸张干燥。可以用胶水将单张的莎草纸粘成纸卷。

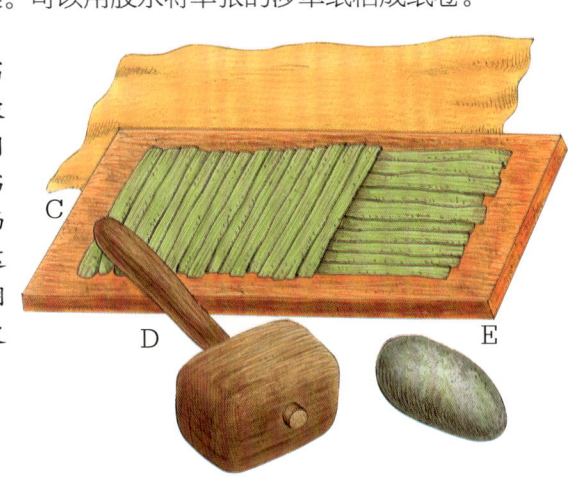

罗塞塔石碑于公元前196年写成，于1799年在三角洲地区被人发现。碑上同样的内容使用了3种文字记述，分别是圣书体、世俗体（由僧侣体演变而成）和古希腊文。正是通过这块石碑，法国语言学家让-弗朗索瓦·商博良破解了困扰历史学家多年的古埃及象形文字。

众神

宗教信仰涵盖了古埃及人生活的方方面面，神主管着河流、生老病死、家庭和学业等。古埃及人信仰的神灵众多，他们将自己最喜欢的神供奉在家里。有的神只在部分地区被信奉，有的神则在全国都有信众。神灵的形象各不相同，大多和某种动物相关，代表着神灵拥有某种动物的速度和力量等技能。这些神灵通常是兽首人身。

万物之始

根据最著名的古埃及创世神话所述，阿图姆是埃及第一位神。他从混沌之水形成的隆起上站了起来，并且创造了一个儿子——舒（空气之神），一个女儿——泰芙努特（雨和湿气之神）。舒和泰芙努特又生下了盖布（大地之神）和努特（天空之神）。

上图及右图：托特神有两种形象。头顶日冕和新月并以狒狒形象出现的托特神（上图），是书记员的守护神。以朱鹮形象出现的托特神（右图）总是和玛特同时出现，它承担着记录死者心脏和玛特真理之毛孰轻孰重的任务。

玛特（左图）：真理、正义与秩序之神。

卜塔：孟斐斯的创世神，以木乃伊的形象出现。

哈托尔：爱与美的女神，有时以母牛的形象出现。

赛克迈特：母狮女神，相传呼一口气就能在沙漠中形成热风。

库努姆：羊头人身的创世神、尼罗河河神。

拉：鹰首人身的太阳神。

贝斯特：埃及猫神，常与月亮联系在一起。

索贝克：鳄鱼神，他的汗水变成了尼罗河。

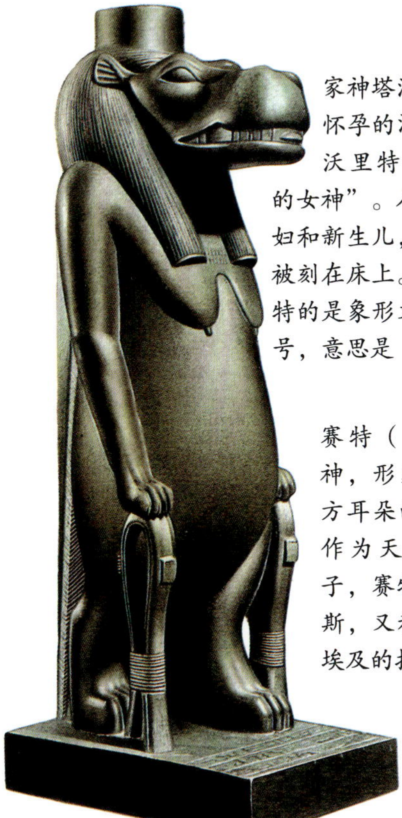

家神塔沃里特的形象是一头怀孕的河马（左图），"塔沃里特"的意思是"伟大的女神"。人们认为她能保佑孕妇和新生儿，因此她的形象常常被刻在床上。雕像中支撑塔沃里特的是象形文字中的一个环形符号，意思是"保护"。

赛特（右图）是混乱之神，形象是一种长鼻子、方耳朵的神秘动物模样。作为天空之神努特的儿子，赛特杀死了自己的哥哥奥西里斯，又和自己的侄子荷鲁斯争夺古埃及的控制权。

贝斯特

右图这位猫神是三角洲地区布巴斯提斯小镇的地方神，镇上还有祭祀她的神庙。庙里有成百上千个小猫雕塑，而且附近还埋葬了许多猫木乃伊。贝斯特被认为是太阳神拉的女儿，在庆祝她的节日那天，人们不许猎杀大型猫科动物。右图这尊铜像的胸口处，还佩戴着"荷鲁斯之眼"。

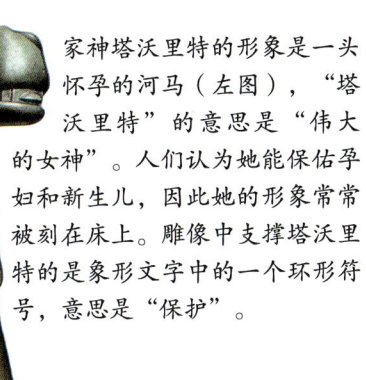

神牛

阿比斯神牛（左图）是一只独特的公牛。人们根据公牛身上的斑纹，挑选出一头作为创世神卜塔的化身。神牛死后被制成木乃伊，人们会为它举行盛大的葬礼。接着，人们重新挑选一头新牛作为神牛。

地方神

古埃及各个地区都有自己信仰的地方神。当这些地区的人获得了权力，就会不断扩大他们信仰的神灵的影响力。一些重要的地方神，例如布巴斯提斯的贝斯特，还有自己的神庙。古埃及的42个省都有各自的地方神。

贝斯神（右图）是一个侏儒神，他能保护家庭，驱逐邪灵和蛇。

托特：鹮首人身，或者以狒狒形象出现的学习之神。

穆特：秃鹫女神，被认为是在位国王的圣母。

荷鲁斯：隼首人身，是法老的守护神。

奥西里斯：冥王，掌管死亡和复活。

阿努比斯：胡狼头人身，木乃伊制作神。

伊西斯：母性之神，是奥西里斯的妻子，荷鲁斯的母亲。

奈芙蒂斯：死者的守护神，伊西斯的妹妹。

左图中的桶状青铜容器,是祭司从圣湖中取水时用的。祭司会在仪式上点洒圣水。

祭司

神庙中的祭司分为不同的等级。其中许多祭司一生都没有进入过内殿。有些祭司监管神庙的工作场所,有些祭司负责照看谷仓和屠宰场。为了保持干净圣洁,祭司每天要在白天和晚上各沐浴两次,并清除体毛。

祭司通过烧香和洒圣水的方式保持神庙圣洁,取悦神灵。

这是泰雅王后的哥哥安恩的雕像(右图),他在祭司中被称为"阿蒙的第二先知"。他戴着有层次的假发,祭司服上还有一个豹头装饰。

神殿

每个神庙里都有一个或多个神殿,里面摆放着神的雕像,神殿在关好门窗后会用泥土封住。每天祭司们小心翼翼地打开封印,为神明送上水和食物。大祭司会脱掉神像上的衣服,加以清洁,然后为神穿上亚麻布制作的新衣服。他们在离开神殿时,会将地板清理干净,重新封住神殿。

神庙与祭祀

埃及的神庙里面供奉着一个或多个神灵。祭司每天会在神庙里举行一些祭祀仪式。如在黑暗神秘的神殿里为神像奉上食物，擦拭神像并为神像更衣。普通百姓是不能到神庙里参加祭祀的，他们只能在特殊的节日里才能见到神像。

神庙内部

通过大门进入院子，你会看到由诸多雕刻精美的立柱所拱立的大厅，即大柱厅。当祭司通过斜向上的台阶，走向放置神像的神殿时，越靠近神殿，过道越窄小，光线越黑暗。神庙是宇宙万物的象征之地。

很多神庙在外墙之内都有一片圣湖。在开始每日的祭祀仪式之前，祭司会用圣湖中的水清洗身体。菲莱神庙则坐落在被圣水环绕的岛屿上。

节日

在特殊的日子，如每年一度的奥佩特节或者底比斯的河谷节，祭司会将神像请出神殿，放进船形的木质神龛里，抬到附近的另一座神庙里。普通民众可以借此机会一睹神灵的风采，使节日更加喜庆。

农业

大多数古埃及人靠种地为生。他们在尼罗河泛滥后所留下的肥沃土地上进行劳作。在古埃及的三个季节中，有两个季节农民们都在忙着耕地、播种和收割庄稼。只有在河水泛滥的季节，他们才不得不暂停农耕工作。农民们会想尽各种办法储存水源，使土地尽可能久地得到灌溉，从而获得丰收。这对整个国家来说非常重要，因为古埃及的税收就是根据收成的好坏而定的。

上图：一尊展示农民使用锄头劳作时的雕像。

灌溉

古埃及人通过挖掘水渠和运河的方式，使远离河水的土地得到灌溉。洪水消退时，人们会堵住运河，为农作物的后期生长储存水源。人们利用桔槔（上图）从尼罗河或者运河中汲水。桔槔是一根木质长杆，一端绑着一个重物，一端挂着一个水桶，以上下摆动及旋转的方式输送水源。

收获季节是最忙的季节。人们在3月或4月收割完小麦或大麦后，驱赶牛来回踩这些作物的秸秆，使麦粒从秸秆上脱落下来。

右图：这幅壁画大约绘于公元前1,280年，画中一位监工和他的妻子在"芦苇地"里耕种和收割庄稼。

下图：农民们正在扬谷——将谷粒扬在空中，利用风将谷子和谷壳分开。

生活方式

古埃及人认为在尼罗河河边种地是非常不错的生活方式。他们尊敬自己赖以生存的土地，并且认为自己死后将会走过一片"芦苇地"。他们认为四面环水的"芦苇地"就是梦想中的天堂。他们相信在来世依旧会继续现在的生活。

重要作物

古埃及主要的谷类作物是大麦和小麦，它们被用来制成古埃及人的主食——面包和啤酒。人们还种植亚麻，用于制作亚麻布和亚麻布衣服。种植的蔬菜有洋葱、小扁豆、豆子、卷心菜和黄瓜，种植的水果有葡萄、枣、无花果和石榴。水果和蔬菜一般会种在小块的菜园里。

上图：人们正在葡萄园采摘葡萄。葡萄酒很受有钱人的喜爱。

右图：这幅壁画大约绘于公元前1,400年，当时收获的谷物会被称重并记录下来。工人们使用罐子将谷物装进尺寸统一的麻袋中进行计数。书记员会做好记录。

税收

农民根据自己的收成情况和拥有的动物数目缴纳税金。为了计算税额，官员们会丈量土地，清点牛、羊、鹅的数量，书记员会记下土地的收成情况。农民以谷物缴税。

畜牧业

人们养长角牛或短角牛可以得到牛肉；养殖绵羊和山羊，既可以得到肉，又可以得到羊毛和羊皮。人们很少养猪，因为猪被视为混乱之神赛特的形象。为了得到蛋，人们还会养鸭子和鹅。人们养公牛是为了用它耕地和打谷。

右图：驴驮着收获的谷物赶往打谷场，再把打好的谷粒驮到谷仓。

食物

尼罗河谷的农业、狩猎和渔业为古埃及人提供了大量的食物。一般情况下，古埃及人的食物主要是面包和啤酒，但是穷人和富人吃的食物差别还是很大的。富人可以吃肉喝酒，或者邀请好友参加奢华的宴会。普通人可能只是吃些鱼和面包，喝点儿啤酒。

上图：人们采摘葡萄并踩踏它们来酿酒。葡萄酒用高罐贮藏，罐子上标着酒的种类和年份——就和现在的酒类标签一样。

在浅水区，渔民站在河里直接撒网捕捞。在深水区，渔民在两船之间撒网捕鱼。

鱼

尼罗河里有很多不同种类的鱼。普通人也能经常吃到鱼，富人则在自家的池塘里养鱼，这样既可以观赏，又可以食用。法老和祭司不吃鱼，因为鱼经常会和混乱之神赛特联系在一起。在某些地方，某种鱼会被认为是神圣的，任何人都不得捕食。

烘烤和酿造

大部分妇女每天会花大量的时间在家烤面包、酿啤酒，而在富裕人家则由仆人做这些事情。面包是用面粉做的，在古埃及人的一日三餐中不可或缺。人们还会使用模具制作各种形状的面包。刚开始，人们用大麦制作啤酒，后来改用小麦酿制啤酒。这种啤酒比较浓稠，酒精含量没有现在的啤酒高。为了使啤酒的口味更佳，人们还会在啤酒中添加香料、蜂蜜或者大枣。

面粉是在石头上磨成的，然后制作成面包。细小的石屑常常会混进面粉里，给人的牙齿造成伤害。

26

做饭

为了使屋子里没有油烟味,人们常常在院子里的土灶上做饭。而只有一间房子的穷人,则会在地板上挖一个洞生火做饭。做好的饭菜会盛在陶盘里,端到矮桌上。人们直接用手抓饭吃。

左图:这个木质模型展示了不同食物的制作方式。其中有的人在宰牛,有的人在酿啤酒,有的人在担水,有的人在磨面粉,有的人在烘焙面包。

盛宴

人们为了庆祝特别的事情,例如生日或者婚礼,会举办盛宴。富人们会用食物和酒水款待自己的朋友。厨师会为盛宴准备肉类、蔬菜、水果、酒水和加了蜂蜜的蛋糕。客人们化着精致的妆容,戴着珠宝首饰,穿着礼服前来赴宴。宴会上有仆人提供服务,有乐师演奏美妙的音乐。

肉

人们养牛、绵羊、山羊和鸭子等动物来获取肉类,偶尔也会猎捕瞪羚和野兔。人们喜欢烘烤或炖煮肉食,牛肉是富人阶层的最爱,但肉食对于普通人来说很贵。

上图:这个木质模型显示一个人正在烤牛肉。为了使火烧得更旺一些,他正在扇扇子。

战争

沙漠和大海是古埃及的天然屏障,当有外敌入侵时,古埃及人会表现出强大的战斗力。他们还向南北方向不断扩张,因为他们相信法老有权力统治世界。在古王国和中王国时期,埃及的军队人数并不多。直到新王朝时期,埃及开始拥有一支配备战车和步兵的常备军队。军队将领向法老宣誓效忠。

上图:古埃及最著名的法老拉美西斯二世正在叙利亚的卡迭石同赫梯人作战。他拥有一支5个师的军队,每个师有5,000人。

左图:狮首人身的战神赛克迈特,其名字的寓意是"强大的神"。人们认为她拥有神奇的法力,可以在战争中保护法老。

战车

很可能在公元前1,750年之后不久,战车从中东传到了古埃及,使得作战方式发生了巨大的变化。木质两轮战车可搭载两名士兵,一名车夫负责驾驭着两匹战马,而训练有素的弓箭手则负责射杀敌人。在新王朝时期,国王(头戴蓝色王冠)总是以驾驭战车的形象出现。

士兵

古埃及军队由训练有素的步兵、弓箭手和战车车夫组成。分为北部和南部军团，通常由法老的儿子担任统帅。在必要的时候，还会招募雇佣军。努比亚人多是优秀的弓箭手，而利比亚人多为步兵。

上图这组行军士兵的木质模型可追溯到大约公元前2,000年。

上图：这个象牙护腕是戴在弓箭手手腕上的，保护弓箭手在射箭时不被弓弦弄伤。护腕上雕刻着法老与敌人作战的场景。

大约公元前1,176年，拉美西斯三世率领战舰在三角洲海岸打败了入侵的敌人。右图这块浮雕记录了此次海战的胜利。

武器

弓箭是步兵和战车兵的标配。早期的箭头是燧石做的，后来改用青铜。在贴身近战中，步兵使用斧头和棍棒。在新王朝时期，剑和匕首成为士兵们的武器。

下图：这个木箱是在图坦卡蒙法老的坟墓中发现的。箱子上画的是这位年轻的法老站在战车上，正在向努比亚人射箭。

古埃及的扩张

古埃及帝国的版图面积在新王国时期达到了巅峰，此时正值图特摩斯一世统治时期。他向南将帝国版图扩张到了盛产黄金的努比亚，并控制了叙利亚、巴勒斯坦地区和大部分中东地区。他的孙子图特摩斯三世继续通过军事战争扩张和保护古埃及帝国。

帝王谷

在新王朝时期，法老们将自己葬在底比斯城附近的山谷之中，后人将这片墓地称为"帝王谷"。一些皇后、贵族及其家庭成员也会葬在附近。这些坟墓都被建在山腹之中，墓道狭长陡峭。尽管整个坟墓看起来像个洞穴，入口也很狭小，但里面的装饰却是美轮美奂，而且陪葬的珠宝也是不计其数。不幸的是，这里很多坟墓已经被盗墓贼光顾过了。

左图这个金项链是在普苏森尼斯一世的墓地中发现的。他的墓地位于尼罗河三角洲地区的坦尼斯。

盗墓贼

之所以法老不再建造复杂的金字塔，而改为建造这种深入山腹并隐藏走廊的石窟陵墓，历史学家认为是因为安全问题。这些陵墓入口很小，防守得很严密。设计师设计了很多假的墓室和秘密通道，这样盗墓贼很可能会在墓地中迷路。但是大部分陵墓在公元前1,000年之前就被盗墓贼洗劫一空了。

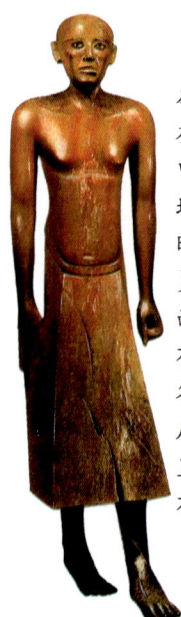

左图：这个用相思木刻成的人像是在中王朝时期的一座坟墓中发现的。当时，很多重要的官员被埋在了底比斯西部的一块墓地中。有人称之为"贵族谷"。他们的坟墓比之后的法老墓简朴得多，里面有死者的雕像，有时也有其妻子或者其他亲属的。

墓地珍宝

古埃及人会在墓室中放一些对来世有用的东西。所以法老的陵墓中，放了许多黄金和其他珍贵材料做成的陪葬品。例如图坦卡蒙的陵墓中，就有三个墓室堆满了金银财宝，放棺椁的墓室自然也一样。

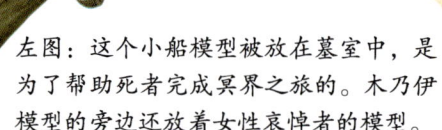

左图：这个小船模型被放在墓室中，是为了帮助死者完成冥界之旅的。木乃伊模型的旁边还放着女性哀悼者的模型。

墓室

只有通过陡峭的楼梯和长长的墓道，才能到达坟墓的最底端——墓室。墓室里放着法老的石棺和许多金银珠宝，而木乃伊则躺在棺椁之中。陵墓里会设计一个假的墓室来迷惑盗墓贼。假墓室后面有一条隐蔽的通道，只有通过这条通道才能到达前室和真正的墓室。

上图：这个镶着金、银和象牙的精致木箱，是在图坦卡蒙墓室旁边的"金库"中发现的。

陵墓装饰

石窟陵墓建成后，工匠就会在陵墓的石墙上涂上灰泥，然后设计并绘制壁画。石匠先将部分设计好的壁画刻成浮雕，画师再涂上明丽的色彩。因为陵墓位于地下，里面十分黑暗，工匠们通常采用燃烧油脂或油灯的方式来照明。

上图：这幅壁画绘制在"王后谷"拉美西斯三世某位儿子的墓室中。画中伊西斯女神正牵着这位王子的手。

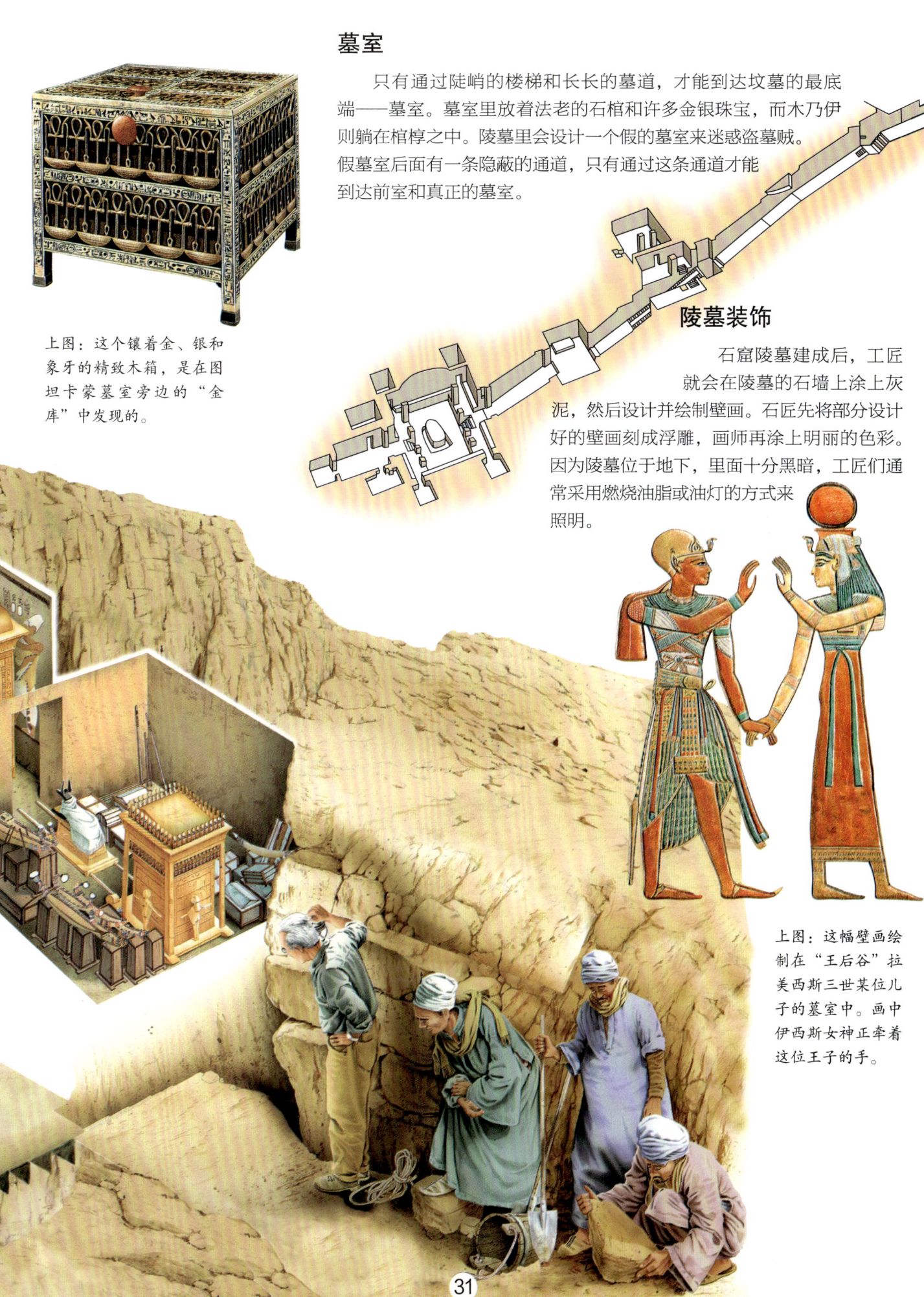

妇女和儿童

妇女的主要工作就是处理家庭事务和照顾孩子。年轻的女孩向自己的母亲学习这些东西，而祖母在旁边协助处理这些事务。有的妇女也会在户外从事繁重的体力劳动。古埃及的妇女可以继承财产，在有家暴的情况下她们还可以通过法庭和自己的丈夫离婚。她们不能在公职部门工作，但是有的妇女可以成为女祭司。一般情况下，地位高的妇女可以拥有很多仆人，当然这些仆人大部分都是女性。

穷苦家庭的妇女在劳力缺乏的情况下也会在田地中劳作。这位妇女（上图）正在新耕的土地上播种。

日常生活

大部分妇女的日常工作就是照顾家庭，为家人准备食物。富裕家庭的女主人是不会做这些事情的，因为有很多女仆会替她去做（下图）。

上图：哈特谢普苏特女王，她取代了图特摩斯三世，成为女法老。她在位期间建造了许多大型建筑，派遣了贸易远征队，停止对外战争。她的很多塑像都有象征王权的假胡须。

孩子

一个妻子最重要的任务就是养育孩子。她们用布带绑住孩子背在身上，喂孩子母乳，精心照料孩子。女孩会在家里帮助母亲，学习如何管理家庭事务，直到她们长大嫁人。男孩和母亲相处的时间要少得多，他们在很小的年纪，就会去田地里劳作，或者跟着父亲学做生意。

纵观埃及历史，人们在神庙、陵墓以及家中经常会放置这样的生育雕像（左图）。其中有的是为了向女神哈托尔致敬，因为她被认为是婴儿的守护神。有的则代表女人想怀孕的愿望。

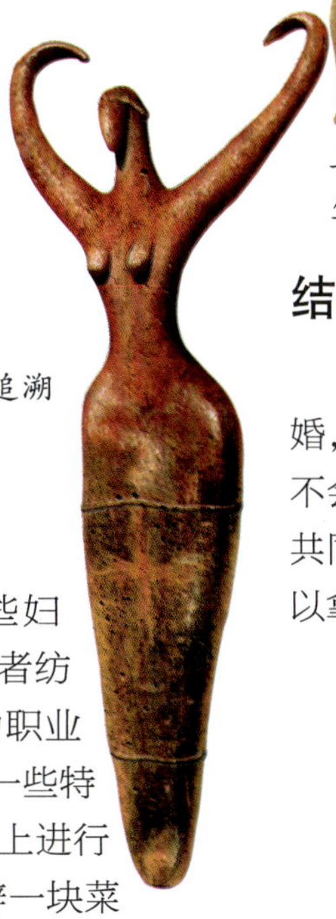

右图：这个舞者雕像可以追溯到大约公元前3,500年。

上图：哈托尔的两名代表正在帮助这位妇女生产。

结婚

很多女孩在12岁或13岁的时候就会结婚，嫁给比她们大好几岁的丈夫。古埃及人不会举行婚礼，只是签一份婚姻合约。夫妻共同拥有财产，但是如果他们离婚，妻子可以拿回所有的陪嫁品。

工作

除了在家劳作，一些妇女还会在外面做面包师或者纺织工，或者通过学习成为职业的乐师、舞女和歌手，在一些特殊的场合或者私人宴会上进行表演。一些妇女会开辟一块菜园，种植蔬菜和水果，有时也会去田间劳作。有些社会地位高的妇女会成为女祭司，参加神庙的祭祀仪式。

上图：这位女祭司穿着宗教职员所穿的豹皮长袍。

右图：安克赫娜蒙王后正在为图坦卡蒙擦香水。

下图：乐师们正在弹奏竖琴、鲁特琴、长笛和里拉琴。

王后

大多数法老都会有很多妻子，但只有一位是"王后"。王后是古埃及社会中最重要的女性，其次是法老的母亲。某些王后对法老如何治理国家非常感兴趣。

服饰和妆容

古埃及人非常在意自己的外表。他们的衣服是用亚麻布做的，这样的衣服柔软透气，很适合埃及炎热的气候。劳作的男人一般穿缠腰布或者短裙，而女人则穿长裙。后来紧身的褶裙开始流行。不论男女，都会戴假发、化妆、佩戴首饰，让自己更加吸引人，尤其是在一些特殊场合。和其他文明一样，服饰和妆容是一个人财力和社会地位的体现。

这个仆人模型穿着当时最典型的短裙。

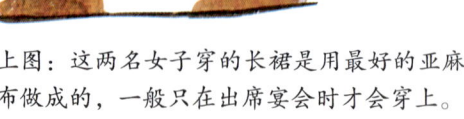

上图：这两名女子穿的长裙是用最好的亚麻布做成的，一般只在出席宴会时才会穿上。

化妆

化妆品是由不同的物质做成的。在古埃及，不论男女都会化妆。黑色眼影粉是由方铅矿制成的，绿色眼影粉是由孔雀石制成的。红唇膏是用氧化铁制成的，腮红粉是用赭石制成的。眼妆可能有助于眼部防晒。古埃及人喜欢用指甲花染发，现在仍有一些人在这样做。

上图：这种发式在男孩和女孩中间很流行。有钱有地位的人还会将自己的鬓发编成辫子并加以修饰。

发型

为了让自己的头发干净整洁充满香味，古埃及的男男女女会精心打理自己的头发。富裕的家庭还会雇佣美发师。经常劳作的男人喜欢短发。假发在当时非常受欢迎，有为男士准备的短发，有为女士准备的精致长发。为了干净和美观，古埃及人喜欢拔掉身上的毛发。他们还喜欢剃光头戴假发。

右图：这个木雕可以追溯到第十九王朝（约始于公元前1,295年），雕刻的是一个书记员的形象，他穿着长长的褶裙，戴着由小卷发构成的分层假发。

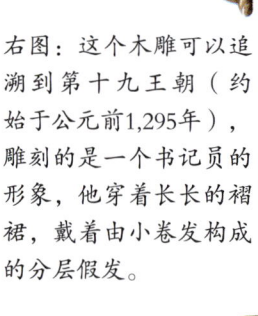

左图：这个木盒是用来放化妆品罐或者香水瓶的。

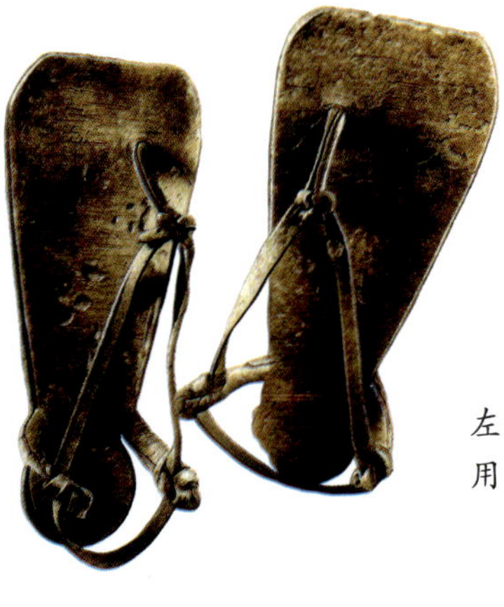

左图：这双皮拖鞋是用莎草绳缝制的。

亚麻布

大多数古埃及人的衣服都是用亚麻布做的，而亚麻布则是由生长在尼罗河两岸的亚麻织成的。男人们收割完亚麻后，将其浸泡在水里，使亚麻中的纤维更容易分离。女人们将亚麻纺织成亚麻布，并最终做成衣服。

右图展示的是亚麻的梗和纤维，纤维将会在一个木纺锤上被织成线。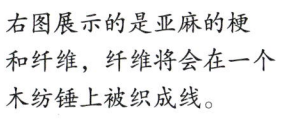

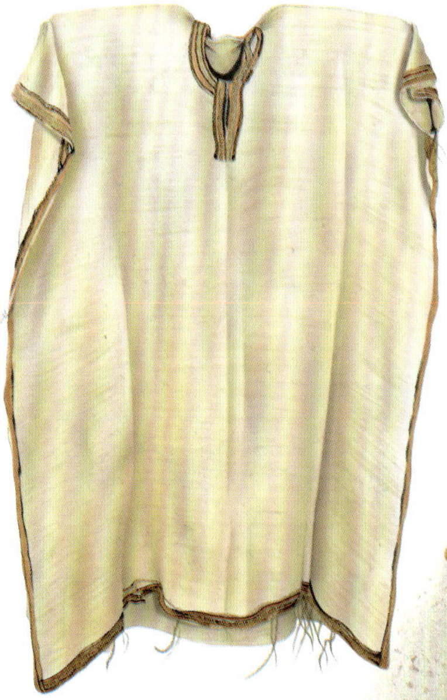

纺织亚麻布

在古埃及，亚麻布是由女人们纺织的。她们会在家里完成一些纺织工作，而大户人家需要的大量亚麻布，是由多位妇女合力织成的。在早期，她们使用的是平式织布机。大约公元前1,400年以后，她们开始使用下图所示的立式织布机。

在中王国时期（大约始于公元前2,040年），女人开始穿紧身长裙。她们将长裙染成各种彩绘样式（如右图所示）。

上图：这件亚麻外衣可以追溯到大约公元前1,400年，外衣上还有精美的穗带边饰。

35

娱乐和游戏

在古埃及，成人和孩子都会在闲暇时间选择自己的爱好或者其他娱乐活动进行消遣。男人喜欢捕鱼打猎，女人喜欢唱歌跳舞，而有的女人还将其作为职业，在宴会或者庆典上表演。时间充裕的话，成人还会玩儿些棋牌游戏。户外是孩子们最佳的娱乐场所，当然，他们也在家里养宠物，购买大量的玩具。

上图：奈菲尔塔利女王正在玩儿一种棋类游戏，名叫赛尼特棋。这个游戏的另一个版本（如下图所示）还有一个可以放置棋子的抽屉。人们通过投掷长木条掷出点数，然后将棋子移动相同的步数。

狩猎

野外打猎是有钱有地位的人的最爱。法老也非常喜欢猎捕大型动物，如狮子（右图），而且王室的狩猎活动也是王权的一种象征。上面的大图展示的是一群男人手拿长矛，在河边猎杀了一头河马。一些神庙会在墙壁上画法老猎杀河马的场景，以展示其强大的力量。

孩子们的游戏

古埃及的孩子们玩儿的游戏，其中有一些到现在还很流行。一些孩子喜欢扮演士兵，一些孩子喜欢玩儿手拉手转圈的游戏。孩子们还会玩儿一些其他游戏，如跳蛙、拔河和传接球游戏（这个球可能是由皮革、衣服或者纸莎草做成的）。左图中的女孩们正在玩儿背人传接球游戏。

玩具

孩子们也喜欢玩儿玩偶、动物模型之类的玩具。一些娃娃塑像可能会在成人仪式上使用，或者被当作祭品奉献给神灵，当然它们也可以成为孩子们的玩具。

这两个小塑像（左图和右图）是用骨头雕成的。

下图：这是个木制玩具猫，通过拉绳子可以让猫的嘴张张合合。

宠物

一些小动物，如猫、狗和猴子，可能会成为孩子们的宠物。猫是最受欢迎的宠物，因为它可以抓屋子里的老鼠。一些猫可能还要接受训练，这样就能帮助男孩和他的父亲猎捕鸟类了。

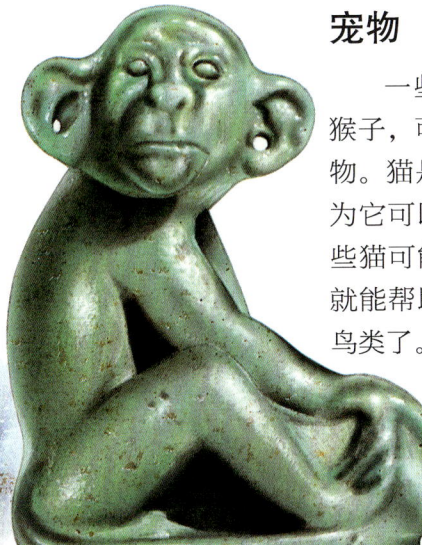

左图是一个非洲猴子的小塑像。

上图这两个彩球是用黏土做成的，里面还装了一些种子，这样孩子在玩儿的时候球会发出响声。

音乐

一些男人，但主要是女人，会演奏好几种乐器。古埃及很早就有乐器了，而且一些歌曲被传唱至今。音乐虽然没有被谱写下来，但当时一定得到了广泛应用，比如在宗教仪式上或者在宴会上为歌舞伴奏。

舞蹈

古埃及人娱乐时会跳舞，在典礼或者仪式上也会跳舞。女性常常在宴会上跳舞，但是迄今为止，还没有发现男女共舞的图片。

下图：职业舞女也会表演一些杂技动作，例如下腰和倒立。

这位女子正在弹奏一种早期的七弦里拉琴。

37

乡村房屋

古埃及的村民一家人住在简单的土坯房中。为了保持凉爽，房子的窗户开得很小，厨房是露天的，房顶是平台。里面的居住面积不大，除了几张矮桌、凳子和床外，没有什么家具了。房子通常是吃住两用。村子里的房子一座连着一座，街道十分狭长。

上图：那些有钱人的大房子从外面看也没有什么不同，也是土坯墙加小窗户。

这个房子模型（左图）是被放在坟墓顶上接收祭品用的。基于当时的房子样式，模型上面有一个拱形门和一扇小窗户。通过楼梯可以到达屋顶平台，古埃及人喜欢在晚上到平台上乘凉。

有钱人家

那些有钱的贵族或者大官会住在大房子里，里面有中央大厅、独立卧室和供仆人居住的屋子。这些房子还配有很大的庭院和花园，院子里种着西克莫无花果和枣椰树，可能还会有鱼塘。

右图：木制床架、头靠、凳子、毯子和拖鞋。

家具

普通人家的屋里家具很少，矮桌和凳子是用木头做的。富裕人家的椅子较高，而且有靠背。床上放的是木制头靠而不是枕头，床垫是灯芯草做的。木箱和木盒用来装东西。

房间布局

典型的农舍有4间屋子，一间挨着一间。穿过毗邻大街的接入室，就可以到达起居室。起居室内可能有1根或者2根支撑房顶的立柱。起居室后面是贮藏室，而贮藏室下面可能还有一个凉爽的地窖。随后你会见到院子中的厨房，登上厨房旁边的楼梯就能够到达屋顶了。在炎热的晚上，人们可能会睡在屋顶上。大多数窗户又小又高，因为只有这样，房内才能保持凉爽。

用棕榈树或者纸莎草叶子制成的篮子是居家必备之物。右图中的盖子、刷子和矮凳都是家中常用之物。这个瓶子是从迈锡尼进口的。

建筑材料

农村的房子大部分都是用土坯建的，地面铺一层灰泥，墙壁的两面都抹了一层石灰石膏，屋里的墙上还会画一些装饰画。房顶是由木梁支撑的，可以从厨房旁边的楼梯上去，厨房一般都有一个土灶。

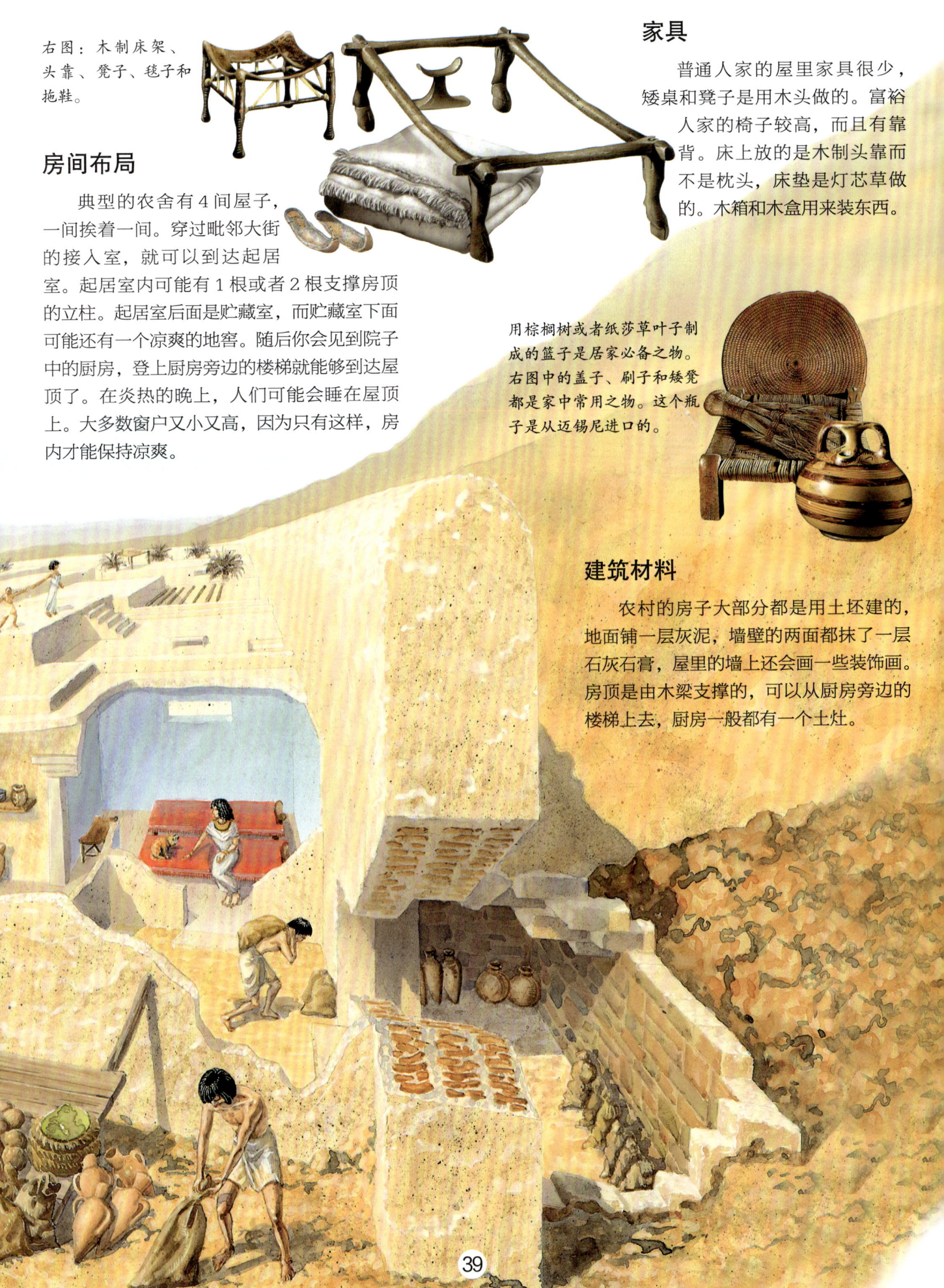

下图是一捆画笔。人们捶打树枝的一端,使其像鬃毛一样松散,以作画笔。

绘画

大部分图画都是画在灰泥抹平的墙壁上的。绘图员先在墙上画出线稿,接着画家对其进行上色,最后绘图员再做一次描边处理。红色颜料是用赭石做的,蓝色颜料是用铜做的,黑色颜料是用煤灰做的。白色颜料也用于调淡其他颜色,由石灰制成。

手工艺人

在古埃及,城镇里的木匠会为顾客打造家具,或者为权贵们的坟墓制作木质模型。手艺精湛的金匠会用黄金和珠宝打造一些赏心悦目的工艺品。最棒的石匠、雕塑家和画家则会为皇家工作,建造精美的宫殿、神庙和陵墓,这些建筑至今仍让我们感到惊叹。

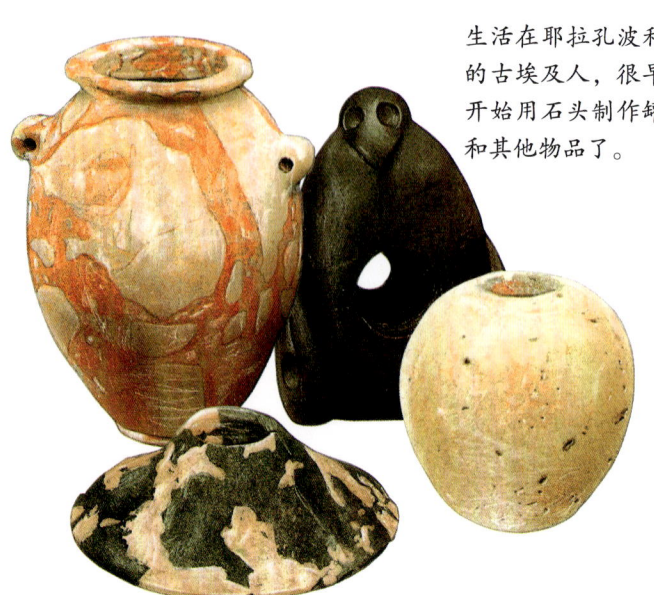

生活在耶拉孔波利斯的古埃及人,很早就开始用石头制作罐子和其他物品了。

下图是镶金、银的玻璃胸饰碎片。

珠宝

古埃及的金匠和艺术家喜欢用黄金制作珠宝饰品。黄金是从沙漠东部和努比亚开采出来的。金匠在黄金中嵌入天青石、绿松石或者其他宝石,以制作成精美的项链、手镯和戒指。他们也会将珠宝镶在木头或者玻璃中,或者用金箔装饰一些木雕、棺材和家具。

左图:有钱有地位的人的墓中会放珠宝箱。这个镶嵌着彩绘象牙的木箱里放了很多珍贵的珠宝。

上图:这枚黄金胸饰来自图坦卡蒙的陵墓。中间的圣甲虫是用玉髓制成,同时构成了鹰的身体。上面是辟邪的"荷鲁斯之眼"。

下图：造船工人正在往船上加木板。

上图是一些做木工活所使用的工具，从左至右分别为：圆形的磨光器、青铜凿子、打洞器和青铜锛子。

木工活

木匠在工作中会用到大量的工具。他们先用长锯将木材锯成木板，然后用锛(bēn)子使木头成型。早期的木工工具是用硬铜做的，后来改用青铜。除了打造家具，木匠还会刻一些雕像或者墓葬品模型。

金属加工

首先，人们通过烧炭加热金属，将金属融化后，倒进模具中。待金属冷却，工匠将其打磨成想要的样子。自中王国时期（约公元前2,040—前1,786年），人们开始在铜中加锡，制成青铜。像黄金、白银这样的贵重金属，也是同样的制作工艺。

下图：这幅壁画来自塞加拉的一座坟墓，画上描绘了工匠们工作时的场景。工匠们正在通过管子吹气，加大火力加热坩埚中的金属。

蝎子女神塞勒凯特（右图）是卡诺匹斯罐的守护神之一。这个雕像是在图坦卡蒙的陵墓中发现的，由木头雕刻而成，表面镀了一层金箔。

贸易

随着帝国的发展壮大，古埃及人开始进行国际贸易，用本国盛产的谷物、纸莎草和亚麻布换取自己需要的物品。他们换取黎巴嫩的高质量雪松，用于制造船只和棺材。非洲的努比亚和蓬特会向古埃及人提供黄金、香料和其他奢侈品。贸易大多是通过海路进行的，但是古埃及人也在沙漠中建立了保护商队的要塞。

左图：努比亚妇女样式的花瓶。

古埃及人很早就开始在尼罗河上航行了，他们利用船只运输谷物、牲畜和其他货物。即使满载货物，船只在尼罗河上的航行也很轻松，因为盛行风可以将船只带往上游，而水流则可以将船只带回下游。

这些设计精美的头饰是由两位年轻的叙利亚公主佩戴的，她们是图特摩斯三世的妻妾，头饰可能是叙利亚统治者为了换取和平献给法老的。

奴隶

大部分奴隶是亚洲的战犯，其中很多奴隶属于集体。随着对外贸易日益频繁，以及帝国的版图不断扩张，奴隶现象变得越来越普遍。通常情况下，他们被迫在采石场或者矿井中工作。

右图这块浮雕上，描绘的是蓬特人向古埃及远征商队奉献礼物的场景。蓬特位于非洲的东海岸，极有可能是今天的索马里。

左图这块浮雕上，蓬特国王和王后正在欢迎古埃及远征商队的首领。

上图：这个仆人模型（公元前1,350年）所扛着的容器是从叙利亚进口的。

海上远征商队

古埃及商队从尼罗河三角洲出发，远征到地中海地区进行贸易。他们还拉着船只零件横穿整个东部沙漠，到达红海海岸，然后在那儿将船重新组装好，顺着红海南下到达蓬特。

右图：这个雪花石膏做成的容器是用来称量液体的，可以追溯到新王国时期（约公元前1,567—前1,085年）。石砣的使用方法和金属秤砣相同，再轻一点儿的秤砣是陶制的。

左图：航行中的商船。

奢侈品

古埃及的黄金和紫水晶是从努比亚进口的，而努比亚又是进入非洲内陆换取黑檀和象牙的必经之路。制作香水和化妆品的原料，如没药和油脂，则来自东非和阿拉伯地区。

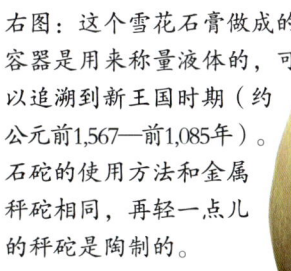

右图是一把镀金的木质腕尺。皇家腕尺长52.4厘米。

称重与测量

在公元前400年之前，古埃及是没有货币的，石砣和金属砣被用来衡量物品的价值。重量的基本单位是一种被称为"德本"的铜质重物。腕尺是衡量长度的工具。1把腕尺的长度相当于7个手掌的宽度，而1个手掌宽度相当于4个手指的宽度，因此28个手指的宽度就是一把腕尺的长度。

这幅大约公元前1,450年的壁画，画的是几个非洲人背着活的动物、动物毛皮、黑檀、象牙以及鸵鸟蛋。

43

爱琴海上的城邦
古希腊

爱琴海上的城邦：古希腊

虽然古希腊人生活在 2,000 年前，但是他们的文明遗留了下来，并传承至今。在我们的日常生活中，到处可以见到古希腊文明对我们的语言、医疗实践、科学工作和政治体系的影响，更不用说建筑、诗歌、哲学和戏剧等方面的影响了。例如，英文字母表是由古希腊的字母表演化而来，许多词汇都有古希腊语的词根。单词"alphabet"（字母表）就来自于希腊字母 α 和 β，这是希腊字母表的前两个字母。"telephone"（电话）一词来自希腊语的"tele"（遥远的）和"phone"（语音）。今天，医生必须遵循的实践守则，来自古希腊医生希波克拉底的理念——"希波克拉底誓言"，誓言承诺尽一切可能造福病人。

早期的希腊思想家影响了科学，他们认识到自然事件的发生有自然的原因，而不只是上帝的意愿。今天，我们知道下面这些事情都有科学的原因：为什么太阳早上会升起，为什么植物会生长，为什么猛烈的风暴会发生。今天，许多人生活在一个民主的国家，通过投票来选举领袖。这个政治理念也起始于古希腊，当时的男性公民通过投票选举出政治领袖（由于妇女和奴隶被排除在外，所以这个制度并不是真正的民主，只是现代民主的起源）。本章将带你领略古希腊人的日常生活，并向你展示这些生活在很久以前的人们，他们的生活方式和思想是如何与我们今天的生活联系在一起的。

大事记年表

约公元前2,000年
早期希腊人定居伯罗奔尼撒半岛

约公元前2,000—前1,400年
米诺斯文明在克里特地区兴旺起来

约公元前1,600年
迈锡尼文明出现在希腊南部

约公元前1,200—前750年
古希腊"黑暗时代"

约公元前1,100—前500年
古希腊城邦逐渐形成

约公元前820—前600年
开展大规模殖民运动

约公元前507年
雅典民主统治建立

约公元前500—前449年
希波战争

约公元前478年
提洛同盟建立

约公元前478—前338年
古典时期

约公元前340年
古希腊城邦同盟建立

约公元前334—前30年
希腊化时期

古希腊文明

整个古希腊的地理范围包括希腊大陆、亚得里亚海的若干岛屿，以及爱琴海。约公元前3,000年，这里出现了第一个文明——米诺斯人在基克拉迪群岛和克里特岛建立了繁荣的文明。之后，约公元前1,650年，迈锡尼文明在希腊大陆上兴起。到公元前1,200年，这些文明逐渐走到尽头，4个世纪的贫困时期随之而来，这段时期被称为古希腊的"黑暗时代"。公元前8世纪，繁荣逐渐回归，迎来了公元前5世纪的"黄金时代"。

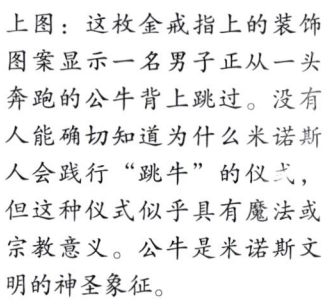

上图：这枚金戒指上的装饰图案显示一名男子正从一头奔跑的公牛背上跳过。没有人能确切知道为什么米诺斯人会践行"跳牛"的仪式，但这种仪式似乎具有魔法或宗教意义。公牛是米诺斯文明的神圣象征。

左图为基克拉迪文明时期的石雕头像，发现于安提帕罗斯岛。基克拉迪群岛的文明兴盛于公元前2,200—前1,700年之间，岛上人民在此期间建造了重要的定居点，发展了繁荣的文明。

右图是一个两层的米诺斯别墅黏土模型，高23厘米。在模型内部，有一个很小的楼梯通向二层。屋顶由几根柱子支撑，外墙的一端还有一个小阳台。

米诺斯文明

米诺斯人种植葡萄、谷物和橄榄，也饲养家畜。他们与古希腊的其他城镇和地中海沿岸地区，以及埃及和叙利亚进行贸易往来。他们发明了一种象形文字，还创造了一个用符号表示单词语音的书写系统。

艺术和奢侈品

米诺斯文明的艺术家们创造了很多精美的雕塑。在克里特宫殿的墙壁上装饰着五颜六色的壁画，壁画的内容主要是描述米诺斯人的宗教仪式、舞蹈和体育活动，还有各种植物和动物。技艺精湛的手工艺人为富人制作陶器、首饰和金属制品。这个装饰精美的双耳喷口杯（左图），是用来在宴会上稀释葡萄酒的，出土于费斯托斯王宫遗址。

左图：米诺斯文明时期的牛头角状杯，一种祭祀时使用的容器。

克诺索斯王宫

克诺索斯王宫（左图）是米诺斯文明时期克里特岛上建造得最大的宫殿。克诺索斯王宫大约建于公元前2,000年，围绕一个中央庭院建成，有好几层楼那么高。宫殿的底层和地下室是储藏室和作坊，上层是装饰精美的皇室贵族起居室和生活区。

下图是大约公元前1,500年,克里特的古尔尼亚港口的繁荣景象。妇女们正在出售刚捕获的鱼,两名搬运工扛着从停靠在岸边的小船上卸下的象牙。象牙是从利比亚进口的。

迈锡尼文明

迈锡尼人居住在城堡里。他们是一个战斗民族,大约在公元前1,450年占领了克里特岛。迈锡尼人同时也是杰出的商人,他们向小亚细亚、埃及、塞浦路斯和意大利出售陶器和农产品,换取金属和象牙。

上图:出土于迈锡尼人墓穴的黄金葬礼面具(约公元前1,500—前1,400年)。迈锡尼人会在国王死后给他戴上这样的面具。

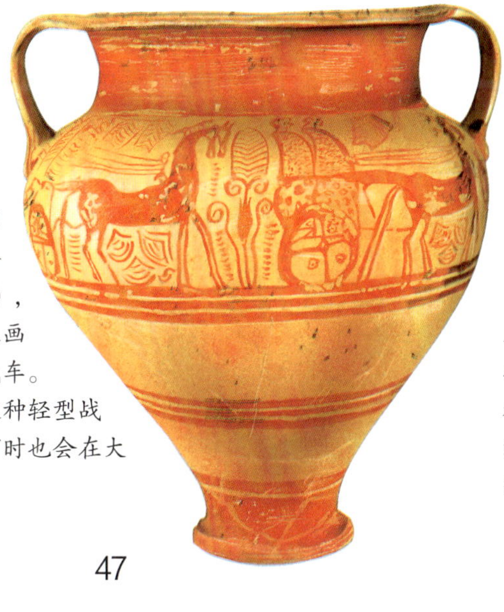

右图:一个迈锡尼文明时期的双耳提罐(约公元前1,400—前1,300年),出土于塞浦路斯。罐上画着战马拉着轻型双轮战车。在迈锡尼文明时期,这种轻型战车通常应用于军队,有时也会在大型游行活动中出现。

上图:这个狮头角状杯,是公元前16世纪迈锡尼人在宗教仪式上使用的一种容器。液体从杯子的一个孔倒进,然后从另一个孔流出。

殖民地

公元前8世纪，古希腊又重新繁荣起来。随着人口的不断增长，古希腊贫瘠干旱的土地已经无法生产出足够的粮食，因此开拓新的食物来源迫在眉睫。许多探险队开始出去寻找优良的土地来殖民，在接下来的200多年里，古希腊人在地中海和黑海沿岸建立了许多农耕社区。其中许多殖民地发展成了贸易中心，甚至有一些，像锡拉库萨，更是成为富庶之地。这些发达的殖民地可以在希腊半岛和希腊大陆粮食短缺的时候向其输送粮食。

上图：一座美杜莎的祭坛雕像，来自西西里岛的古希腊殖民地锡拉库萨。该殖民地成立于公元前734年，是当时西地中海的主要港口之一。

早期殖民地

公元前8世纪，希腊人在西西里岛和意大利南部建立了许多殖民地。希腊的年轻人被派出海去寻找殖民地。尽管这很可能会获得土地和财富，但他们大多并不愿意踏上这种漫长而危险的海上旅程。

探险队的领队必须选择最佳地点成为新殖民地。一些殖民者受到土著人民的欢迎，而一些殖民地则是通过战斗获得。

左图：这个出土于意大利的红彩花瓶上面的装饰图案是公元前500年欧夫罗尼奥斯绘制的骑兵形象图。它反映出当时的殖民者并不总是受到地方土著的热情欢迎，有时候他们必须通过武力使之屈服。在希腊本土之外的80多个地点，都发掘出了公元前8世纪的古希腊陶罐。

下图：自然女神西布莉雕像，西布莉原是亚洲信奉的自然女神，之后传到古希腊。传说她掌管山川和城堡，头戴城墙造型的皇冠。雕像刻的是西布莉正在击鼓。

右图：红彩花瓶上的一幅画，画中昔兰尼国王阿克斯拉斯正在监督奴隶们称量和储存来自北非的草药。殖民地的主要作用之一是获取更多的土地来种植粮食。

大希腊

从公元前770年起，古希腊人在意大利南部相继建立了许多殖民地，那里有丰富的天然港湾和肥沃的土地，被称为"大希腊"。虽然这些殖民地独立于希腊，但殖民者依旧按照希腊的方式生活、耕作和制造物品，古希腊文明在这里得到蓬勃发展。大希腊也因此成为主要的商业贸易中心。

诸神

在做重大决策时，古希腊的统治者们总是会征询诸神的意见。在向新殖民地移民之前，他们会向太阳神阿波罗请求批准。殖民者把他们的宗教信仰带到殖民地，并建造庙宇。他们也会吸收其他文明，并崇拜他们的神，不同地区的祭拜方式也会有所不同。

右图：古希腊商人与北欧有着贸易往来。例如，这个公元前6世纪的双耳喷口瓶产自斯巴达，却是在法国中部的一个坟墓里发现的。它高达1.65米，重208千克！

左图：这个耳环是在斯基泰王国发现的，斯基泰王国是古希腊在黑海北岸的殖民地。设计这个耳环的希腊珠宝师很可能受到了斯基泰风格的影响。

古希腊的影响力

古希腊人不仅对殖民地的文化产生了深远影响，也影响到了与其有贸易往来国家的文化。殖民者在传播希腊的语言、生活方式、信仰和手工艺的同时，也受到其他国家的生活方式影响。

社会

自公元前 8 世纪起，拥有独立政权的城邦在希腊各地发展起来。通常情况下，城邦由寡头统治集团或者少量精英阶层统治，但也会出现专制统治者，他们将权力攥在自己手中，治理城邦时而公平，时而残暴。以雅典为代表的一些城邦发展出了"民主"政治制度。"民主"这个词汇的本义是"人民的统治"，但是实际上只有少数人才有资格参政。他们必须是"公民"，即出生在城市里的男人。妇女和奴隶没有任何政治权利。

右图：一座非洲奴隶的青铜雕像。几乎每个古希腊家庭都拥有至少1个奴隶。

奴隶

奴隶制于公元前 600 年在希腊广泛传播。大多数奴隶是战俘。他们被迫在金、银矿做苦力，或者作为家奴为主人打理生意。奴隶没有任何权利，但有时他们可以为自己赎身。

民主

雅典在公元前 6 世纪建立了世界上第一个民主政权。这座城市被划分成 10 个街区，每个街区选举出成年男子组成议会。议会承担政府的日常管理工作，并负责提出议题供公民大会讨论。

上图：花瓶上的绘画描述了雅典公民在公民大会上投票的场景。

左图：梭伦为雅典的民主化做出了重要贡献。公元前594年，梭伦当选为执政官，他放权给4个等级的有产阶级，并允许前3个等级的成员担任政府职务。他将上诉的权利写进古希腊法律，明令禁止将无力偿还债务的雅典人卖为奴隶。

公民

公元前 6 世纪，只有四分之一的雅典人被算作公民。妇女、外国人和 18 岁以下的儿童被排除在公民范围以外。只有公民有权拥有财产，参加节日庆典和公民大会。不愿参加公民大会的公民则被认为是懒惰的，人们会用染红的绳子将他拖到公民大会现场。

女人

女人的一生完全由她们的父亲或者丈夫掌握。女孩通常在12岁或13岁时，嫁给父亲选定的比她年长的男人。嫁到富裕家庭的女人，大部分时间都在操持家务。而嫁到贫穷家庭的女人，则要像男人一样外出工作，在集市上卖东西。

左图：这个女人正在纺毛线。纺纱和织布是女人的工作。

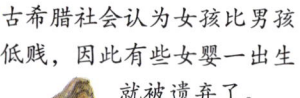

这两个女孩正在玩儿掷距骨游戏（今天仍然有很多儿童在玩儿这种形式的游戏）。古希腊社会认为女孩比男孩低贱，因此有些女婴一出生就被遗弃了。

50

放逐

在公元前 5 世纪中叶，雅典的高级官员和将领们必须要保持良好的行为规范。如果被发现有腐败或者失职行为，他们很可能会因此被驱逐出城。参加公民大会的 6,000 名成员通过投票选出最不受欢迎的人，得票最多的人将被迫离开雅典至少 10 年。

下图：雅典公民可以通过投票将一个不受欢迎的人放逐。被放逐者的名字会被刻在一块陶片上。

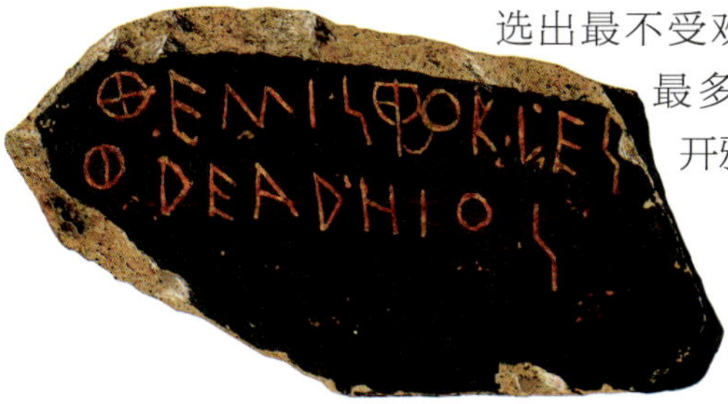

城邦

到公元前 750 年，古希腊大部分地区已经分化为大大小小几百个城邦。城邦主要包括生活在城市中的居民和城市周围的土地。大部分城邦建在河岸或者海边，外围有城墙防护。山上建有卫城（城堡）和神庙，城内有集市广场。

右图：雅典公民大会的成员正在上山前往卫城的路上。公民大会负责制定法律和表决重要事项，比如是否参战等。普通公民可以出席公民大会并发言和投票。每次召开公民大会至少需要 6,000 名成员出席。

农业

古希腊的经济建立在农业基础之上。城市周围的山上种满了葡萄和橄榄树,这是因为贫瘠多石的土壤无法种植谷物庄稼。每年耕种一次之后,古希腊人会将土地闲置或者休耕,使土地恢复肥力。由于雨水不足,庄稼会干枯而死,古希腊人不得不依靠从殖民地运来的粮食过活。农民们会饲养绵羊、山羊和鸡,还会养蜂来获取蜂蜜。

左图:这个陶器上的浮雕是珀耳塞福涅和冥王哈迪斯的形象。珀耳塞福涅和她的母亲德墨忒尔是谷物之神,古希腊人向她们祈求丰收。传说珀耳塞福涅一年中三分之二的时间会停留在土地上,这段时间万物生长,农民播种和收获。当她回归地府,回到丈夫身边的时候,世界就会进入凛冽的冬季。

右图:这是一尊神像,它被塑造成一个抱着羔羊的牧羊人形象。在当时,牧羊人非常重要。因为通常是在远离城市的地方放牧,若没有围栏保护的话,羊群很容易受到野兽的攻击。

农事年历

农活通常依靠人力和牲畜完成。每年的10月,农民翻耕土地,种植大麦和小麦。这样,谷物就可以在雨水丰沛的冬季生长。收获季一般在4月或者5月。之后,土地在被翻耕后进入休耕期,这样可以使土地在10月种植下一季庄稼前有充分的时间恢复肥力。秋天是农民们最忙碌的季节,除了种植庄稼外,他们还要在9月采摘成熟的葡萄,在晚秋时收获橄榄(主要用于榨油)。

左图:这个花瓶上的图案描绘了橄榄丰收时的场景。一个人在橄榄树上采摘,另外两个人用长棍敲打树枝,还有一个人负责将落在地上的橄榄果捡进篮子里。橄榄油主要用于烹饪和制作灯油。

动物

古希腊最常见的动物是绵羊和山羊，它们能很好地适应干旱、多石的土地。农民饲养它们是为了获取羊毛和羊奶，而不是为了吃肉。农民也会饲养奶牛获取牛奶，饲养耕牛用于拉犁。同时，他们还饲养猪和鸡。

牧羊人把绵羊和山羊赶到村外的山坡上吃草。人们把羊奶制成奶酪，把羊毛纺成毛线再织成布，羊皮则被制成可以温暖过冬的服装。

上图：一头奶牛和一头小牛犊。

葡萄酒

古希腊盛产葡萄。在收获季节，人们将一部分葡萄留下来食用，一部分葡萄晾起来制成葡萄干，其余大部分用来酿制葡萄酒。人们把葡萄倒进大罐子里，捣烂成糊状，然后把榨出的葡萄汁倒入瓶中保存起来，最后发酵成葡萄酒。

农作物

在古希腊，大麦是最常见的作物。收获的谷物被磨成面粉，用以制作面包和粥糊。古希腊人也会种植一些小麦（有些是进口的），小麦粉的价格会更贵一些。在村庄周围的小块空地上，人们会种植一些水果（苹果、梨和无花果）、蔬菜（卷心菜和洋葱）和豆类（鹰嘴豆和扁豆）。

下图：一个展示农民正在犁地的泥塑。犁是农民最重要的农具之一。

上图：农民的日常工作包括给山羊挤奶，收集鸡蛋，检查奶酪和其他农产品是否可以拿到集市售卖。

下图：英雄赫拉克勒斯的雕像，他穿着精致的盔甲，正在拉弓射箭（雕像的弓和箭已经遗失）。家境贫寒的士兵无力购买长矛，只能使用弓箭或者用弹弓发射石块。

上图：它展示了公元前4世纪重装步兵围攻利西亚城的一幕。

战争

古希腊战事频繁，大部分成年男子都参加过战争。在雅典，所有18~20岁的男子必须接受军事训练。而在斯巴达，男孩在7岁的时候就会从家人身边被带走，去接受军事训练。公元前499—前478年，希腊和波斯之间发生了一场长期战争。公元前431—前404年，雅典和斯巴达之间爆发了漫长而艰苦的战争。

战争

古希腊最具杀伤力的武器是长矛，它可以造成很深的伤口。士兵们会向敌人投掷轻矛、射箭和投掷石头。像剑之类的利刃也很常见。投石车、火焰喷射器和攻城槌则在攻城时使用。

① 古希腊三层船。
② 船上有170名划桨手，将战船的撞角对准敌舰。划桨手必须十分小心不碰到彼此的桨，尤其是在高速行驶的时候（时速约16千米）。划桨手来自社会最底层，但不是奴隶。
③ 主甲板。10个或者更多全副武装的士兵在主甲板上严阵以待，准备登上敌方舰船。
④ 橡木龙骨被用作船只的主要架构。
⑤ 在战斗中船帆和桅杆会被降下来。

左图是专门为雅典娜塑造的神像。这位女战神被认为是雅典的保护神。

战士

古希腊军队以步兵为主。买得起盔甲的公民会成为重装步兵，他们配备有铁制短刀和长矛。这些装备都非常重，所以在长途行军的时候，奴隶们会为自己的主人扛着这些装备。重装步兵是整支军队的中心，两侧是装备轻型武器的士兵，外围则是使用弓箭和弹弓的贫穷士兵。

左图是一名重装步兵，他穿戴着青铜头盔、盔甲和护胫，手持一面青铜盾牌。

战役

在陆地上，两军会彼此冲向对方，进行近身搏斗。步兵举剑砍向敌人，对方抬起盾牌抵挡。战场上充斥着刺耳的金属碰撞声和血肉撕裂的声音。士兵们的受伤部位一般是颈部或者生殖器部位，因为这些部位没有被盔甲覆盖。海战则是以撞沉敌方船舰为目的，船只将撞角对准目标后高速撞向敌方船舰。战斗一般从3月持续到10月，之后士兵们会回家播种庄稼。

左图是古希腊的重装步兵以方阵队形进行战斗。前排士兵伸出长矛，后排的士兵则负责抵挡敌军射过来的箭。

斯巴达

军队是斯巴达社会的核心，所有斯巴达男人都必须入伍服役。男孩长到7岁，就会被带到军营生活，即使他们结婚以后也要待在军队里。

右图是一幅青铜花瓶上的局部细节图，展示了凶猛的斯巴达战士和战车。该花瓶制作于公元前6世纪晚期。步兵们头戴精致的头盔，手持巨大的盾牌。

军舰

许多城邦都拥有规模庞大的海军，尤其以雅典的海军规模为最。三层船是所有船只里最快的，配备170名划桨手。战船有一个尖尖的撞角，可以撞碎敌方船舰。

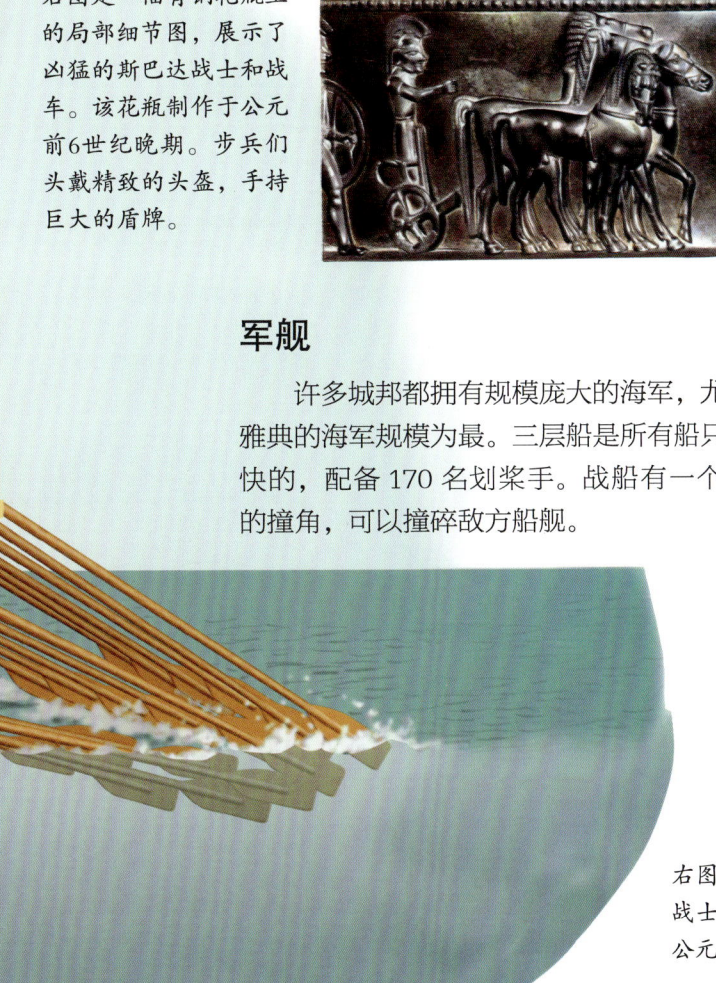

右图为一尊斯巴达战士雕像，创作于公元前5世纪。

右图：公元前5世纪的宙斯青铜像。宙斯是众神的领袖，也是正义之神。他还是天空之神，掌管云雨。当他发怒的时候，天上就会乌云密布，电闪雷鸣。

宗教

宗教是古希腊人日常生活的重要部分。他们生活的方方面面都有对应的神灵。例如，阿芙洛狄忒是爱神，阿尔忒弥斯是狩猎女神，阿瑞斯是一个非常不受欢迎的神——战争之神。古希腊人相信，如果他们向神祷告，进行祭祀，并以神的名义举行盛大的庆典，神就会给他们带来健康、幸福和财富。独立城邦都有自己特有的神，例如赫拉是萨摩斯岛的守护神。古希腊一年中有很多宗教节日，而且在庆祝一个人的重要人生阶段的时候也会举行宗教庆典。

众神

希腊神话中神灵众多，其中有12位主神居住在奥林匹斯山上，他们是宙斯家族的成员。冥界由冥王哈迪斯和众神统治。古希腊人认为神除了能够长生不老外，其外表和内心都与人类一样，有好的一面，也有自私、残暴的一面。

下图：这尊精美赤陶雕塑是丰收女神德墨忒尔的雕像。古希腊家庭每天都会去自家院子里的祭坛，根据不同的请求向不同的神祈祷。如果他们想要庄稼大丰收，就会向德墨忒尔祈祷。

左图：这个形状奇特的酒杯一部分形状像山羊头，其他的部分则装饰着正在跳舞的迈那得斯（酒神狂女）和萨蒂尔（半人半兽）。酒神狂女和萨蒂尔是酒神狄俄尼索斯的追随者。淘气的萨蒂尔总是在跳舞、捉弄人，并以之为乐。从公元前8世纪开始，酒神狄俄尼索斯受到了广泛而热烈的崇拜。

上图为一尊巨大的雅典娜黄金雕像，曾矗立在帕特农神庙900多年。尽管女人在古希腊社会没有什么权利，但是他们信奉的许多神都是女性。

下图：古希腊人正在成群结队地前往神庙，向神献祭牛和美酒。奴隶是不被允许参加这类庆典活动的。

左图：一名男子在神示所进行咨询。神示所是人们寻求神的旨意的地方，尤其是做重要的个人或者政治决定的时候。牧师或女祭司会传达和解释神的旨意，但他们的解释含糊不清，往往会引起对其真实含义的大辩论。作为回报，咨询者必须献祭贡品或者举行一些特殊的仪式。德尔斐神庙是最著名的神示所，人们可以在那里通过女祭司向太阳神阿波罗寻求神谕。

祭祀和敬拜

祭品通常是山羊、绵羊、马或牛。被选中的动物首先会被修整、装饰，然后由专人牵到祭坛，很重要的一点是要让它看起来像是自愿走向祭坛的。之后，古希腊人会让动物的头面向天空，拿刀割破它的喉咙，此时，女人们开始哭泣。动物会被当场剥皮切肉，进行烧烤。所有参与者都可以吃到肉，这对于穷人来说是一次难得的盛宴。人们相信神偏爱肥肉和骨头，所以可以心安理得地把瘦肉吃掉！

左图：跳舞的迈那得斯手持手铃和酒神杖。迈那得斯是女性自然精神的象征。她们可以做到许多令人难以置信的事，比如徒手将树木连根拔起，赤手空拳撕裂野兽。

死亡与来世

古希腊人对死后的生活没有强烈的信仰。大多数人都认为人死后灵魂去了冥界。善良的人可能会去极乐世界——天堂，或者变成天上的星星（如卡斯特与帕勒克）。不管怎样，葬礼是否体面关乎死者的尊严。

左图：公元前7世纪的一个银瓮，用来盛装尸体火化后的骨灰。

奥林匹克运动会

每隔4年，古希腊各地的运动员会齐聚奥林匹亚参加奥林匹克运动会（从公元前776年起每4年举行一次）。交战的军队也会休战，派运动员参加比赛。比赛项目包括赛跑、掷铁饼、掷标枪、跳远、摔跤和战车竞赛。运动员都是全身赤裸参加比赛（女性禁止观看比赛）。

在现代奥林匹克运动会中，奥运火炬是在希腊奥林匹亚点燃的。火炬将由一队运动员从奥林匹亚运送到举办奥林匹克运动会的国家。这一现代仪式的灵感来自古代奥林匹克运动会的接力比赛，这项比赛在天黑后举行，因此运动员都会使用火炬，获胜队的最后一个赛跑者会用他的火炬在祭坛上点燃宙斯祭坛的圣火。

节庆日

上图：一个绘有赛马图案的花瓶，是奖给奥林匹克运动会上获胜者的奖品。

古希腊人一年会举行许多宗教节日宴会来取悦神灵。这些宗教节日被视为公共假日，所有工作的人在这一天可以休息（那时候没有周末）。在节庆日里，富裕家庭的妇女可以走出家门，每个人都有机会欣赏戏剧表演，人们一起吃饭、饮酒、跳舞和唱歌。体育节日格外受欢迎，尤其是著名的奥林匹克运动会，其他的比赛会在德尔斐、尼米亚和科林斯举办。古希腊人也会在收获季节举行宴会，还有庆祝婚礼和生日的宴会活动。

泛雅典娜节

在公元前5世纪，雅典最盛大的节日是泛雅典娜节，该节日每4年举行一次，以庆祝雅典娜的生日。庆祝节日的活动场面十分壮观，有唱歌、跳舞、决斗和比赛。一支庞大的游行队伍携带着将要献祭给神的糕点和其他礼物一路向帕特农神庙进发，他们会给雅典娜的巨型金身雕塑披上华丽的长袍。

左图：这尊雕塑出土于德尔斐，古希腊人会在德尔斐以阿波罗神的名义举办战车比赛。在战车竞速比赛中获胜是无上光荣的事情，获胜者将得到为他塑造的一尊雕像。这名获胜者正握着缰绳。

上图：这块浮雕上刻画的是3名男子正在用罐子向帕特农神庙运送清水，这是壮观的泛雅典娜节大游行的一部分。在这个盛大的节日里，成百上千的人聚集在一起庆祝雅典娜的生日，大量的动物被献祭或者在宴会上被吃掉。

酒神崇拜

为了纪念酒神狄俄尼索斯，古希腊人制定了2个节日。在冬天的节日里，妇女们会扮演成酒神狂女迈那得斯，让自己陷入疯狂的状态，并祈祷土地再次恢复肥力。到了春天的节日，240多头牛会被宰杀献祭，人们喝下大量的葡萄酒。第二天，民众最喜欢的传奇故事会被搬上舞台表演，喧闹的观众们在台下大声地欢呼和喝彩。

左图：一名迈那得斯正在疯狂跳舞，她的头发里有一条蛇，手里拎着一只豹子。这是装饰在公元前5世纪的一个酒杯上的画。

右图：公元前4世纪的一个彩绘双耳喷口杯，杯身上的图案描绘了酒神狄俄尼索斯和他的追随者们寻欢作乐的场景。一个侍女在演奏阿夫洛斯管。其他流行的宴会乐器还有竖琴、里拉琴和排箫。

左图是婚礼结束后，新娘被带到新家。马车前是新郎和他的朋友们组成的迎亲队伍。只有富人才有马车，穷人只能步行。人们会向新婚夫妇抛撒坚果、果干等干果，祝福他们早生贵子。

体育

体育比赛作为宗教节日活动的一部分，起初是为了纪念神而举行的，后来在奥林匹亚逐渐发展成为奥林匹克运动会。古希腊人认为公民必须强壮勇敢，这样才能在战争中取得优势。体育比赛能够很好地锻炼这一点，并成为军事训练的一部分。比赛项目包括赛跑、跳远、掷标枪、掷铁饼、摔跤和战车竞赛。这些比赛具有一定的危险性，参赛者受伤是常有的事（有时甚至会被打死）。比赛的规则非常严格，破坏规则的参赛者会受到严惩。获奖者会获得巨大的社会声望，成为人们心中的英雄。有人甚至相信，获奖者的雕像能创造奇迹。

右图的这个油瓶是用来盛装橄榄油的，运动员会用橄榄油涂抹身体。瓶上的男孩可能是在试戴比赛赢得的缎带，也可能是在解下缎带奉献给神明。

热血、汗水和荣耀

为期5天的古代奥林匹克运动会为运动员们提供了证明他们竞技水平的最好机会。在运动会举办期间，运动员们在炎热的夏日阳光下进行比赛。赛跑之类的项目需要体能和速度，其他项目也很考验运动员的勇气。在搏击比赛（混合了摔跤和拳击的运动项目）过程中，只有挖眼睛和咬人是被禁止的攻击策略。获胜者只会收到一个橄榄叶做成的花环，但是他的支持者会在他回乡后馈赠丰厚的礼品。

右图的这些年轻人正在玩儿一个古老版本的曲棍球。古希腊人会玩儿各种各样的球类游戏，男人大多玩儿得比较粗野，而女人在家里玩儿得相对温和一些。

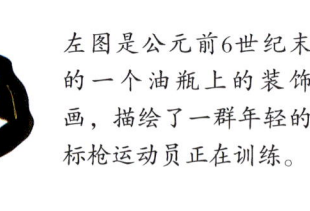

左图是公元前6世纪末的一个油瓶上的装饰画，描绘了一群年轻的标枪运动员正在训练。

右图这幅花瓶上的装饰画描绘的是一场战车竞速比赛，观众们正在为参赛者加油呐喊。奥林匹克运动会上驷马战车竞速比赛非常具有戏剧性和危险性，许多战车在赛道两端掉头时会翻倒在地。

左图的装饰画上两名女子正在赛跑。虽然穿着长裙赛跑很不方便,但是除了斯巴达地区之外,古希腊所有地区的妇女都必须完全遮盖住身体。

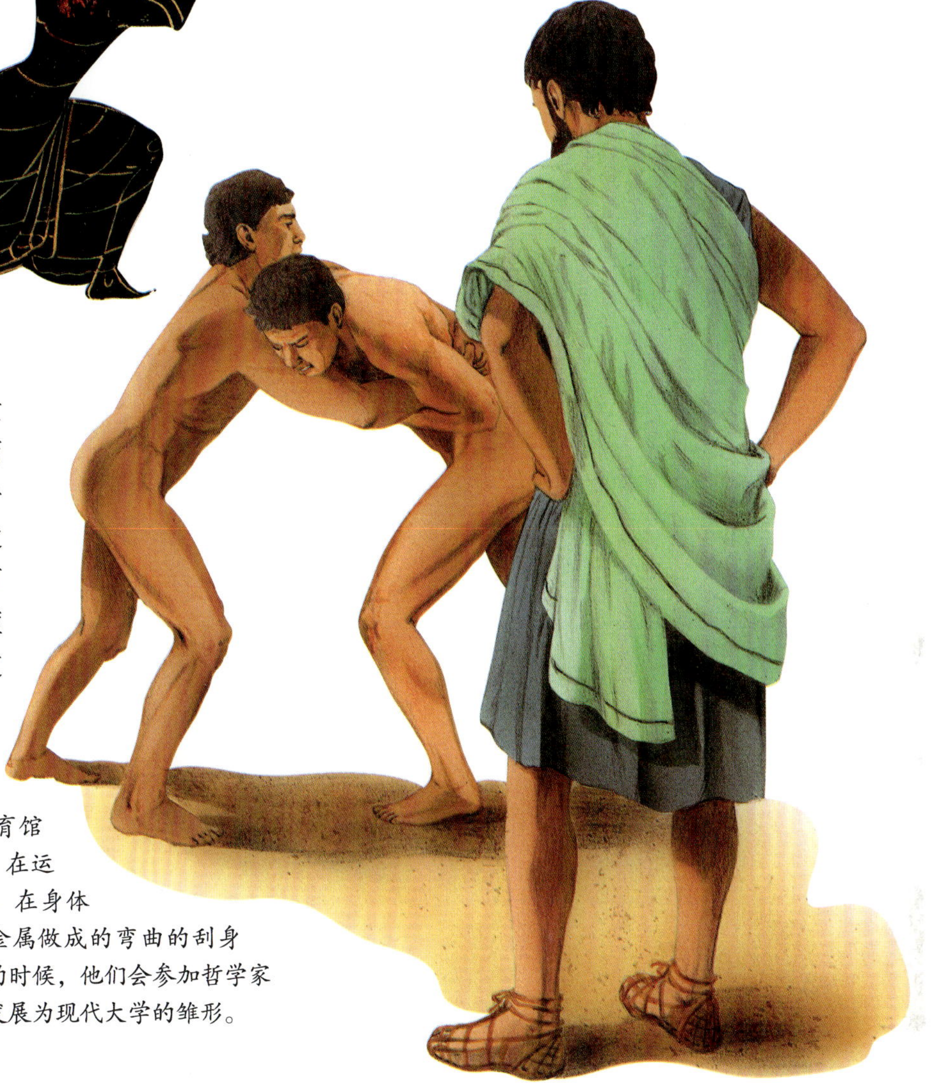

妇女和体育

未婚女性可以参加女子比赛,女子比赛是为了纪念宙斯的妻子赫拉而举行的。她们赛跑使用的赛道比男子略短,大约是男子赛道长度的六分之五。只有在斯巴达,女子运动员才可以和男子运动员一起训练,也可以穿短裙做运动。其他地区的古希腊人认为这种行为"有伤风化"。

右图上那些不需要工作的有钱人会在体育馆(一种运动俱乐部)度过大部分的时间。在运动之前,比如摔跤,男人们会脱掉衣服,在身体上涂抹上油脂。运动完后,他们用一个金属做成的弯曲的刮身板清洁皮肤,再舒服地洗个澡。在不运动的时候,他们会参加哲学家的课堂讨论,久而久之,这些体育馆逐渐发展为现代大学的雏形。

观众的欢呼

体育比赛是当时主要的公共活动之一。男子远道而来观看奥林匹克运动会(女性禁止参加和观看比赛),而且入场是免费的。运动员们在观众面前展示自己的竞技水平,以获取支持和声望。在公元前6世纪,专业摔跤手麦洛6次赢得奥林匹克运动会的桂冠,并以其令人惊异的特技闻名于世:他能屏息发力,使血管膨胀到将拴在头上的绳子绷断!

左图的这个出土于斯巴达的花瓶上描绘了两幅摔跤比赛的场景,大图中左边的男子鼻孔正在流血,但搏斗仍在继续。斯巴达人素以性情剽悍闻名于古希腊。

右图展示的是右边有胡子的摔跤手正要把对手摔在地上。想要赢得比赛,摔跤手必须把对手摔倒在地上3次,并且每次都要保证其肩膀触地。

喜剧和悲剧

戏剧主要分为喜剧和悲剧两大类。悲剧是用严肃的语言写成的，并且需要押韵。悲剧常常有人与神之间激烈冲突的情节，而问题通常在经过许多苦难甚至暴力之后、在戏剧即将结束之时得到解决。喜剧则是引人发笑的，通常根据当时的社会问题和事件创作而成，并以嘲笑那些大权在握的重要人物和神为乐。喜剧虽然诙谐幽默，但内容往往很粗鲁，会有很多关于两性的笑话。

上图：演员们需要戴上代表不同类型角色的面具，但面具使他们无法用面部表情来表达情感，只能通过台词和声音演绎。

左图是雅典悲剧作家索福克勒斯的肖像雕塑。索福克勒斯的戏剧很受欢迎，他在60年的创作生涯里赢得了至少20次戏剧表演比赛。与著名悲剧作家埃斯库罗斯和欧里庇得斯一样，他经常让妇女在他的戏剧里担任重要的角色。这一点非常可贵，因为当时的戏剧通常是由男人撰写和表演的。

演员

舞台上通常只能有3个演员，但是大多数剧本都有许多角色，所以每个演员需要扮演多个角色。他们通过戴上不同的面具来表演不同的角色，有时也要扮演女性角色。此外，还有一个合唱队伴奏。合唱队的人数取决于戏剧的类型：悲剧由15人组成，喜剧由24人组成，羊人剧则由12人组成。合唱队主要在管弦乐队伴奏下表演歌曲和舞蹈。

下图是公元前4世纪的一尊泥塑，展示的是一名演员正在扮演一个逃亡的奴隶。他所佩戴的面具和使用的道具都很昂贵。政府常常会帮助剧院选择一个富有的赞助商来支付这些费用。

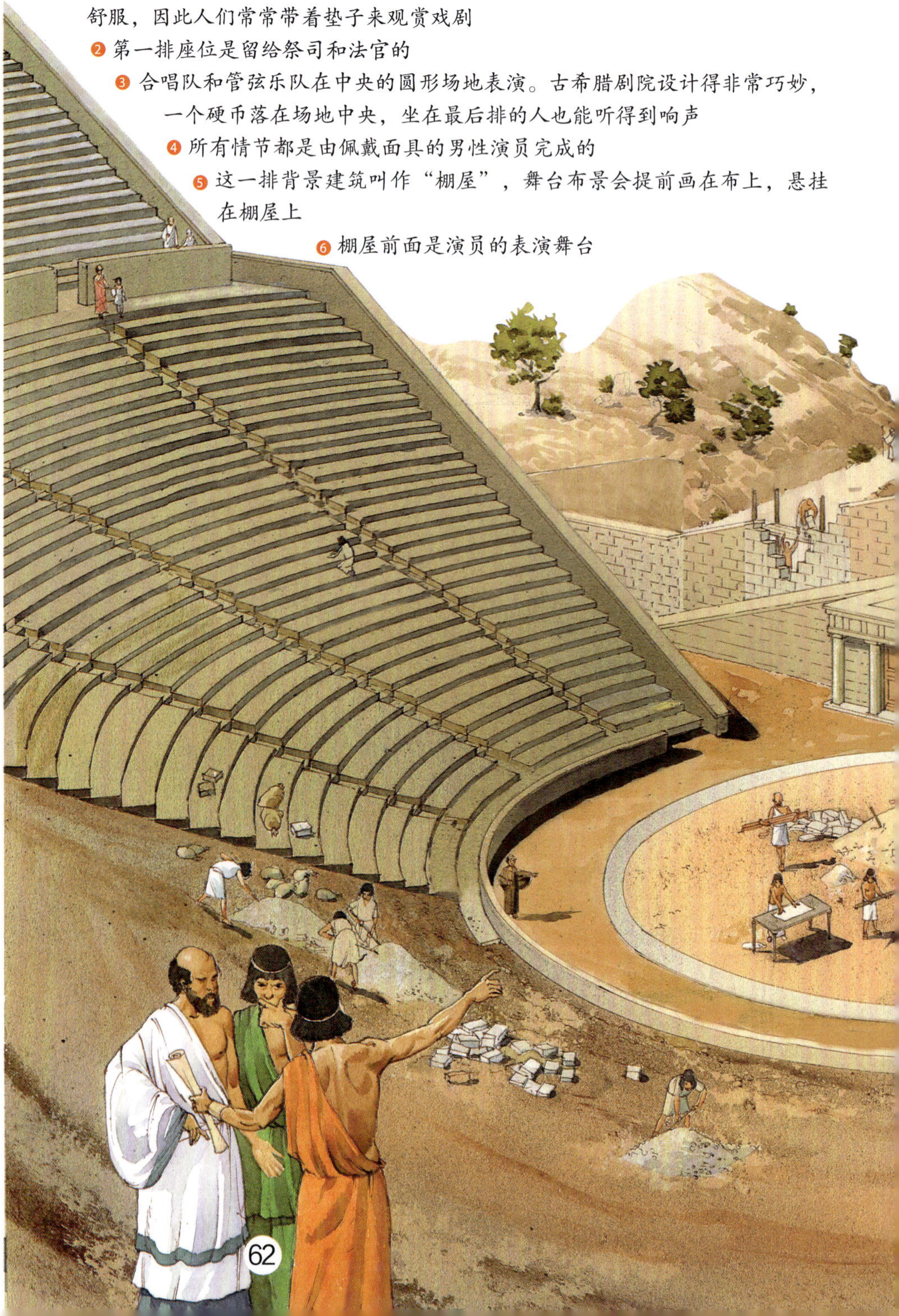

❶ 观众们坐下来看表演的地方叫作观众区，座位是由坚硬的石头砌成的，坐着很不舒服，因此人们常常带着垫子来观赏戏剧

❷ 第一排座位是留给祭司和法官的

❸ 合唱队和管弦乐队在中央的圆形场地表演。古希腊剧院设计得非常巧妙，一个硬币落在场地中央，坐在最后排的人也能听得到响声

❹ 所有情节都是由佩戴面具的男性演员完成的

❺ 这一排背景建筑叫作"棚屋"，舞台布景会提前画在布上，悬挂在棚屋上

❻ 棚屋前面是演员的表演舞台

戏剧

古希腊人非常热爱戏剧。最早的戏剧演出是在酒神节上出现的。平时还有许多戏剧表演比赛，并评选出最佳戏剧作者。到公元前5世纪，戏剧主要有3大类型：悲剧、喜剧和羊人剧，所有这些类型的戏剧都极受欢迎。戏剧是在专门建造的剧院里表演的，剧院最多可容纳1.5万名观众。表演大多在粗俗、混乱的氛围中进行，观众们或是热情地高喊，或是大声地抱怨，还有的会与意见相左的其他观众大声地争辩。

左图：公元前4世纪的一个花瓶，瓶上的装饰画再现了喜剧表演中的一段场景。中间的杂技演员和戴着丑陋面具的喜剧演员，正看向坐着的酒神狄俄尼索斯。

大众娱乐

去剧院看戏剧是非常受欢迎的一种消遣方式。在春季酒神节的时候，成千上万的观众在剧场里连续好几天从早待到晚，只为欣赏最好的作家写的最新剧作。由于所有人都在庆祝节日，日常活动基本处于停滞状态。外国人也都蜂拥到雅典参加盛会。虽然只有很少的一部分古希腊戏剧流传下来，但至今依然在表演着。

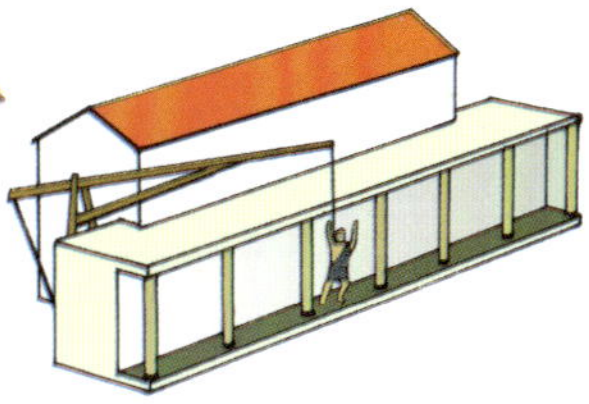

左图是起重机的简图。起重机可以将演员吊起来离开舞台，使他们看起来像是在"飞翔"。

下图：舞台下面的隧道可以让演员们神奇地"消失"。

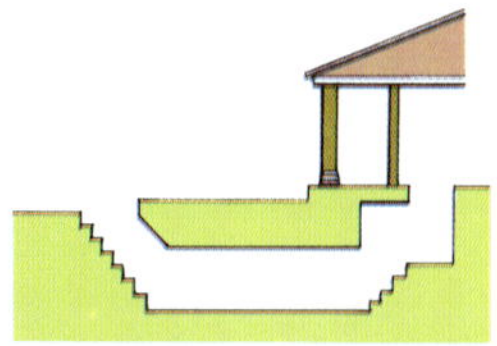

舞台设置

剧院里都有一个乐队演奏台。在剧场中心的半圆形平台位置，当舞台上有表演时，合唱团也会站在那里。舞台后面是一排供演员进出的棚屋。虽然后来使用油画做布景，但布景在当时还是很少的。

贸易

古希腊人有与其他民族进行贸易往来的悠久历史。从公元前8世纪起，众多贸易港口相继建立起来，包括远在埃及的尼罗河三角洲地带。古希腊城邦和殖民地之间、古希腊与其他地中海国家之间贸易十分频繁。古希腊主要出口石油、葡萄酒和奢侈品（金属制品、陶器等），古希腊的陶器以造型优美远近驰名。古希腊主要进口粮食以养活城邦中日益增长的人口，同时也会进口香料、咸鱼、埃及的莎草纸、木材、羊毛、象牙、金属（如金、银、铜）和奴隶。随着城邦的繁荣，他们建造了大型商船以运送货物到地中海或者更远的地方。

左图是用于干湿货物计量的官方标准度量衡，出土于雅典的集市广场。每个人都必须使用官方标准度量衡，如果有人缺斤少两被抓到，就会受到处罚。

公元前7世纪末，位于小亚细亚（今土耳其）的吕底亚王国发明了硬币，之后整个古希腊都开始使用硬币。城邦会发行自己的硬币作为独立的标志。硬币分为金币和银币两种，通常印有城邦的守护神形象。左图这枚公元前490年生产的银币出土于马其顿地区。

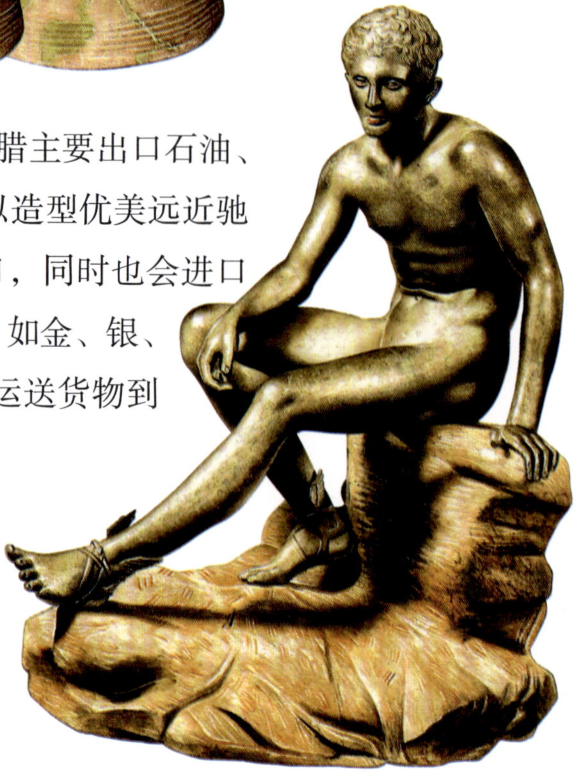

商人

小商贩们在集市广场上售卖商品，而经营规模较大的贸易商则从国外进口货物，并收购本地的农作物用于出口。商人们通常在港口附近活动。随着贸易规模不断扩大，银行应运而生。银行贷款给商人，商人用贷来的钱雇佣船只和购买货物。当生意完成后，商人就会偿还贷款。由于海上运输风险太大，所以银行贷款的利息也很高。

上图的赫耳墨斯是旅行者和商人的保护神，人们祈求他保佑自己旅途平安。这尊雕塑来自罗马，却是一件古希腊青铜器的复制品。铜像显示赫耳墨斯正在休息，他的脚上穿着带翅膀的凉鞋，象征着他可以快速移动。

左图是一把金梳子，其手柄上的装饰是一群斯基泰人正在围着一匹死马战斗。从右边人物身上的盔甲和中间人物戴着的头盔可以看出，斯基泰人已经穿戴上从希腊进口的装备。

贸易伙伴

从公元前8世纪开始，古希腊人扩大海外殖民地的同时也在发展贸易伙伴。最开始，他们在意大利南部和西西里岛建立了殖民地。在公元前7世纪和公元前6世纪，殖民地扩展到北爱琴海和黑海沿岸地区，商人们在那里出售奢侈品以换取小麦。之后，殖民地又拓展到西班牙和法国的南部海岸、昔兰尼加（利比亚东北部）、埃及和叙利亚。最初的商品贸易方式是物物交换。

右图的这个马头形状的香水瓶生产于希腊的罗德岛——当时的贸易中心之一。香水之类的奢侈品都是从东方进口的。在公元前4世纪，亚历山大大帝征服了部分印度地区后，无论是香水还是香料都变得很常见了。

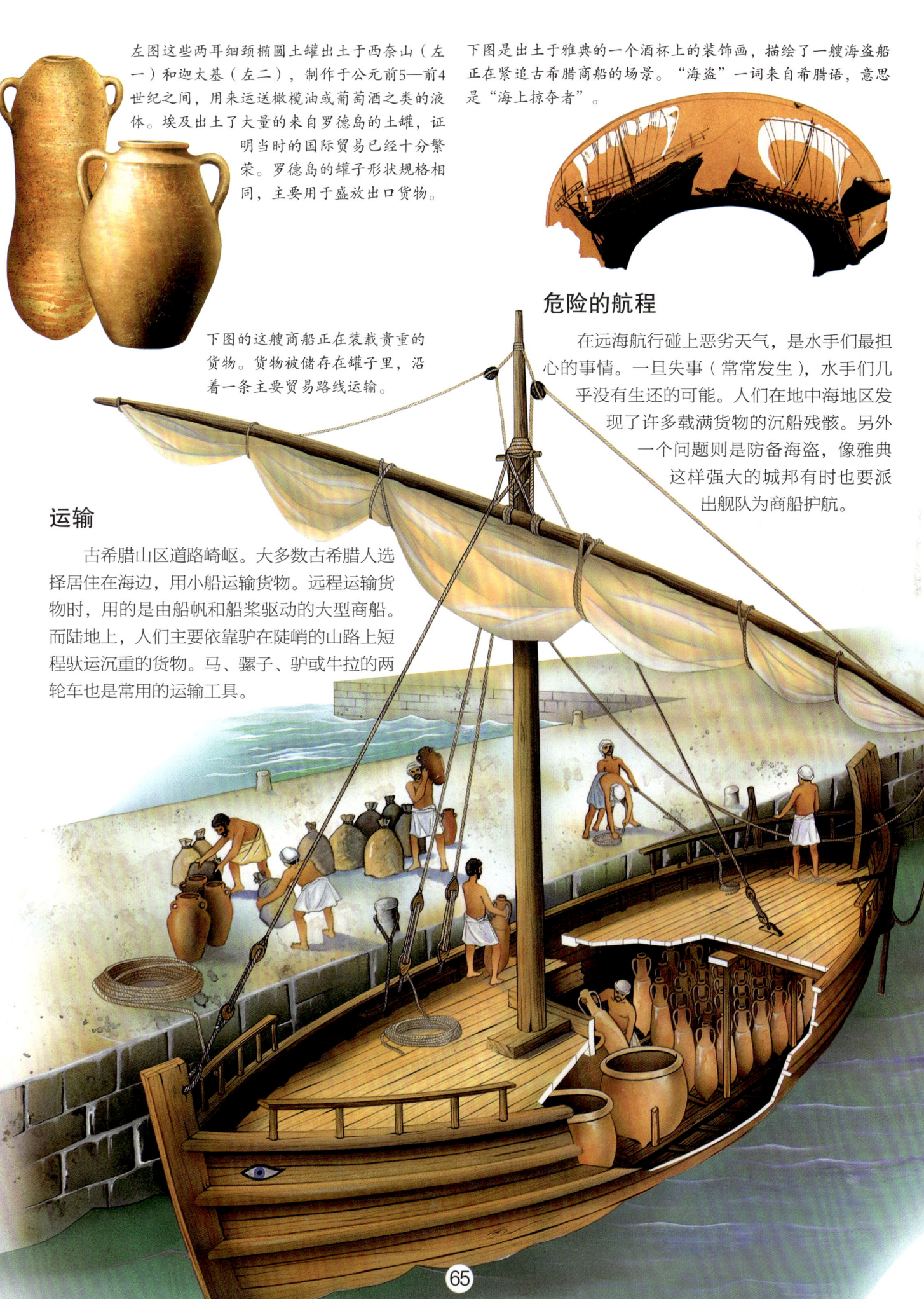

左图这些两耳细颈椭圆土罐出土于西奈山（左一）和迦太基（左二），制作于公元前5—前4世纪之间，用来运送橄榄油或葡萄酒之类的液体。埃及出土了大量的来自罗德岛的土罐，证明当时的国际贸易已经十分繁荣。罗德岛的罐子形状规格相同，主要用于盛放出口货物。

下图是出土于雅典的一个酒杯上的装饰画，描绘了一艘海盗船正在紧迫古希腊商船的场景。"海盗"一词来自希腊语，意思是"海上掠夺者"。

下图的这艘商船正在装载贵重的货物。货物被储存在罐子里，沿着一条主要贸易路线运输。

运输

古希腊山区道路崎岖。大多数古希腊人选择居住在海边，用小船运输货物。远程运输货物时，用的是由船帆和船桨驱动的大型商船。而陆地上，人们主要依靠驴在陡峭的山路上短程驮运沉重的货物。马、骡子、驴或牛拉的两轮车也是常用的运输工具。

危险的航程

在远海航行碰上恶劣天气，是水手们最担心的事情。一旦失事（常常发生），水手们几乎没有生还的可能。人们在地中海地区发现了许多载满货物的沉船残骸。另外一个问题则是防备海盗，像雅典这样强大的城邦有时也要派出舰队为商船护航。

集市广场

右图的男人正在理发店理发。理发店是男人们最喜欢的社交场所,他们在那里可以交流时事新闻。

集市广场是古希腊城镇的活动中心,是购物、结识朋友、了解世界变化的地方,一般设在市中心或者海港附近的一个开放的空间。集市广场的核心是一个繁华的市场,有许多摊位,出售蔬菜、羊皮、奴隶等几乎所有种类的商品。集市还有许多作坊,工匠们有的在加工铁和铜,有的在制作水壶、鞋履、箱包和珠宝,还有的在制作武器和乐器。富裕家庭的女性被禁止去集市广场,所以都是男人去购物。贫穷家庭的妇女则可以在集市上买卖商品。集市广场周围是神庙和其他重要的公共建筑,比如议会厅和法院。

下图是雅典集市广场的热闹场景。广场上挤满了卖鱼、卖水果和蔬菜,以及提供各种服务的小商贩。人们可以在那里修鞋,理发,购买奴隶、家具、陶器、动物和礼物。

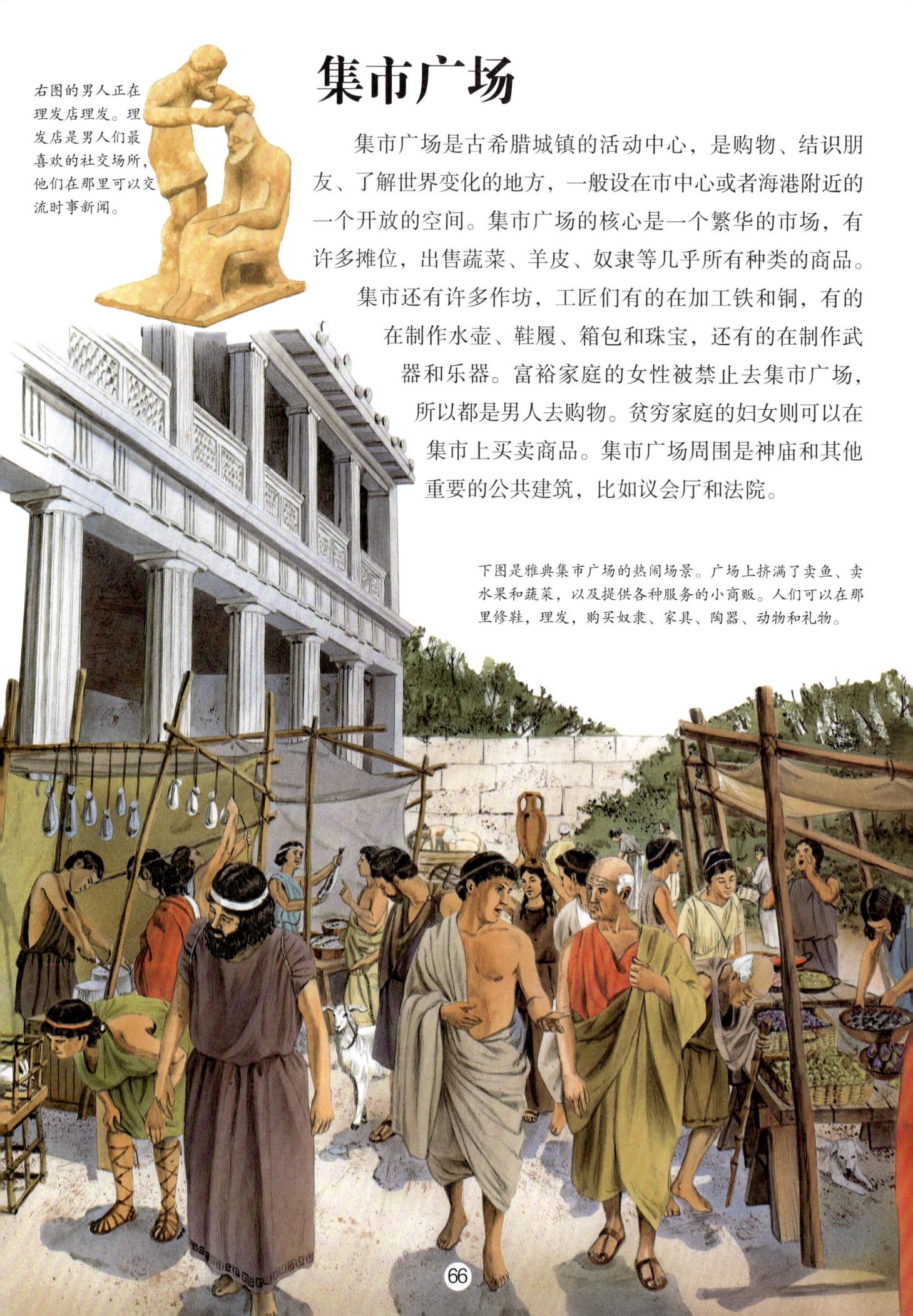

城市规划

到公元前5世纪，古希腊人开始建造新城镇，并按照规划重建旧城镇。新城镇的街道设计整齐，并划分成不同的街区，不同的区域功能也不相同，分为私人住宅区和公共使用区。城镇的发展方式取决于政府。暴君掌权时，更愿意把钱花在修建宏大而引人注目的建筑物上，比如神庙。在雅典民主制诞生后，围绕着集市广场建起许多公共建筑，比如市政厅和柱廊。柱廊是一座狭长的建筑物，可以遮挡阳光和风雨，供人们聚会聊天、议论时事。

政治、权力和传播

当有新的法律法规或军事征召时，集市广场是获悉这些重要消息的最佳地方。大多数的决定都是由富人和权贵在集市广场周围的公共建筑（如议会厅、法院和上诉法院）里做出的。公众布告栏上会公布会议的详细内容，那些识字的人再把信息传播给其他人。集市广场在古希腊承担传播媒体的作用。

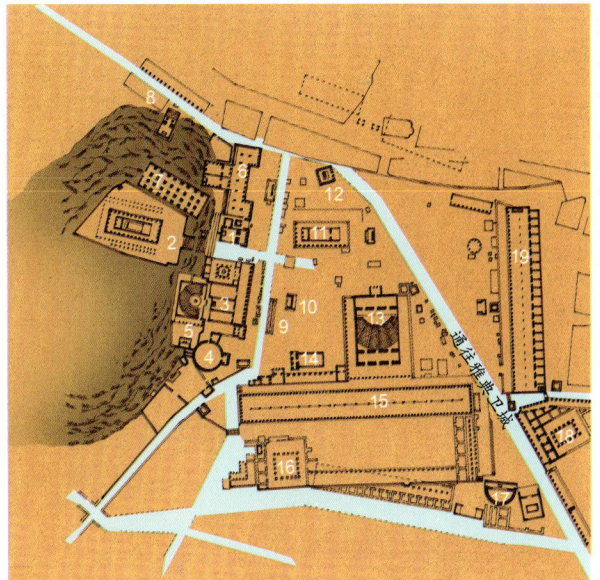

1. 太阳神阿波罗神庙
2. 赫菲斯托斯神庙
3. 自然女神庙
4. 圆庙
5. 议事厅
6. 宙斯柱廊
7. 古希腊建筑
8. 美惠三女神圣殿
9. 英雄纪念墙
10. 宙斯祭坛
11. 战神庙
12. 十二主神祭坛
13. 阿格利帕音乐厅
14. 罗马神庙
15. 中央柱廊
16. 民众法庭
17. 罗马式建筑
18. 图书馆
19. 阿特洛司柱廊

上图是2世纪雅典的集市广场规划图。集市的许多功能可以从它的建筑物中体现出来。规划图上有神庙、祭坛、柱廊、图书馆和公众布告栏。圆庙是一座圆形建筑，可供多达50名议员共进晚餐（由政府支付所有费用）和进行祭祀活动。

左图是一个花瓶上的装饰画，画中一名男子正在为顾客切鱼肉。

购物

富裕家庭的妇女被禁止外出，除非是去参加宗教仪式和家庭庆祝活动。所以都是男人或奴隶去市场上采购（并不都是去集市广场）。人们每天都能买到新鲜的食材。在集市广场，橄榄油、奶酪和葡萄酒之类的产品，会在特定的区域集中售卖。集市广场的执法官会确保商贩使用正确的度量衡，不缺斤少两欺骗顾客。监督者则负责维持秩序和检查商品的质量。

下图的这幅花瓶装饰画描绘了一个铁匠铺的工作场景。左边的人用钳子夹着一块铁，另一个人用锤子把铁打造成型。这些人可能是奴隶，他们被最右边的人（他们的主人）监督着干活。墙上挂着各种各样的工具。

上图是一枚雅典银币。每个古希腊城邦都有自己的硬币，所以游客不得不在集市广场兑换相应的硬币。

艺术

右图的这个碗上的眼睛和那些画在船头上的眼睛一样,代表的是卡斯特与帕勒克——保佑水手们航行平安的神。

在1,000多年里,古希腊人创作了大量的雕塑、绘画、陶器、诗歌和音乐,对后世的西方艺术产生了深远影响。从古风时期(约公元前750—前479年)到古典时期(约公元前478—前338年),再到希腊化时期(约公元前334—前30年),古希腊的艺术风格有着显著的变化。雕塑最初都是表情僵硬的神像,之后逐渐发展成优雅的、栩栩如生的生活形象。从公元前7世纪中叶到公元前5世纪,雕塑主要建在坟墓上当作标志用。后来,雕塑逐渐出现在圣殿或公共场所中。人们会在陶器上描绘复杂的图案当作装饰,比如黑色或红色的人物画。诗歌内容主要是记叙重大的历史事件,常常伴随着音乐进行朗诵。

上图是一个雅典的花瓶(公元前690年),瓶身上画着斯芬克斯(狮身人面)、吹笛手、舞者和战车。

下图的这个青铜雕塑描绘的是英雄奥德修斯藏在一只公羊身下的场景。荷马的史诗《奥德赛》讲述了他从可怕的独眼巨人库克罗普斯手中逃脱的故事。

史诗

古希腊诗歌通常是吟唱出来的。史诗讲述的是神和人的英雄事迹,通常根据过去的一些事件改编而成,往往篇幅很长。最古老的史诗是《伊利亚特》和《奥德赛》,它们是欧洲文学史上第一位伟大的诗人荷马创作的。

右图是公元前8世纪的吟游诗人雕塑,出土于克里特岛。他一边演奏竖琴,一边吟诵诗歌。音乐的主要作用是为诗歌和舞蹈伴奏。

花瓶

最早的花瓶出现于几何时期(约公元前1,000—前700年),这段时期的花瓶都是用抽象的圆圈、三角形、Z字形和线条装饰的。到了古风时期,人类和动物的形象开始流行起来。公元前6世纪初,雅典的艺术家们开始应用黑绘技术,即在奶白色或红色的泥胎上画上黑色图案。大约公元前530年,红绘变得流行起来。先在黏土上,用红色勾勒出轮廓,再用棕色描出细节部分的线条,壶釉的部分涂上黑色。

下图的古希腊陶工使用陶轮制作陶器。随着陶轮转动,他们把黏土做成漂亮的花瓶形状。有些罐子,特别是大的储藏罐,是用手捏成的,不借助陶轮。

左图的这尊双耳细颈瓶是典型的红绘风格,图画描绘了神与巨人之间的战斗场景。直到公元前450年,从神话故事中取材图画一直都很流行。

人体雕塑

古风时期的雕塑并不写实，它们的表情看起来很僵硬，常常带着紧绷的微笑，但它们已经显示了古希腊艺术家渴望描绘人类形体的愿望。到了古典时期，艺术家已经懂得如何真实地展示人的形体动作，雕刻出来的人物形象越来越逼真。公元前451年，一位来自阿戈斯的雕塑家波利克里托斯创作的运动员雕像似乎会动。古典时期末期，雕塑家掌握了更多的表达方式，使作品更加逼真细腻地表现出人类的情感。

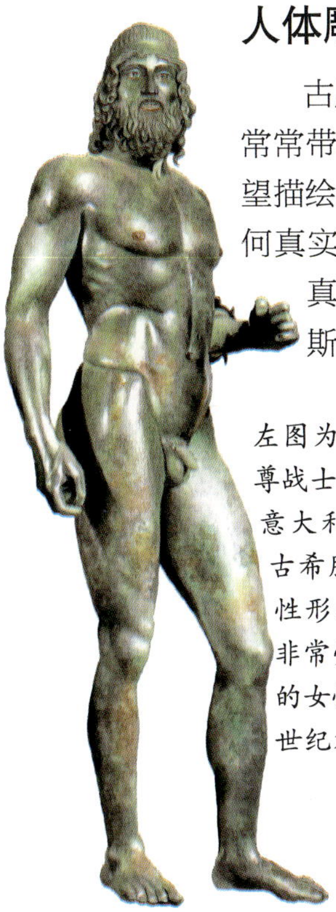

左图为公元前5世纪的一尊战士青铜雕像，出土于意大利南部的里亚切。古希腊人喜欢裸体的男性形象——运动员和神非常受欢迎，而裸体的女性雕像直到下个世纪才出现。

右图是公元前530年的希腊女性雕像，出土于雅典卫城。在公元前7世纪和公元前6世纪，人们开始使用大理石雕刻真人大小的雕像。女性（穿着衣服）雕像被称为"科雷"（korai），男性（裸体）雕像被称为"库罗斯"（kouroi）。

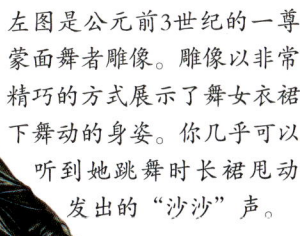

左图是公元前3世纪的一尊蒙面舞者雕像。雕像以非常精巧的方式展示了舞女衣裙下舞动的身姿。你几乎可以听到她跳舞时长裙甩动发出的"沙沙"声。

青铜器

艺术家们通常采用"失蜡法"制作青铜雕像。先用黏土做一个铜像的大致形状，然后覆上一层蜡模，细心雕刻出铜像的模样。再用更多的黏土覆盖住模型，开始烧制，蜡会随之熔化，接着把熔化的铜水倒入蜡熔化后留下的空腔，最后形成雕像。青铜雕像经常用红铜制作嘴唇和乳头，用银器制作牙齿，用玻璃或宝石制作眼睛。

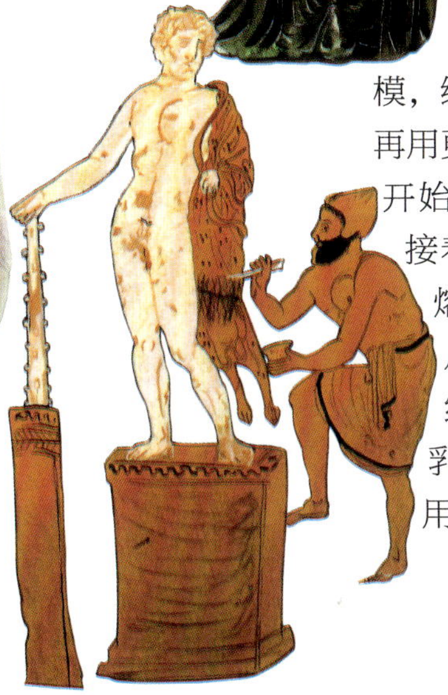

上图是一个红绘风格的花瓶画（公元前4世纪），描绘了雕刻家的工作场景。

右图是一尊公元前460—前440年的青铜雕像，雕刻手法细腻逼真，被公认为古希腊早期肖像雕塑的代表作。

左图的艺术家正在制作陶罐。用于特殊场合的罐子会画上精美的图案，晾干后在窑中烧制。

肖像雕塑

肖像雕塑在公元前4世纪开始流行。早期的肖像雕塑是为逝者制作的，只有理想化的大致轮廓，不追求细节逼真。但在希腊化时期，艺术家们开始为活着的人制作肖像雕塑，形象逼真自然。他们既为统治者、将军和哲学家制作雕像，也为普通的老人、妇女和儿童制作雕像。

石柱

古希腊人发展了3种建筑风格：陶立克式、爱奥尼克式、科林斯式。每种建筑风格都有特定类型的柱子来支撑神庙的顶部。陶立克柱式（A）装饰简洁有力，柱顶是平坦的。爱奥尼克柱式（B）比较纤细、轻巧并配有精致的雕刻，柱顶装饰着涡卷。科林斯柱式（C）的装饰更加繁复华丽，柱顶装饰着忍冬草形象。石柱是由鼓形石料堆叠起来的，并用钉子固定住防止晃动和倒塌。

上图是厄瑞克忒翁神庙的门廊，厄瑞克忒翁神庙位于雅典卫城——这里聚集了古希腊很多优秀的建筑物。与标准的柱式不同，这里的屋顶是被身穿漂亮长袍的女子雕像柱撑起的，这些柱子被称为"女像柱"。这座神庙和雅典卫城的入口仅仅用40多年就完成了，这在古代是非常快速的。

建筑

古希腊人自己住的房子很简单，但建造的神庙和公共建筑却非常宏伟壮观。神庙是神的家园，因此他们要尽心尽力建造。早期的神庙是由泥砖建成的，后来希腊和殖民地开始普遍用石块建造神庙。但克里特岛除外，这里的普通人无法进入神庙祭拜神灵，宗教仪式都是在外面的祭坛上进行的。从公元前5世纪起，古希腊建筑师们开始热衷于建造柱廊和议会大楼等公共建筑。

1. 帕特农神庙的建成用了20,000吨石块和46根陶立克式柱
2. 每一根柱子都是由鼓形石料堆叠起来的，并用钉子固定住防止晃动和倒塌
3. 神庙中央矗立着一座10米高、身着盔甲的雅典娜雕像，由古希腊著名雕塑家菲迪亚斯用黄金和象牙雕刻而成。雅典娜是雅典的保护神

70

帕特农神庙是雅典卫城最大的建筑，建于公元前5世纪。一尊由黄金和象牙雕刻而成、高达10米的雅典娜雕像矗立在神庙中央，雅典娜是雅典的保护神。

右图：公元前490年，雅典人在与波斯的马拉松战役中取得了胜利。3年后，他们建造了一个陶立克式的金库作为胜利和力量的象征。金库里装满了他们从波斯人那里掠夺的财宝。这座建筑也是艺术、射箭之神和男性美的象征——阿波罗的神庙。

城市建筑

古希腊人为议会专门建造了议事厅。议员们在议事厅开会，大厅面积很大，三面都是阶梯座位。主席团是最高理事委员会，并按照任期轮流执政；一些希腊化时期的主席团会场就像是有内部庭院的私人住宅。主席团的成员在一个很像神庙的圆形建筑里会面。其他公共建筑还包括柱廊、神庙和剧院。

4 雅典娜手上托着胜利女神尼姬
5 神庙的中殿，也叫作内殿，内殿后面有一个小房间，祭祀用的圣器和祭司的长袍被存放在里面
6 东面的三角楣饰上的浮雕描述了雅典娜诞生时的情景

左图是在大希腊（意大利南部沿海的古希腊殖民地），人们建造专门的公民大会会场，供公民开会。即使是暴君当政时期，公民也有权利向政府提出意见。这个公民大会会场，建造于公元前5世纪，位于意大利帕埃斯图姆。

医学

早期的古希腊人相信魔法和宗教仪式能治愈疾病，带来健康。他们认为疾病是来自神的惩罚，祈求医药之神阿斯克勒庇俄斯治愈他们。病人晚上在神庙里过夜，祈求神现身告诉他们治疗方法。祭司常用草药治疗疾病，有些人会痊愈，但如果病人看起来快去世了，祭司会拒绝给他治疗。从公元前5世纪起，古希腊医生开始使用科学的治疗方法。希波克拉底是古希腊最著名的医生，他认识到预防疾病的重要性，对人们的饮食和锻炼提出了很多合理建议。

左图是医药之神阿斯克勒庇俄斯的雕像，造于罗马时代。圣蛇缠绕在他的手杖上。传说，圣蛇给了他一种草药可以治愈所有的疾病，甚至能使死人复活。

下图的这位古希腊医生正在喂一个孩子喝草药，给孩子治病。他从一些风干的植物中挑选了几味草药熬成汤，也会用草药的叶子或者根部碾压出汁液配药。医生们常在羊皮纸上记录下研制的药方。

预后、草药和处方

古希腊人认为疾病源自于身体4种体液（血液、黏液、黄胆汁和黑胆汁）的失衡。相比于发现疾病的起因，他们对预测疾病的结果——预后更感兴趣。医生的名声取决于预测谁会康复和谁会死去的能力。医生们已经会使用许多草药治疗疾病了。泰奥弗拉斯托斯曾建议用肉桂处理伤口，现在证明肉桂油可以杀死病菌。

上图是1世纪的一本医学书籍上的植物插图。植物不同的部分（根、叶、花）具有不同的疗效。

右图是希波克拉底的半身像。以他的名字命名的"希波克拉底誓言"（并不是他写的），到今天仍然是医生们的誓词。他们发誓为了病人的利益而工作，绝不参与"恶作剧和腐败"。

右图是希腊化时期的手术器械，包括小刀、手术刀、镊子和药盒。

希波克拉底

希波克拉底被称为"医学之父"。他认为身体是一个整体，对身体局部的诊断必须考虑整个身体的状况。他还驳斥了人们普遍认为疾病是来自诸神的惩罚的观念，认为所有疾病都有自然的原因。他看到肥胖的人常常比苗条的人更早逝世，于是向人们提出健康的生活方式，运动和良好的饮食是必不可少的生活建议。希波克拉底的实验材料包括身体分泌物，如耳垢或呕吐物，并通过品尝它们来测试它们的性质！

手术

按照今天的标准，在古希腊做手术是极其痛苦的，同时也是一件非常复杂的事情。希波克拉底和他的追随者们写了70本关于医学的各个方面的书，其中包括各种手术，他们显然对手术已经非常熟练了。在他们的著作中，详细描述了如何建立一个手术室，对骨折和骨头错位进行手术，并在术后包扎伤口。古希腊人也做一些牙科手术，比如拔牙。

左图是医药之神阿斯克勒庇俄斯的女儿许癸厄亚的头像。许癸厄亚代表着健康，因此她的形象总是美丽动人的。许癸厄亚不会治疗疾病，而是引导人们遵循良好的生活习惯来保持健康，比如保持个人卫生。

医生

古希腊的医生以高超的医术闻名于世。一些医生为统治者服务获得高额薪水，一些作为城市医生从政府领工资，而其他的医生则无法拥有这些待遇。医生们经常从一个城镇搬到另一个城镇，开设门诊。除了希波克拉底，其他著名的古希腊医生还有希罗菲卢斯，他是第一位解剖尸体研究脏器的医生。之后的盖伦研究时，人体解剖已经不被允许，但他做了许多动物解剖。

右图的石头浮雕上的医生或祭司正在为病人治病，护士或女祭司在旁边做助手。医生都是通过给一名有经验的医生做助理或护士学习医术的。

教育

下图是柏拉图在雅典开设的一所哲学学校。他遵循苏格拉底的教学方法,并写下了许多苏格拉底的思想。柏拉图认为,对雄心勃勃的年轻人来说,学习哲学是至关重要的。只有学习了哲学,他们在掌握权力的时候才能更好、更公平地使用权力。

在大多数古希腊城镇,男孩7岁就开始上学了。所有的学校都是私立的,只有那些负担得起学费的家庭才送孩子去上学。学费其实并不多,因为教师既不是很受尊重,薪酬也不高。在学校,男孩们学习阅读、写作和算术,也学唱歌、跳舞和诗歌。此外,他们还会花大量时间在拳击、摔跤和跑步等军事训练上。女孩们大多在家里接受教育,学习如何操持家务,为婚后生活做准备。如果女孩们足够幸运,老师也许会教她们读书、写字,甚至演奏乐器。

左图的苏格拉底是一位伟大的哲学家。他通过问问题来探究真理,比如"什么是好人"。但雅典的领导人认为,他是在鼓励古希腊青年质疑对神的信仰,最后判处他死刑。

哲学

哲学的原意是"爱智慧",目的是探究真理。在古希腊,哲学涵盖的范围很广,包括科学、社会学、道德和宗教。哲学家认为,事件的发生是自然的结果,并不是神的意志造成的。但他们也会有一些奇怪的想法,例如,毕达哥拉斯的追随者不吃豆子,因为他们认为豆子里有死者的灵魂。

下图中的老师正在教男孩知识。男孩会有奴隶陪同上学,如果男孩不好好学习,这个奴隶可以敲打他。

左图是著名哲学家亚里士多德的半身像。他写的书涉及人类知识的许多方面。

学校

斯巴达的学校和雅典不同。他们为年龄在7~20岁之间的男孩们提供军事训练。男孩们在军营中只学习基本的阅读和写作知识,主要通过体育和舞蹈锻炼身体的耐力和灵活性。在雅典,男孩们白天去学校上学,如果他们的父母能支付得起学费,他们还可以在私人教师的指导下继续学习到18岁。在希腊化时期,有了招收青少年的文法学校。他们在学校学习哲学、文学、音乐、数学、科学和体育。

左图是公元前430年的杯子上的装饰画，出土于雅典，描绘的是上阅读课的场景。坐着的男人正在读羊皮纸上的文字，站着的男孩则在读可折叠木板上的文字。

全面的教育

公元前5世纪，雅典有3个主要的教育领域：文学、体育和音乐。男孩们一旦能读书和写字就必须学习语法。他们要背诵长篇史诗的片段，特别是荷马的《伊利亚特》和《奥德赛》，并讨论作者提出的问题。会有一个特殊的老师负责教体育，运动能力出色是很重要的一个闪光点。学生们也会学习演奏乐器和跳舞。

左图的一个男孩在姐姐面前练习竖琴。竖琴的共鸣箱是由海龟壳制作的。

读写能力

大多数古希腊人是文盲。穷人通过做生意学会了读和写，但很少有人能写出名字之外的字。富裕家庭的男孩们在学校学习读书和写作，一般用骨头或金属笔，在涂蜡的木板上写字。大约到公元前5世纪，大多数雅典公民才识字。

数学和几何

古希腊人在数学方面取得了巨大的成就。毕达哥拉斯的追随者们试图用数学模型来解释宇宙的秩序，之后他们转向了几何学。大约公元前300年，在埃及亚历山大市任教的欧几里得发展了几何学原理（线条、角度和形状之间的关系），这些原理至今仍在使用。阿基米德算出了圆周率的近似值，并想到了一种处理大量数字的方法。古希腊人在天文学和物理学方面也有所发展。

左图是智慧女神雅典娜像，她的长袍上缠绕着活蛇（大约造于公元前6世纪）。雅典娜经常被雕刻成肩上立着猫头鹰（象征智慧）的形象。

上图是哲学家和数学家毕达哥拉斯的半身像。毕达哥拉斯认为世界是基于数学模型形成的。

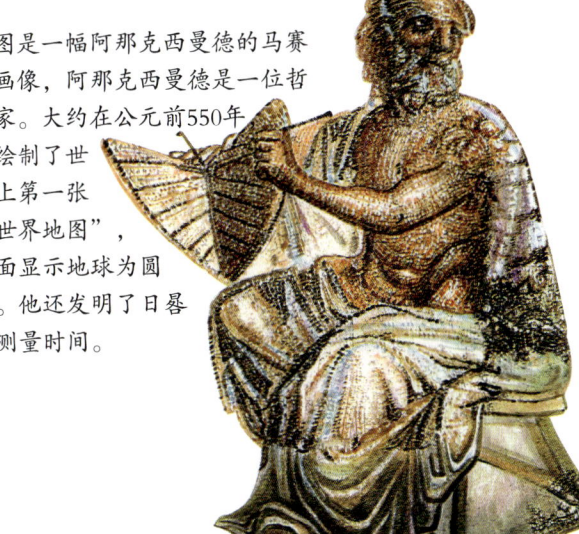

右图是一幅阿那克西曼德的马赛克画像，阿那克西曼德是一位哲学家。大约在公元前550年他绘制了世界上第一张"世界地图"，上面显示地球为圆形。他还发明了日晷来测量时间。

知识和影响力

古希腊思想家受到了古埃及人（几何学的发明者）和古巴比伦人的影响，他们和古埃及人一样都了解一些天文学。而古希腊的知识又对后世产生了巨大的影响。中世纪时，欧洲人从阿拉伯学到了很多古希腊思想。多个世纪以来，希腊的许多知识，例如解剖学，都保持着领先的地位。欧洲的语言和字母表也起源于古希腊，古希腊哲学家们的思想至今仍被讨论着。

下图的这些陶制勺子上绘有图案,把手被做成动物的头像。

美食

古希腊人的饮食简单而健康,主要有谷物、蔬菜、奶酪、豆类、鱼和橄榄油。香草等香料是常用的调味剂,古希腊人喜欢浓烈的、酸的和苦的味道。大多数人主要吃面包和蔬菜,但在晚宴上,有钱人却可以享受更多的异国风味菜肴。例如,蚱蜢和蝉是最受欢迎的开胃菜。女人们被认为更擅长烹饪,所以都是女人们做饭。她们通常坐在自家院子里的火炉旁的地上做饭。

葡萄酒

葡萄酒是古希腊最常见的饮品。古希腊的葡萄酒非常浓稠,需要过滤后用水稀释才能饮用。人们有时会在里面加香料和其他调味品,冬天会加热后饮用,甚至在吃早餐的时候,人们蘸酒和水吃面包。穷人只能喝最低劣的葡萄酒,或者喝水或山羊奶。古希腊并没有咖啡或茶。

下图是公元前5世纪的陶俑雕像,一名妇女用手推磨将谷物磨成面粉。

下图是大约公元前450年的红绘大花瓶,瓶上画着一个女人正在用勺子舀葡萄酒。

下图是一个杯子的内侧装饰画,画着一名猎人带着一条狗,肩上扛着猎获的一只狐狸和一只野兔。虽然富人能够猎到野鹿、野猪和野兔,但是一般只能在节日里吃肉。

下图是一个女人做面包时的场景。她使用黏土烧制的烤箱烘烤,用烧焦的木炭进行加热。除了普通的面包和薄饼,古希腊人还会用蜂蜜做饼干、蛋糕和其他糕点。

面包和谷类

面包是古希腊人的主食,通常是用大麦粉做的。贫穷家庭的妇女不得不把谷物磨成面粉,每天做面包;富裕家庭有奴隶为他们做这件事。大城市里有面包店,人们可以在那里买面包。大麦也被做成了一种浓粥,在晚餐时加一些蔬菜吃。其他的谷物包括黑麦和斯佩尔特小麦,只有这些谷物能够适应当地干旱恶劣的气候。小麦是进口的,所以非常昂贵,只有富人才能买得起小麦面包。

橄榄

橄榄是仅次于谷物和葡萄的第三大农作物。古希腊人将橄榄作为配菜，用橄榄油烹调各种食物。事实上，橄榄还是古希腊重要的战略物资，在战争期间，交战双方往往会砍下敌人的橄榄树，减少敌人橄榄油的来源。

鱼和海鲜

大多数城镇和村庄都靠近海边，每天都有鱼和贝类在鱼市上售卖。鱼是非常受欢迎的食物，可以吃新鲜的，也可以晒干或腌制后食用。民间流传着各种"贪吃鱼"的故事，故事的主角总是拼命地吃鱼。据一位作家记载，曾经有人吃了一条约1米长的章鱼，差点儿丢了性命！

上图是一个盛鱼的盘子。浓稠的酱汁倒在盘子中间，食客可以蘸着酱汁品尝细嫩的鱼肉。

晚宴

古希腊男人们喜欢去朋友家参加座谈会（晚宴）。他们聚在一起吃饭、喝酒、唱歌、跳舞，并由仆人们服侍。聚会是在装饰雅致的房间里举行的——一间专供男性客人们使用的房间。这些人用手肘支撑着身体，惬意地靠在沙发上。他们直接用手抓食宴会主人提供的美味佳肴。有时座谈会会邀请一位哲学家来讨论他的理论，这样会给聚会增添一丝严肃的气氛。

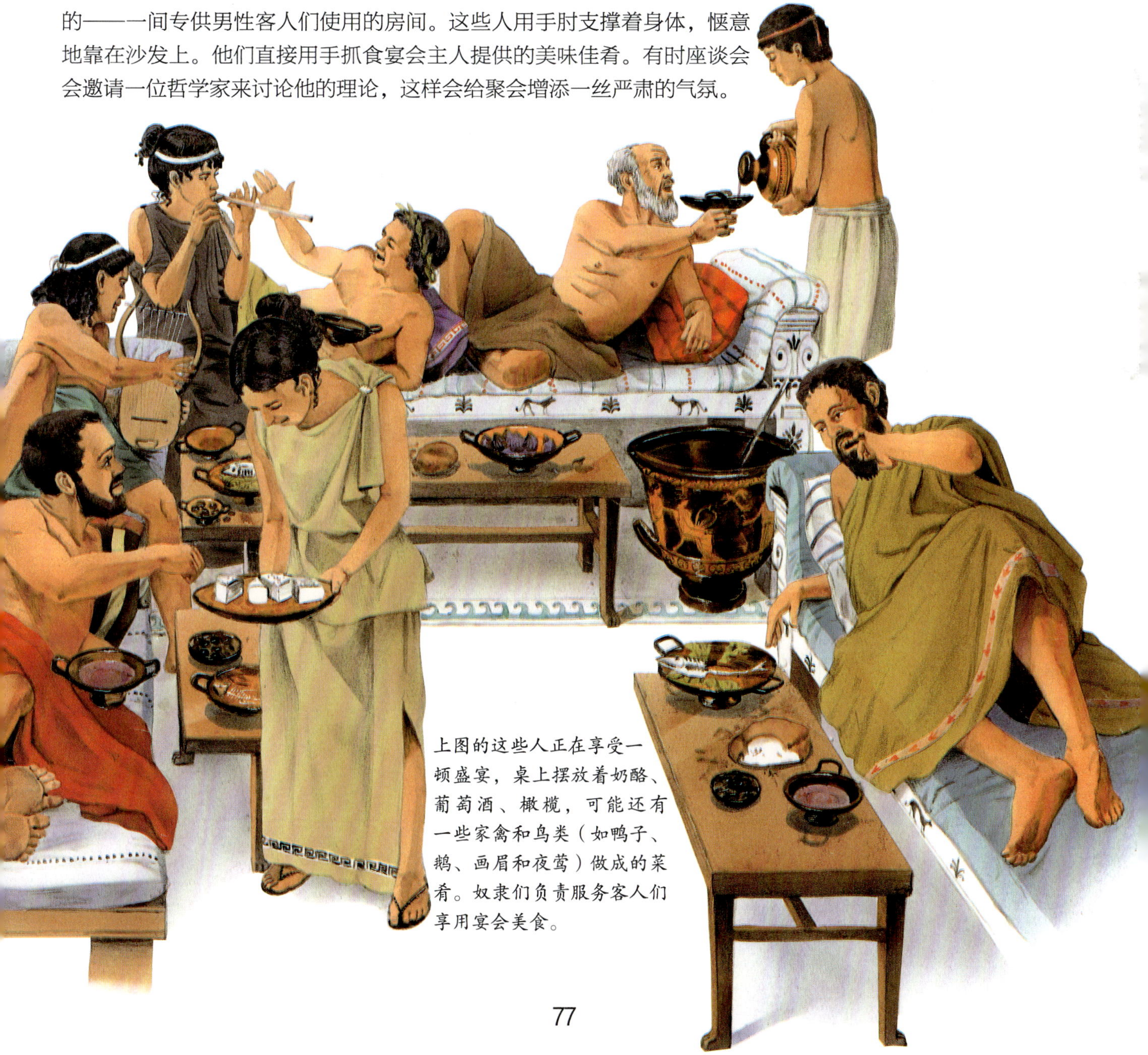

上图的这些人正在享受一顿盛宴，桌上摆放着奶酪、葡萄酒、橄榄，可能还有一些家禽和鸟类（如鸭子、鹅、画眉和夜莺）做成的菜肴。奴隶们负责服务客人们享用宴会美食。

右图的一个奴隶正在搬桌子。桌子是用木头做的，易于移动。古希腊人更喜欢将一桌子食物搬到客人面前供客人享用。

家具

古希腊人喜欢简单轻便的家具，这些家具有不同的用途，可以四处挪动。沙发是用来睡觉和吃饭的，有时候他们吃着饭就在沙发上睡着了！桌子很低，有3条腿，这有助于在不平的地面上保持平衡。椅子有坚硬的靠背和扶手，椅子上铺着动物皮毛做成的垫子以使人坐着舒服。家里到处都是四脚凳。古希腊人不会在桌子上摆装饰物和贵重物品，只是用来吃饭和摆放食物。

❶ 古希腊民居的墙壁是用单薄的泥砖砌成的。窃贼往往能够破墙而入

❷ 古希腊人们的庭院里有一座祭坛，还会有一口水井

❸ 男人们在男性专用房间招待客人，这个房间通常是装修最豪华的

❹ 床很简单，衣服都折叠好放在柜子里

上图是公元前5世纪的一块陶片上的图案，图中一位妇女正在将折叠好的亚麻布放进柜子里。柜子是用来存放衣服、毯子和其他家用物品的。

右图的妇女们用悬挂在天花板上的装置来晾衣服。古希腊人不喜欢在地上乱放杂物，所以东西都是挂在墙上和天花板上的，比如各种各样的盆、锅和工具平时都挂在墙上。

❺ 在厨房里，锅一般挂在墙上，女人们通常是在石灶或火盆上做饭

❻ 浴室里有一个浴缸，有时还有一个大罐子，当马桶用

妇女

妇女们负责操持家务、管理家庭账目、照顾孩子和制作衣服。在富裕家庭，大部分工作都是由奴隶完成的，女主人只负责监督。女人们大部分时间都待在闺房里，男人不得进入。

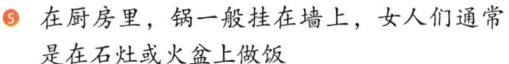

上图是古希腊"古典时期"的彩绘陶俑，描绘的是两个女人的形象。女人大部分时间都是和孩子或家族里其他女性待在一起，因此她们的关系往往很亲密。

家庭生活

古希腊家庭的房屋通常很简单，因为他们的大部分时间都是在户外度过，富裕人家的女人除外。房屋是用泥砖砌成的，庭院是家的中心，女人们在这里做饭，孩子和宠物在这里玩闹。庭院中心立着家庭祭坛，周围是居住的房间，男女分开居住。日常用水是从院子里的水井打，或是去公共水房取水。家里没有厕所，人们习惯到户外的小巷或公共厕所上厕所。虽然富裕人家住的是大房子，但也只是比普通人家稍微舒适一点儿而已。

上图是公元前5世纪的油灯，由盛橄榄油的灯肚、放置灯芯的灯口和把手组成，用于夜间照明。

右图是一个正在学习爬行的婴儿青铜雕像。当婴儿从襁褓中出来开始爬行的时候一定很开心，因为终于可以自由移动了。

婴儿

婴儿出生时，家里所有女性都会在场，会请来助产士，如果遇到难产还会请来医生。在雅典，婴儿会被放进襁褓或裹上布条（斯巴达却不这样），以防止其乱动。母亲用母乳哺育婴儿。

下图是一个细颈有柄长油瓶上的装饰画，描绘了一名女仆帮助女主人照顾婴儿的场景。

儿童

在古希腊，能够度过童年非常不容易。许多婴儿出生不久就夭折了，如果婴儿看起来太虚弱，也会被父母遗弃。孩子都是由母亲抚养长大的。在富裕人家，女孩和男孩在家里度过童年，拥有各种各样的玩具（很多玩具和现代相似）。到了7岁的时候，雅典的男孩开始上学，斯巴达的男孩和女孩会上军事学校。贫困家庭的孩子不得不和父母一起在田间、作坊或集市广场工作。

长大

在古希腊，刚出生的婴儿会被父亲检查，如果他认为这个婴儿不健康，就会把婴儿遗弃到公共场所任其等死，即使婴儿侥幸被其他人救活，也会被当作奴隶抚养。被父亲接受的婴儿在10天大的时候，会经过命名仪式正式加入家族。古希腊的男孩长到12岁或13岁，就被认为快成人了，这时就不能再玩儿玩具，并要到神庙参加祭祀。女孩长到13岁或14岁，就要嫁给比她大的男人。

育儿

古希腊妇女们更喜欢自己抚养孩子，而不是交给仆人养。母亲会喂养、清洗和教育自己的孩子。富裕家庭的母亲有很多帮手，比如保姆、陪同孩子上学的奴隶，以及家奴。妇女们会花更多的时间陪在孩子身边，与丈夫在一起的时间要少一些。

女孩被认为不如男孩重要，因此出生时更容易被遗弃。被父亲接受的女孩必须在家里跟着母亲学做纺纱、织布、做饭和照看孩子等家务活。富裕家庭的女孩很少外出，除非去参加宗教节日聚会。而贫穷家庭的女孩则要学习做生意或者和母亲一起到集市广场卖东西。

下图的狗是最常见的宠物,孩子们也养猫和其他小动物。

各种玩具

古希腊人自己做玩具,或从集市广场上买。婴儿的第一个玩具可能是装着鹅卵石的拨浪鼓。年龄大一些的孩子会玩儿秋千、跷跷板、木马和风筝(据说是古希腊人发明了风筝)。孩子们也玩儿滚圈和制作车模,甚至用玩具动物、玩具家具、黏土和布娃娃玩儿一些想象类的游戏。

宠物

孩子们在院子里会和宠物玩耍。狗不仅是孩子的玩伴,还可以看家护院,猪、乌龟和养在笼子里的鸟也很常见。孩子们还会饲养蚱蜢之类的昆虫,富裕家庭的孩子还饲养鹤和鹅。还有一些动物养着就是用来比赛的,比如斗鸡。

右图是一幅来自克里特岛克诺索斯宫殿的壁画,画于公元前1,700—前1,400年之间,画上两个少年正在打拳击。对男人来说,健壮的身体非常重要,因此他们从小就开始进行摔跤和拳击训练。

右图:古希腊人会将夭折的孩子和其最喜欢的玩具一起埋葬。在一个女孩的墓里(公元前420年)发现了一些玩具陶俑:一个坐在椅子上的娃娃和一双靴子。

左图的陶俑是当时很流行的玩具。骑着鹅的骑士造型并不常见,一般都是骑着马的骑士形象。

游戏

古希腊的孩子们会玩儿"跳山羊""骑马打仗"和"捉迷藏"游戏。他们用猪的膀胱做成球,玩儿一种类似曲棍球的游戏。孩子们也会玩儿一些安静的游戏,比如掷骰子和棋盘游戏。最受女孩们喜爱的游戏是掷距骨游戏。

下图是一个花瓶上的装饰画,画上描绘了孩子们扛着花柱、赶着马车参加酒神节庆典的场景。只有在酒神节这样的宗教节日里,富裕家庭的女孩们才能走出家门去玩耍。

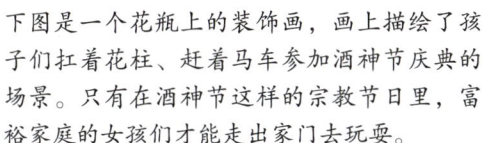

右图是一尊希腊化时期的雕像,雕刻的是披着短斗篷的运动员。

服装与首饰

夏天，男人们和女人们都穿着宽松凉爽的衣服。到了冬天，他们会加上一件厚厚的羊毛外衣。古希腊人喜欢色彩鲜艳的衣服，特别是妇女们，但穷人只买得起朴素的未染色布料。在乡村，劳动者们穿着皮革斗篷或动物皮毛制成的开衫（无袖夹克）。鞋是凉鞋、普通鞋子和靴子。妇女们喜欢精致的发型，化妆品也很受欢迎。古希腊人不怎么穿内衣（不论男女），因此当众掀起外衣是非常不礼貌的行为！

上图：公元前7世纪和公元前6世纪时，古希腊妇女们喜欢将长发散开，并用头巾或头饰固定（如雕像所示）。从公元前5世纪开始，她们开始把头发绾成一个漂亮的结，用网罩和丝带固定起来，而女性奴隶则会被剪成短发。

左图中的不同身份的人穿衣服的方式有所不同。右边的人穿衣服的方式表明他是一个公民，而左边的人的衣着表明他是一位工人。工人们会穿着一件大长袍裹住全身，将右臂袒露在外。

右图的这个花瓶画上的贵妇穿着一件色彩鲜亮的高雅服装。布匹可以用植物染料（如荨麻和地衣）或动物染料（提取自昆虫和蜗牛）染色。橘黄色是女人们最喜欢的颜色。

四季服装

古希腊人打底的衣服是一件长内衣，男人们一般外面穿大长袍，女人们则穿帔络袍。帔络袍是女性的标准裙装，介于外衣和斗篷之间。帔络袍是一块长方形的布料，顶部折叠起来，用别针固定在肩膀上，将两条胳膊裸露在外。大约在公元前300年，帔络袍在城市已经不那么流行了，但是农村妇女们仍然喜欢穿。

化妆

女人们（有时也有男人）会使用香水和化妆品。苍白的脸色是很时髦的妆容，所以女人们会在脸上涂抹白色的铅（她们还不知道铅是有毒的），在脸颊上抹上胭脂，在眉毛和眼睑上涂上烟灰或木炭以加深颜色。古希腊的妇女们喜欢红色或绿色的眼影，也涂口红。

左图是一个穿着帔络袍的妇女雕像。帔络袍比穿者的身高要长，宽度一般是穿者的2倍左右。顶部用别针或者长钉固定在肩膀上，有一对出土的长钉竟然有46厘米长！

上图是公元前430年画在护膝（纺线时保护膝盖的工具）上的一幅画，描绘了一位新娘（最右）和朋友们在闺房中准备婚礼时的场景，她的朋友们正在帮她挑选结婚时佩戴的珠宝。

鞋履

古希腊鞋子有很多种类，从最简单的露趾凉鞋到系带鞋，从易于穿脱的靴子到给士兵穿的有坚韧鞋钉的靴子。保暖的羊毛或羊皮靴使人们的脚在冬天也能保持温暖。鞋子通常是用皮革做的，也有用木头做的。个子矮小的妇女们喜欢穿厚底鞋，这能让她们显得更高一些。古希腊人喜欢穿结实、合脚的鞋子，但他们又经常赤着脚在户外行走。当他们回到家，会先脱掉鞋子再进屋。

左图是一个制鞋作坊，坐在地板上的男人正在切割皮革做鞋底，另一名鞋匠正在将顾客的脚形画在皮革上，这样他就可以制作出一双合脚的鞋了。

上图是化妆时使用的青铜镜。

右图是公元前4世纪的船形金耳环。

下图的左边是公元前8世纪的耳环，刻有精美图案。右边是公元前9世纪的黄金耳环。

珠宝

古希腊妇女们喜爱珠宝。她们戴着耳环、项链、臂镯、手镯和脚镯。男人们则戴着戒指，有些戒指上还镶嵌着宝石，而斯巴达地区流行戴纯铁戒指。孩子们会戴着护身符——一块用来辟邪的小饰品。许多首饰都是用黄金做的，上面雕刻着精美的图案。

羊毛和织布

羊毛是做衣服的主要原料。首先，羊毛会被纺成线，染上色；然后，纱线在织机上（纺锤是石头做的）被织成非常细密的布，这样做成衣服后会非常漂亮。所有这些工作都是女人们在家里完成的。有些布料也会使用亚麻做原材料。粗布是由大麻制成的，而最优质的服装则是用来自科斯岛的丝绸做成的。

83

图书在版编目（CIP）数据

文明：手绘历史图鉴.古埃及和古希腊/（英）尼尔·莫里斯著；（英）曼纽埃拉·卡彭绘；蔺鹏飞，王鹏飞译.-- 北京：北京日报出版社，2023.10
ISBN 978-7-5477-4211-2

Ⅰ.①文… Ⅱ.①尼…②曼…③蔺…④王… Ⅲ.①文化史—埃及—古代—儿童读物②文化史—古希腊—儿童读物 Ⅳ.① K103-49

中国版本图书馆 CIP 数据核字 (2021) 第 257489 号

北京版权保护中心外国图书合同登记号：01-2022-5624

Everyday Life in Ancient Egypt & Everyday Life in Ancient Greece
Text by Neil Morris Copyright © 2017 Nextquisite Ltd., London
Illustration by Manuela Cappon Copyright © 2017 Nextquisite Ltd., London
First published in 2001 and 2005 by McRae Books Srl, Florence (Italy)
All rights reserved.

文明：手绘历史图鉴

古埃及和古希腊

出版发行：	北京日报出版社
地　　址：	北京市东城区东单三条 8-16 号东方广场东配楼四层
邮　　编：	100005
电　　话：	发行部：（010）65255876
	总编室：（010）65252135
责任编辑：	姜程程
印　　刷：	天津善印科技有限公司
经　　销：	各地新华书店
版　　次：	2023 年 10 月第 1 版
	2023 年 10 月第 1 次印刷
开　　本：	889 毫米 × 1194 毫米　1/16
总 印 张：	21.25
总 字 数：	660 千字
定　　价：	168.00 元（全 5 册）

版权所有，侵权必究，未经许可，不得转载

文明：手绘历史图鉴

古罗马和文艺复兴

[英]尼尔·格兰特◎著　[英]曼纽埃拉·卡彭◎绘　王翀　牟超◎译

北京日报出版社

目 录

地中海上的霸主：古罗马 ⋯⋯⋯⋯⋯⋯⋯⋯⋯ 4

古罗马早期 ⋯⋯⋯⋯⋯⋯⋯⋯⋯⋯⋯⋯⋯⋯⋯ 6

古罗马城 ⋯⋯⋯⋯⋯⋯⋯⋯⋯⋯⋯⋯⋯⋯⋯⋯ 8

商铺和集市 ⋯⋯⋯⋯⋯⋯⋯⋯⋯⋯⋯⋯⋯⋯⋯ 10

酒馆和旅馆 ⋯⋯⋯⋯⋯⋯⋯⋯⋯⋯⋯⋯⋯⋯⋯ 12

浴场 ⋯⋯⋯⋯⋯⋯⋯⋯⋯⋯⋯⋯⋯⋯⋯⋯⋯⋯ 15

女性 ⋯⋯⋯⋯⋯⋯⋯⋯⋯⋯⋯⋯⋯⋯⋯⋯⋯⋯ 16

儿童 ⋯⋯⋯⋯⋯⋯⋯⋯⋯⋯⋯⋯⋯⋯⋯⋯⋯⋯ 18

建筑与技术 ⋯⋯⋯⋯⋯⋯⋯⋯⋯⋯⋯⋯⋯⋯⋯ 20

斗兽场 ⋯⋯⋯⋯⋯⋯⋯⋯⋯⋯⋯⋯⋯⋯⋯⋯⋯ 22

竞技与戏剧 ⋯⋯⋯⋯⋯⋯⋯⋯⋯⋯⋯⋯⋯⋯⋯ 24

士兵 ⋯⋯⋯⋯⋯⋯⋯⋯⋯⋯⋯⋯⋯⋯⋯⋯⋯⋯ 26

宗教 ⋯⋯⋯⋯⋯⋯⋯⋯⋯⋯⋯⋯⋯⋯⋯⋯⋯⋯ 28

房屋 ⋯⋯⋯⋯⋯⋯⋯⋯⋯⋯⋯⋯⋯⋯⋯⋯⋯⋯ 30

农业 ⋯⋯⋯⋯⋯⋯⋯⋯⋯⋯⋯⋯⋯⋯⋯⋯⋯⋯ 32

饮食和厨房 ⋯⋯⋯⋯⋯⋯⋯⋯⋯⋯⋯⋯⋯⋯⋯ 34

工匠 ⋯⋯⋯⋯⋯⋯⋯⋯⋯⋯⋯⋯⋯⋯⋯⋯⋯⋯ 36

公寓楼 ⋯⋯⋯⋯⋯⋯⋯⋯⋯⋯⋯⋯⋯⋯⋯⋯⋯ 38

奥斯蒂亚港 ⋯⋯⋯⋯⋯⋯⋯⋯⋯⋯⋯⋯⋯⋯⋯ 40

贸易 ⋯⋯⋯⋯⋯⋯⋯⋯⋯⋯⋯⋯⋯⋯⋯⋯⋯⋯ 42

人性的赞歌：文艺复兴……………………44

文艺复兴的起源……………………46

意大利的统治……………………48

金融和贸易……………………50

印刷业的技术革命……………………52

意大利文艺复兴时期的建筑……………………54

文艺复兴时期的城市……………………56

宗教……………………58

教育……………………60

文艺复兴时期的艺术……………………62

艺术家和手工业者……………………64

法国、西班牙和葡萄牙……………………66

德国和低地国家……………………69

商人之家……………………70

文艺复兴时期的文化……………………73

妇女和儿童……………………75

科学与医学……………………76

文学和戏剧……………………78

战争……………………80

航海和探险……………………82

地中海上的霸主
古罗马

地中海上的霸主：古罗马

公元前753年，古罗马只是住着几户人家的小村庄，但它逐渐发展成了一个伟大帝国的中心。约公元前500年，古罗马人推翻伊特鲁里亚人的统治，建立了古罗马共和国。公元前300年，古罗马共和国统治了意大利，并在公元前146年摧毁了在地中海的两大劲敌：迦太基和古希腊。然而，正当古罗马共和国急速扩张自己的领土时，却陷入内战、独裁和军队将领间发生对抗的困境中。尤里乌斯·恺撒在公元前49年夺取了政权，公元前44年被惧怕他称帝的人暗杀了。随后，他的养子奥古斯都成为古罗马第一位帝王。虽然古罗马早期的帝王都很糟糕，但帝国却一直都在发展壮大着。从1世纪末到3世纪，所谓的古罗马和平给帝国带来了整体的繁荣，到117年，古罗马的领土已经从苏格兰延伸到了叙利亚，乃至北非。150年，古罗马帝国开始与邻国展开防御战争。自3世纪起，古罗马帝国进入漫长的衰落期，整个帝国被分为东、西两个部分。西罗马帝国于476年被彻底推翻，东罗马帝国则继续壮大。

古罗马帝国衰落1,000年后，古罗马文明仍是欧洲人的典范。直到16世纪，古罗马的语言——拉丁语仍是受过教育的人的共同语言；古罗马法律则是现代欧洲法律的基础。古罗马文明是国际化的文明，不同种族、宗教和语言的人在古罗马帝国的统治下团结一致。直至1806年，一些欧洲统治者仍拥有着"神圣罗马帝王"的头衔。甚至可以说，欧盟是效仿古罗马实现欧洲统一的又一次尝试。

大事记年表

约公元前800年
开创伊特鲁里亚文明

公元前753年
古罗马城建立

公元前509年
古罗马共和国建立

约公元前400年
伊特鲁里亚文明开始衰落

公元前264—前241年
第一次布匿战争

公元前218—前201年
第二次布匿战争

公元前149—前146年
第三次布匿战争

公元前58—前51年
高卢战争

公元前27年
古罗马帝国建立

43年
征战不列颠

116年
古罗马帝国的鼎盛时期

395年
古罗马帝国正式分为东、西两部分

410年
西哥特人洗劫古罗马城

439年
汪达尔人占领迦太基

455年
汪达尔人洗劫古罗马城

476年
西罗马帝国灭亡

古罗马早期

大约 3,000 年前，意大利尚处于铁器时代，不同部落的人们，生活在散落的村庄里，以耕种打猎为生。直至公元前 8 世纪，人们逐渐成了技术娴熟的工匠，在伊特鲁里亚（今托斯卡纳）出现了更先进的文明。这些伊特鲁里亚人居住在城镇中，彼此间经常发生战争。直至公元前 509 年，伊特鲁里亚最后一位国王被驱逐，古罗马共和国建立，这才结束了伊特鲁里亚王朝的统治。

上图：考古学家从意大利早期居民的墓中发现了一些物品，比如这种金属香炉。

右图：这些小人雕像制作于 3,000 年前的西西里岛。雕像中的两人可能是一对夫妻，或是墓主人。

铁器时期的村庄

3,000 年前，帕拉蒂尼山上还都是一些小村庄，谁能想到这里将来会建立起一座称霸地中海地区的古罗马帝国。当时的人们在村里种植庄稼，饲养牲畜。他们似乎很喜欢马匹，因为在后来挖掘的古墓中，发现了很多当时的马具。人们用木桩搭建棚屋，用泥土做墙，用茅草做屋顶。

左图：这尊雕像雕刻的是身披斗篷、手持棍棒和剑的战士形象，他应该是部落里的战神或者大英雄。撒丁岛的居民在铁器时代（公元前6世纪）制作了很多类似的雕像。

右图：这尊女神头像陶俑是伊特鲁里亚工匠在古罗马制作的，显然受到了古希腊艺术的影响。头像神秘的微笑是早期古希腊和伊特鲁里亚雕刻作品的重要标志。

伊特鲁里亚人

在古罗马崛起之前，伊特鲁里亚人是意大利地区最具先进思想的民族。他们一边受着古希腊人的影响，一边又影响着古罗马人。古希腊人在意大利南部建立了殖民地。公元前500—前200年，古罗马人占领了大部分意大利地区，其中包括伊特鲁里亚和古希腊殖民地。

右图：这名战士戴着伊特鲁里亚高顶头盔。

左图：这个房屋模型用于保存死者的骨灰，我们可以通过模型了解到古罗马早期的房屋样式。

工艺美术品

伊特鲁里亚人对古罗马文明有着直接的影响。尽管我们至今都无法理解伊特鲁里亚的语言，但我们知道，古罗马的许多风俗习惯（包括信仰的神）都来源于伊特鲁里亚。伊特鲁里亚人将古希腊和西方的文化引入意大利。伊特鲁里亚地区以丰富的矿产资源闻名，他们的工艺水平非常出色，尤其在金属制品方面，其中还包括制作昂贵的珠宝首饰。

左图：这尊穿着格子长袍的泥塑，出土于伊特鲁里亚的卡西里（今切尔韦泰里），制作于公元前7世纪。没有人知道他手上的动作有什么含义。

古罗马的缔造者

根据古罗马神话，战神马尔斯的儿子罗慕路斯创建了古罗马。罗慕路斯和他的双生弟弟勒莫斯刚出生就被遗弃，是一头母狼救了他们，之后他们被牧羊人抚养长大。两兄弟长大后创建了古罗马城，然而他们却因为该由谁统治这座城市而发生争执，最后罗慕路斯杀死了勒莫斯。右图中的青铜母狼像由伊特鲁里亚人制作于约公元前500年，而底下的双生子像则是在2,000年后才被加上去的。

古罗马城

上图：在奥古斯都大帝（公元前63—公元14年）的统治下，帝制逐渐确立。图中的奥古斯都大帝手持雄鹰权杖。

古罗马城被誉为"永恒之城"，2,000多年来一直都是欧洲历史的中心。公元前509年，居住在7座小山上的一群村庄成立了一个共和国。随着领土的不断扩张，城市越来越繁荣。在公元前1世纪，经历漫长的内战之后，共和国的民选官员被皇帝所取代。在第一任帝王奥古斯都和后任帝王的带领下，古罗马逐渐成为欧洲史上最强大、最兴盛的国家。随后，欧洲许多城邦纷纷效仿古罗马并学习古罗马文化。

古罗马广场

古罗马广场是当时最主要的公共广场。广场早期是宗教、贸易、商业、政治，甚至格斗的中心，后期逐渐扩大。商铺搬离广场之后，纪念性的建筑物便拔地而起。

治安和消防

奥古斯都大帝建立了一支准军事部队，专门治理暴乱和维护治安，其中大多数成员是普通的民众。居民也会联合起来共同对付捣乱分子。在拥挤的城市里经常发生火灾，于是奥古斯都大帝组建了一支消防队。但是即便有了消防队，64年还是发生了一场火灾，烧了整整6天。

共和国和帝国

古罗马共和国并非民主共和国，实际掌控权力的是那些贵族们。古罗马人不喜欢国王的统治，因此奥古斯都称自己为"第一公民"，而不是"帝王"。虽然他还保留着共和国制度的官员，但这些官员已经没有实际的权力了。

下图：在古罗马，公开演讲是一项非常重要的技能，律师和政治家都需要具备这样的技能。

上图：古罗马的硬币。
左边为古罗马鹰，右边为门神雅努斯。

古罗马元老院

元老院的代表都出身贵族，他们在共和国时期拥有最大的权力。元老院最初有300名成员，后来发展到600人。被选举出来做政府执政官的两个人也出身贵族。直至公元前366年，普通民众才可以成为执政官。在帝国统治时期，尽管元老院还保留了一定的影响力，但已经丧失了大部分权力。

左图：古罗马共和国时期的硬币，一名公民正在为大选投票。

平民

在共和国早期，最普通的民众被称为平民或百姓，他们并非都是穷苦人，有些平民很富有但不是贵族。平民为了争取更多的权益会与贵族斗争，并取得了一些成功，获得了属于他们自己的议会和官员，以及法律上的平等对待。

下图：这张地图显示了300年的古罗马城最鼎盛时期的全貌。古罗马城的围墙长达51.5千米，台伯河上架起了6座桥。斗兽场在城市的中央，它的南侧就是皇宫和大竞技场。

法律与公正

除了军队，古罗马帝国的法律也非常强大，甚至连帝王也不可以凌驾其上。公民的权利能够在法庭上得到坚定的支持。基督教信徒保罗，因是一名古罗马公民而逃脱了鞭刑。和今天一样，案件在法庭上由律师相互辩论，而法官（民众选举出的）基于辩论结果做出最终的判决。

商铺和集市

随着古罗马的不断扩张，城内的店铺和集市越来越多。店铺大多分布在主街上，像古罗马广场上就有很多金匠之类的高级工匠师。110年，当时最大的综合类商铺——图拉真集市建成。图拉真集市共有5层，和市场上的摊位一样，这里有专门卖水果和鲜花的铺子，也有专门卖油、葡萄酒、食物、药草和香料的铺子。有一层楼专门设有福利机构，为穷人免费发放食物。顶层设有很多鱼池，池里装着从水渠引来的淡水，或从海边运来的海水。

店铺

古罗马城镇的街道上，经常可以见到下图这种店铺。店主从房主那里租来房子，里面通常设有很多独立的房间。从楼梯上去是房主一家的生活区。那些善于经营的店主们在其他地方也有自己的房子。

制造商和买主

早期，古罗马城镇的店铺里出售的大部分商品，都是由供货商自己生产制造的。随着时间的推移，古罗马已经发展成拥有100万居民的大城市，大规模的商业得以迅速发展。越来越多的贸易都由中间商控制着，他们从农户或者工匠那里购入商品，再卖给店铺。

采购

富人会派奴隶去集市采购。在古罗马城，奴隶们大多数时候都在集市上买东西。在其他城镇，集市一周只举办一次，穷人们要自己出门采购。大多数穷人家里没有厨房，因此他们会购买已经做好的食物，比如刚刚从烤炉里烤好的面包、煮好的粥，以及豆子和小扁豆之类的蔬菜。

肉类

肉铺出售的肉类品种繁多，也许比今天肉铺和超市出售的品种还要多。肉类包括猪肉、羊肉、牛肉、野猪肉、兔肉、鹅肉，以及各种鸟肉，还有专门饲养的睡鼠肉。古罗马人还会吃一些动物的器官，比如母猪的乳房，尽管这种食物令人觉得非常不可思议，但据说非常美味。

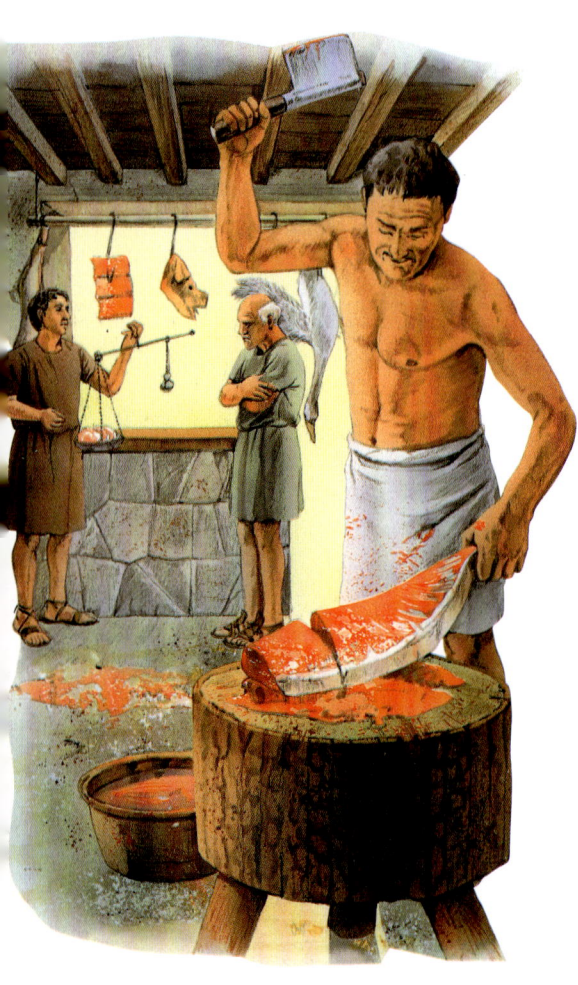

面包店

面粉由谷物直接碾磨而成。与今天相比,古罗马时期的面粉非常粗糙,面团也不易发酵,吃起来很费力。面包通常在面包师的店里完成烘焙,而面粉是由面包师自己碾磨的。

上图:从这幅马赛克装饰画上可以看到,面包师正在用长柄小铲将食物从烤炉里取出来。

下图是古罗马街道繁华的景象。这天清晨,商品还在运送中,街上就已经有顾客在采购了。再晚一些,街上会更加热闹。古罗马政府经常会颁布法令,防止商人占用街道。

下图：旅馆的老板娘正在与退房的旅客讨论住宿费问题。

酒馆内部

从阴暗、肮脏的小酒馆到公道、合理的大酒店，酒馆的类型多种多样。前台通常是一个石质的柜台，上面摆放着装满葡萄酒和水的大罐子（葡萄酒在喝之前需要兑水稀释）。柜台后有火炉和准备酒菜的操作台。一般情况下，酒馆后面还会有一间更私密的房间，或是有一个小院子。

酒馆和旅馆

古罗马城和其他城镇都有专门提供食物和酒水的酒馆，而旅馆除了供应食物和酒水以外，还会提供床位供客人过夜。无论酒馆还是旅馆都会提供各种娱乐活动，其中大多是非法的或是低劣的活动，例如赌博。酒馆和旅馆通常开在公共浴场和集市附近，有地位的男性和体面的女性不会进入酒馆，除非万不得已。从法律上讲，开酒馆的人并不比罪犯好多少。当然也有高档的旅馆或酒店，里面住的是上流社会的人们，比如没有地方落脚的大使和帝国官员等。

右图：这个标有食物和酒水的广告牌来自奥斯蒂亚港口的一个酒馆，这个酒馆专为水手、商人或其他旅客提供饮食。

左图：这幅马赛克画展示玩骰子的人发生了争执。在一年一度的农神节期间，赌博的热度会达到顶峰，因为所有的法规都在这一周松弛下来。

赌博

尽管法律规定不许赌博，但在古罗马的酒馆内，都会设有一个房间用来赌博。酒馆主人不会因默许赌博行为而被检举，同样的，他也不能起诉那些喝醉后给酒馆造成损失的暴力顾客。有些赌徒会作弊，因为考古学家们发现了灌铅的骰子。

12

外出就餐

古罗马的富人不会到外面吃饭，连筵席和聚会都在家里举办。只有在旅行时，他们才会和朋友或是朋友的朋友在外面用餐。古罗马人非常热情好客，对于那些有奴隶使唤的富人来说，招待客人并不是件苦差事。当富人出门旅行时，他们会住进最好的旅馆，然后差遣奴隶用旅馆的厨房为自己做饭。

打包

酒馆通常有简易的桌椅供客人们在店内用餐，但大多数客人都会把食物带回家吃。

左图：浴场的管理者会向洗浴的顾客提供这种简易的拖鞋。

左图：这组马赛克画呈现的是正在健身的女性。女性和儿童需要与男性错开沐浴的时间，或者去女性和儿童专用浴场。

右图：这幅马赛克画来自卡拉卡拉豪华浴场，画中一名法官正在为一场游戏做裁判。

健身和游戏

大多数古罗马人每天都会去浴场沐浴一次，通常是在下午的晚些时候。他们会先锻炼一下，让自己出一身汗。他们可能会举重、举哑铃（像上图中的女性那样）、慢跑（有些浴场提供跑道）、打拳击、摔跤或者玩球类游戏。女性经常靠滚动铁圈来锻炼身体。

沐浴

一套正常的沐浴程序通常是：顾客先走进充满蒸汽的高温浴室；在这里，侍者会用橄榄油涂抹顾客的身体，然后用刮身板刮拭干净；之后，顾客走到温水浴室，等身体凉下来，再快速冲进冷水浴室，或者到露天泳池去游个泳。

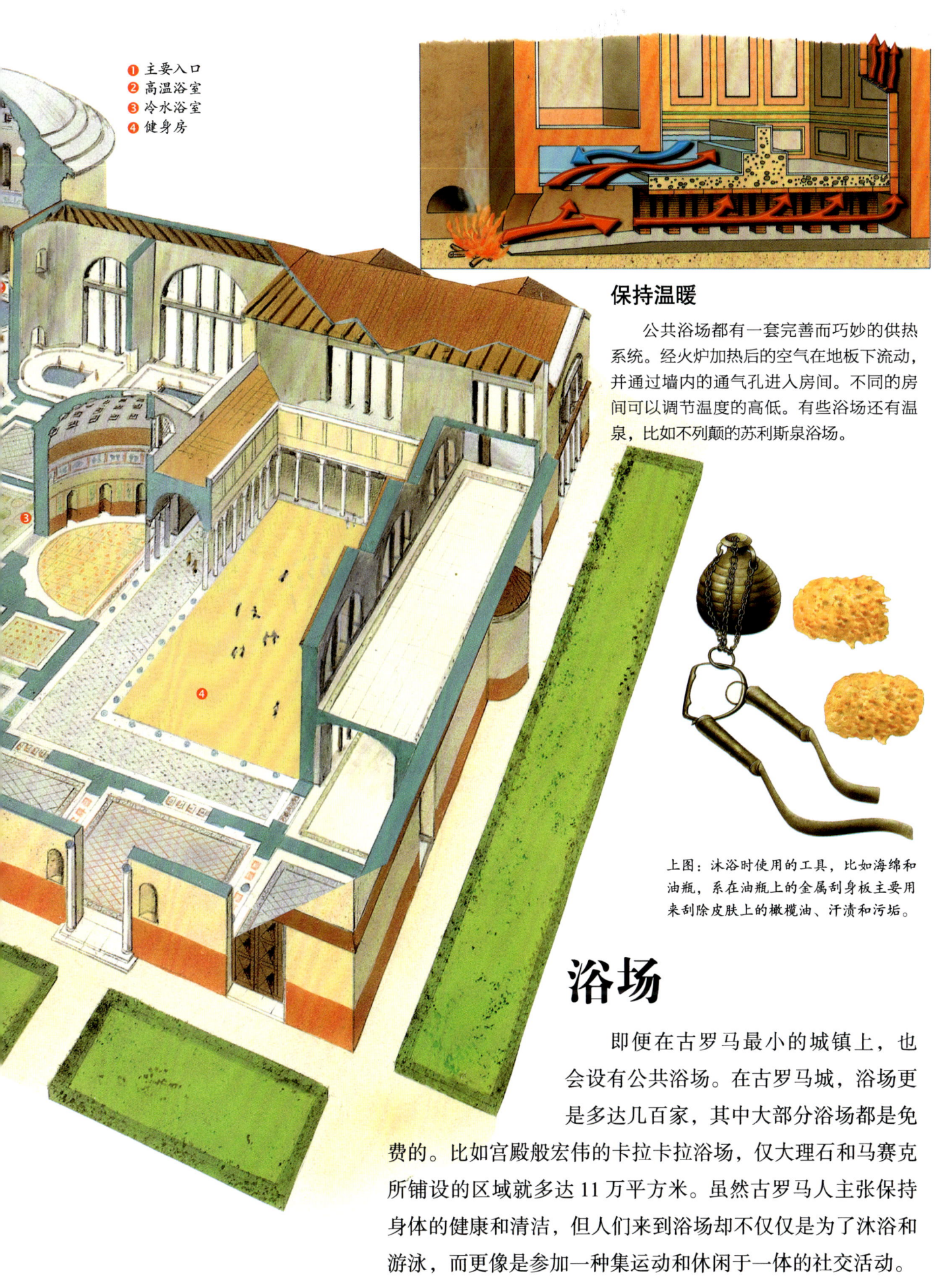

① 主要入口
② 高温浴室
③ 冷水浴室
④ 健身房

保持温暖

公共浴场都有一套完善而巧妙的供热系统。经火炉加热后的空气在地板下流动，并通过墙内的通气孔进入房间。不同的房间可以调节温度的高低。有些浴场还有温泉，比如不列颠的苏利斯泉浴场。

上图：沐浴时使用的工具，比如海绵和油瓶，系在油瓶上的金属刮身板主要用来刮除皮肤上的橄榄油、汗渍和污垢。

浴场

即便在古罗马最小的城镇上，也会设有公共浴场。在古罗马城，浴场更是多达几百家，其中大部分浴场都是免费的。比如宫殿般宏伟的卡拉卡拉浴场，仅大理石和马赛克所铺设的区域就多达 11 万平方米。虽然古罗马人主张保持身体的健康和清洁，但人们来到浴场却不仅仅是为了沐浴和游泳，而更像是参加一种集运动和休闲于一体的社交活动。

女性

相比于其他早期的社会文明，古罗马的女性要自由许多。尽管古罗马人都认为女性应该待在家里，但她们仍会去参加一些社交活动，无论身边是否有丈夫陪伴。出身高贵的女性根本不需要工作，也不需要参与公共生活。女性也有各种各样的职业，比如工人、商人，甚至角斗士，但这些女性要么是奴隶，要么就是获得自由的奴隶。

左图：这是一幅古罗马房屋里的壁画，画上的女性正在把香水倒进香水瓶里。

女性的权利

最初，女性被视为父亲和丈夫的财产，后来上层社会的女性获得了许多合法的权益。她们可以管理自己的钱财和生意，这比 150 年前英国妇女的权利要大得多。有些下层社会的女性可以和丈夫一起工作，尤其是在技术、工艺方面。

衣着

古罗马人喜欢穿宽松的束腰外衣。女性的主要服装是衬裙外面套一件斯托拉（长到脚踝的外衣），或者套一件帕拉（一块长方形的布，从一侧肩部开始，绕后背一圈，从另一侧腋下再绕回到肩上，如右图所示）。她们一般穿凉鞋。

右图：衣服的布料大多由羊毛织成，有时也用亚麻，只有富人才穿得起丝绸衣服。

左图：一条镶嵌绿宝石的珍珠母贝项链，一只蛇形金手镯和一枚戒指。

珠宝首饰

古罗马女性所戴首饰主要有项链、手镯、戒指和耳环，这一点和现在的女性十分相似。富人用金子和宝石做首饰，甚至还会镶上印度的钻石。贫穷的女性通常戴些镶嵌彩色玻璃和石头的铜制廉价首饰。

右图：这把象牙梳子出土于一座古墓。上面文字的意思是"永别了，摩黛丝蒂娜"。

发式

上流社会的女性会将头发留得很长，然后盘成各种各样的发髻。设计和整理发式通常需要花很长的时间，有时为了达到某种特殊的效果，有些发式还要用假发和金属丝来做造型。那时流行发式的变换速度和现在一样快。

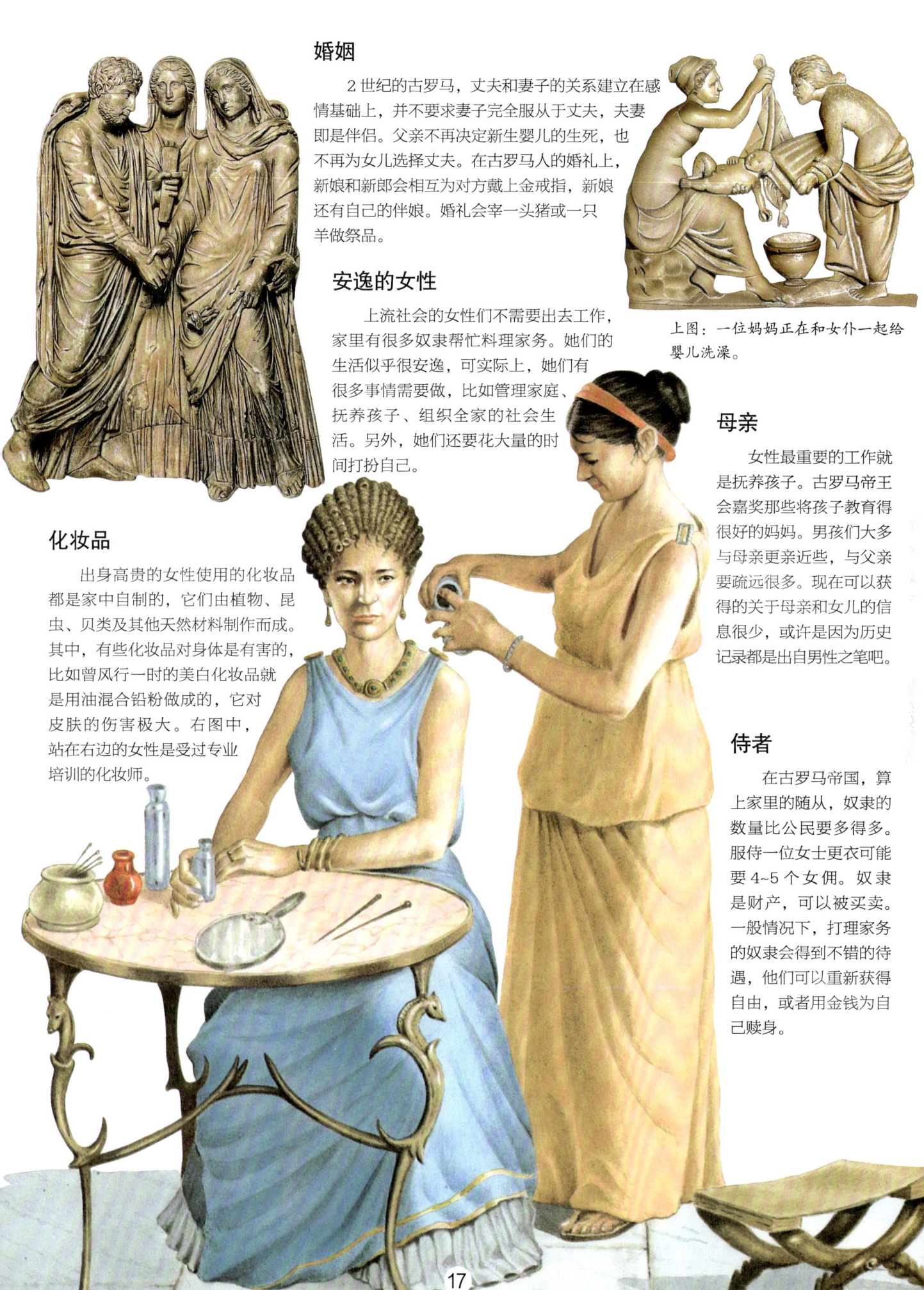

婚姻

2世纪的古罗马，丈夫和妻子的关系建立在感情基础上，并不要求妻子完全服从于丈夫，夫妻即是伴侣。父亲不再决定新生婴儿的生死，也不再为女儿选择丈夫。在古罗马人的婚礼上，新娘和新郎会相互为对方戴上金戒指，新娘还有自己的伴娘。婚礼会宰一头猪或一只羊做祭品。

安逸的女性

上流社会的女性们不需要出去工作，家里有很多奴隶帮忙料理家务。她们的生活似乎很安逸，可实际上，她们有很多事情需要做，比如管理家庭、抚养孩子、组织全家的社会生活。另外，她们还要花大量的时间打扮自己。

上图：一位妈妈正在和女仆一起给婴儿洗澡。

母亲

女性最重要的工作就是抚养孩子。古罗马帝王会嘉奖那些将孩子教育得很好的妈妈。男孩们大多与母亲更亲近些，与父亲要疏远很多。现在可以获得的关于母亲和女儿的信息很少，或许是因为历史记录都是出自男性之笔吧。

化妆品

出身高贵的女性使用的化妆品都是家中自制的，它们由植物、昆虫、贝类及其他天然材料制作而成。其中，有些化妆品对身体是有害的，比如曾风行一时的美白化妆品就是用油混合铅粉做成的，它对皮肤的伤害极大。右图中，站在右边的女性是受过专业培训的化妆师。

侍者

在古罗马帝国，算上家里的随从，奴隶的数量比公民要多得多。服侍一位女士更衣可能要4~5个女佣。奴隶是财产，可以被买卖。一般情况下，打理家务的奴隶会得到不错的待遇，他们可以重新获得自由，或者用金钱为自己赎身。

儿童

古罗马人把儿童当成不怎么可靠的小号成人。人们认为男孩到了14岁，女孩到了12岁就可以成家。儿童和大人们穿一样的衣服，富人家的女孩会梳像妈妈那样的复杂的发式。在早期，父亲是家里的独裁者，他可以杀掉或卖掉自己的孩子。到了2世纪，尽管仍有一些穷苦家庭会不得已将自己的孩子卖掉，但这种做法已不再合法，此时家庭成员的关系已建立在感情基础上。政治家西塞罗曾说过："被孩子尊重的父亲才是一位好父亲。"父亲溺爱孩子将会受到人们的指责，尤其是溺爱男孩，因为人们认为这样的孩子长大后会变得很自私。

下图：大多数家庭的男孩和女孩都会佩戴这样的金垂饰作为护身符，而穷人家的孩子只能佩戴皮革材质的垂饰。

游戏和玩具

古罗马富裕家庭的孩子们有大量的时间来运动和玩乐。非常受欢迎的游戏包括"强盗"（简易版的国际象棋）和"十二条线"（类似现在的西洋双陆棋）。考古学家们挖掘到了各式各样的玩具，有弹珠、木玩偶、布玩偶、玩偶房子、木雕动物、摇摆木马和带车轮的玩具。男孩们喜欢用玩具车模仿战车进行比赛。

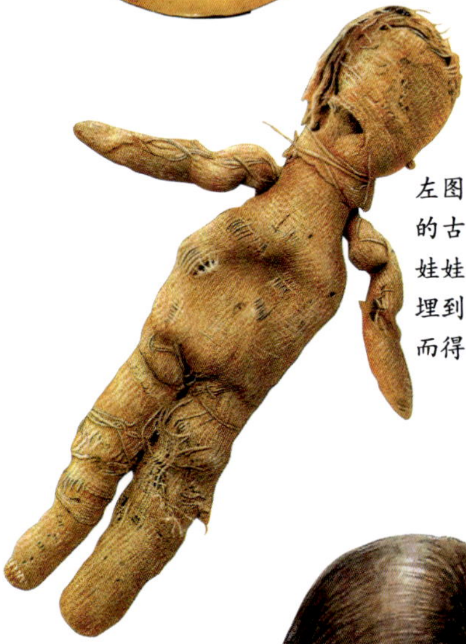

左图：出土于埃及的古罗马时期的布娃娃，因2,000年前埋到干燥的沙子中而得以保存至今。

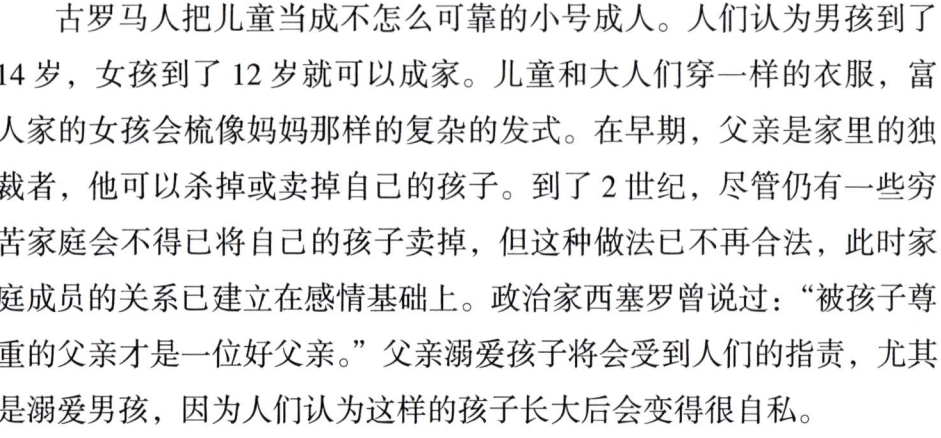

教育

家境富裕的男孩，有时也有女孩，7岁开始上学。学校的主要教育方法就是死记硬背，老师经常用藤条打学生。一些古罗马人对这样的教育方式很不认同。一部分学生会继续接受高等教育，他们主要学习文学知识，以及如何在公共场合进行演讲，最终以完成修辞学结束学业。只有少数来自富裕家庭的孩子在学成之后，选择到古希腊更高等的学府进修。古罗马人认为古希腊是学术的中心。

上图：男孩的第一位老师是他的父亲，之后家里会请辅导老师，他们通常是受过良好教育的奴隶。

宠物

大多数古罗马家庭都会养狗。很多出土的项圈上面写着主人的名字和地址。富裕家庭的孩子会有很多宠物，最受欢迎的宠物是夜莺之类的叫声好听的小鸟。

左图：这个小奴隶可能已经是一位经验非常丰富的侍者了。

阅读和写作

受过完整教育的古罗马人能够同时用母语拉丁语和古希腊语进行阅读和写作。当时，所谓的"书"是卷轴式的，必须通过手抄的方式进行复制，因此书籍是很稀有的。当时的纸张非常昂贵，都是由古埃及引进来的纸莎草，或者兽皮制成的。

奴隶的孩子

有些奴隶的孩子受过良好的教育，但对于大多数奴隶来说，他们的生活只有没完没了的工作。奴隶不仅仅属于父母，还属于他们的主人。尽管如此，在许多古罗马故事中总会有一个"狡猾的奴隶"的人物形象，他们是那种无论受没受过教育，都比主人要聪明的奴隶。

右图：墨水是用烟灰做的，笔则是用芦苇或金属制成的。铜笔可以在能重复使用的蜡板上写字。

建筑与技术

古罗马在思想和艺术领域，并不像先驱者古希腊那样人才辈出，但在务实方面，比如建筑和工程，古罗马则遥遥领先于古希腊。直至古罗马帝国灭亡1,000多年后，仍没有任何欧洲人能在修建马路、桥梁、排水设施或是制作机器和工具方面，达到古罗马人的水平。

上图：1世纪，古罗马人使用起重机修建纪念性建筑。

下图：在万神殿的设计上，哈德良大帝加入了自己的设计灵感，使其呈现出巧妙的空间感。从屋顶到地面的距离和圆顶的直径尺寸完全相同，屋内正好可以放入一个巨大的圆球。屋顶还设有一个圆形天窗专门用来采光。

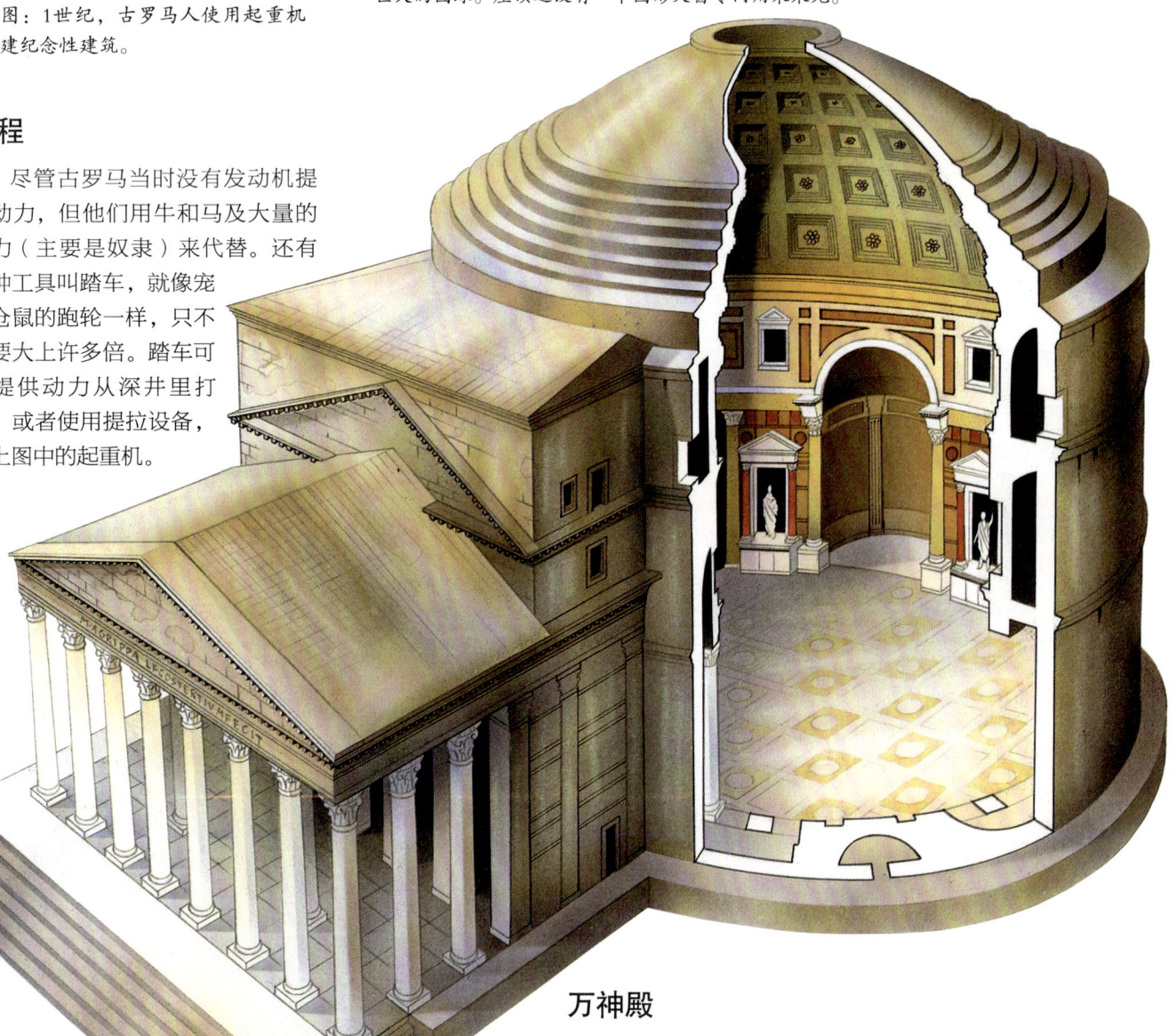

工程

尽管古罗马当时没有发动机提供动力，但他们用牛和马及大量的人力（主要是奴隶）来代替。还有一种工具叫踏车，就像宠物仓鼠的跑轮一样，只不过要大上许多倍。踏车可以提供动力从深井里打水，或者使用提拉设备，如上图中的起重机。

万神殿

万神殿是目前留存的古罗马建筑里保存最完好的一处建筑。颇具修养的哈德良大帝于118—125年建造了这座万神殿。屋顶的直径长达43.5米，真是令人惊叹。其建造过程很可能使用了古罗马人发明的混凝土技术。直到20世纪，万神殿仍是世界上拥有最大圆顶的建筑。

右图：城市街道下面有运送淡水的管道，管道下面是下水道。那些没有连接下水道的房子会有一个污水坑。

左图：古罗马的街道建设得非常精致，有些甚至延用到现在。图中的亚壁古道是古罗马通向南方的主要道路。

管道设备

直到19世纪，古罗马的供水和排水系统在整个欧洲都是最精良的。在城市里，淡水通过铅制或陶制的水管输送到公共水井、喷泉和浴场，有的还会输送到富人的家里。人们会尽可能地利用重力对水的影响，例如升高水箱使喷泉喷出水来。另外，人们还会在管道上安装阀门，用于控制水流的方向。

道路

著名的古罗马街道是由军队修建的，为了行动便捷，他们将道路修得笔直宽阔，这同样也方便了商人和旅行者。修建道路所用的材料多种多样，通常是先打好很深的地基，接着铺满碎石块，最后盖上厚重的石板。道路两边还会铺上镶边石，并且路面中间会高于两边，以防积水。

水力

当麦子收割完成后，麦粒会被送到磨坊。左图所示是法国南部的一家磨坊。人们将河水或溪水通过水槽输送到碾磨机的水车上。水流冲击车轮转动来驱动磨石压碎麦粒，面粉就这样制作出来了。

桥梁

不同于古希腊的直线形建筑（梁柱结构），古罗马使用的是拱形建筑（拱）。这样的结构可以使桥梁和高架引水桥跨越更大的空间。其中许多建筑至今依然屹立未倒。山上的泉水则通过引水渠引到城内，有的引水渠甚至长达数千米。

右图是古罗马北部的米尔维安大桥，建于公元前100年左右，它是通往伊特鲁里亚的必经之路——弗拉米尼亚大道的一部分。

❶ 固定遮阳棚的柱子　❹ 用于角斗士出场的活板门
❷ 遮阳棚　　　　　　❺ 可以吸收血液的沙土地面
❸ 专为女性设置的顶层座位

韦斯巴芗大帝

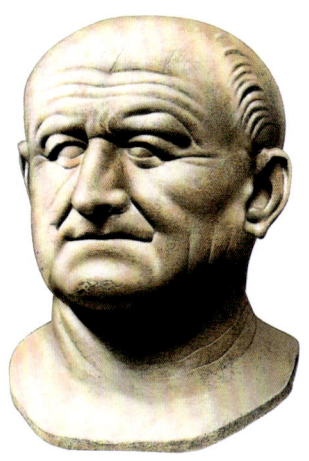

韦斯巴芗原本是一名受人爱戴的将军，后来在部下的拥护下登上了帝位。韦斯巴芗主张建造古罗马斗兽场，然而他在斗兽场还未完工之前就去世了。斗兽场以韦斯巴芗的姓氏命名为弗拉维圆形剧场。斗兽场内的赛事会举行一整天，偶尔也会连续举行好几天。古罗马民众可以免费进场观看比赛，产生的巨额费用则由帝王承担。举办赛事当然也有其政治目的，一是可以让帝王更受百姓拥戴，二是给了那些难以管教的悍民一个发泄口，避免他们发动暴乱。

建筑构造

弗拉维圆形剧场是古罗马建筑设计学的杰作。拱门承托了石凳的巨大重量，座位后面的拱廊也设计得像画廊一样。由楼梯、坡道、拱廊和通道组成的复杂构造，同时连通着76个入口，每个入口都有相应的编号。在地底，我们看不到的地方还有像迷宫一样的房间和走廊，以及动物的圈栏。

斗兽场

古罗马的每座城市都有一个斗兽场，在这个巨大的竞技场里，会上演人们喜欢的各种娱乐活动。古罗马最大的斗兽场当属弗拉维圆形剧场（约建于70—80年）。弗拉维圆形剧场呈椭圆形，长轴长617英尺（约188米），短轴长512英尺（约156米），高157英尺（约48米），可以同时容纳超过5万名观众。场顶的巨大遮阳棚可以遮盖住所有的座位，防止观众们被太阳晒到。如今，弗拉维圆形剧场约有一半被保存了下来，矗立在罗马城的中心，依旧是罗马最雄伟的建筑。

左图：这枚提图斯大帝时期的硬币，展示了古罗马斗兽场最初建设时的样子。场顶上还挂着遮阳棚。

右图：这些角斗士腿上戴着护胫，胸部却没有任何防护，可见他们的盔甲只是装饰。

右图：角斗士的种类很多，这个头盔是需要全副武装的角斗士佩戴的，但他们的胸部同样没有任何防护。

角斗士

绝大多数角斗士都是奴隶，也有一些是罪犯或战俘。虽然他们会在角斗士学校接受培训，但他们的生命仍然很短暂，因为他们经常会战死在竞技场上。成功的角斗士不但能赢得一大笔奖金，还能够获得自由，甚至成为受人爱戴的英雄，因此很多人自愿成为角斗士。在竞技场上，角斗士会充分展示自己的角斗技巧，为观众呈现一场精彩的表演，这比迅速杀死对手更加重要。

下图：角斗士竞技表演非常受欢迎，经常成为古罗马房屋内装饰的主题。图中的马赛克画向我们展示了不同类型的角斗士，其中右上角的持网角斗士，他的武器是一张用来缠住对手的网和一把三叉戟。

杀戮和死亡

下图：斗兽的表演也很受观众欢迎，图中这名斗兽士全副武装，等待机会刺死猎豹。死刑犯则会被绑住双手，瞬间被野兽撕成碎片。

对于竞技场上角斗士和野兽的拼杀搏斗，古罗马人称之为"游戏"。这种游戏血腥而残暴，对于角斗士和野兽是一种折磨，但古罗马人非常喜欢观看。这种场面可能会令人作呕（有些古罗马人确实接受不了）。

竞技与戏剧

古罗马人最喜欢的运动是战车比赛。比赛的举行地点是马克西穆斯竞技场——古罗马最古老的建筑之一。竞技场离皇宫很近，皇宫里有一条地下通道可以直达竞技场里的帝王专属看台。

战车比赛

战车比赛是一项职业竞赛，驾车手来自不同的战队，每个战队有自己的队服颜色、赞助商、粉丝、教练、兽医、铁匠和木匠。战车的驾车手最初都是奴隶，他们可以用自己赢得的奖金赎买自由。曾经有一位名叫斯库珀斯的冠军，在赢得2,000场比赛后摇身一变成了富豪，可惜他27岁时，在一场战车比赛中不慎被撞死。

剧院

古罗马的剧院早期都是临时的木制建筑。直到公元前55年，人们才开始使用石头建造剧院（右图），并专门用于戏剧表演。剧院里会搭建起一个高出地面的舞台及半圆形阶梯式看台。古罗马人最爱看喜剧，而这些喜剧大部分是由古希腊戏剧改编而成的。

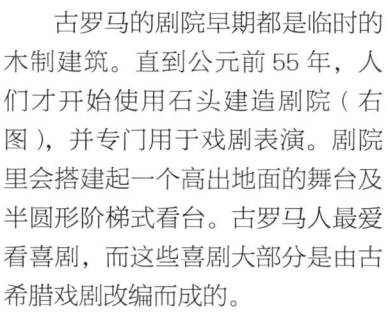

演员和面具

演员的社会地位很低。他们大多数都是奴隶或者曾经是奴隶。在舞台上，他们戴着表情夸张的面具（左图）扮演各种角色。同一个演员会通过戴上不同的面具来扮演不同的角色。

古罗马戏剧

古罗马可不像古希腊拥有那么多的戏剧作家。仅有的几名剧作家中最出色且有作品流传下来的是塞涅卡，他的作品更多的是被人们传阅，而不是在剧院上演。200年，戏剧被各种粗野的表演和野生动物秀替代，几乎要消失了。

下图：战车非常轻巧，通常由4匹马拉着绕竞技场跑7圈，但经常会在急转弯处发生事故。

士兵

历史上第一支古罗马军队是由民众自发组建的,是古罗马帝国的根基。这支军队(多达5,000人)受雇为古罗马帝国服务20年。除了上战场,军队的主要任务是守卫帝国的边疆。军队中的很多人从未到过意大利,因此他们更加忠诚于自己的将领,而不是远在意大利的帝王。当将军们为争夺皇权而战时,这就成了帝王需要顾虑的一个问题。

盔甲

1—2世纪,古罗马士兵会戴着护颈金属头盔,穿着护胸铠甲,手持可以防护颈部到膝盖的盾牌。肩部的护甲是用皮革连起来的,这样可以保证肩膀自由活动。金属环串成的锁子甲,被穿在铠甲里面。同盟军或雇佣军则穿着他们自己的盔甲。

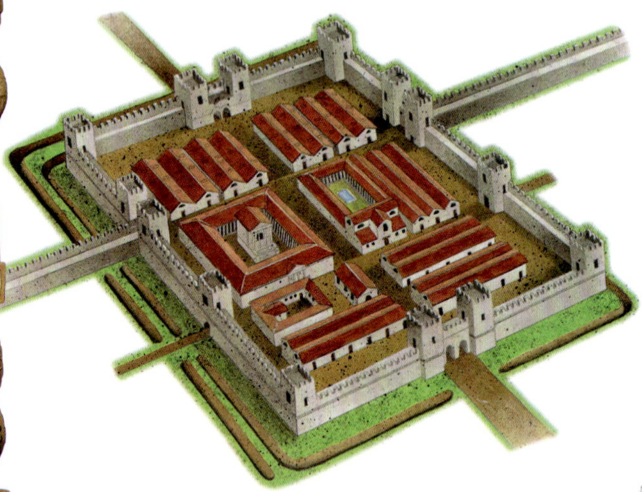

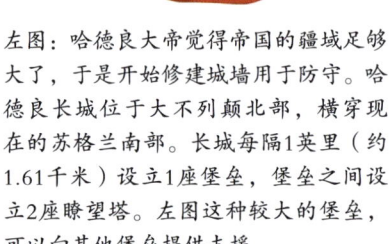

左图:哈德良大帝觉得帝国的疆域足够大了,于是开始修建城墙用于防守。哈德良长城位于大不列颠北部,横穿现在的苏格兰南部。长城每隔1英里(约1.61千米)设立1座堡垒,堡垒之间设立2座瞭望塔。左图这种较大的堡垒,可以向其他堡垒提供支援。

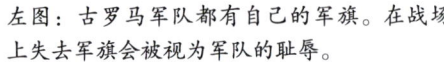

左图:古罗马军队都有自己的军旗。在战场上失去军旗会被视为军队的耻辱。

堡垒

古罗马军团在各个驻地会建起堡垒。堡垒是由泥土和石块砌成的围墙,在转角处设有瞭望塔,另外4个大门处也都设有2座瞭望塔。堡垒内的建筑物主要是营房、军官的住所和最中心的将军殿,还有办公室、马厩、仓库、工场、浴室、医院和监狱。

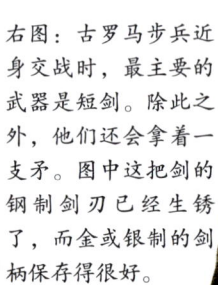

右图:古罗马步兵近身交战时,最主要的武器是短剑。除此之外,他们还会拿着一支矛。图中这把剑的钢制剑刃已经生锈了,而金或银制的剑柄保存得很好。

古罗马人发明了各种各样的器械,用来攻城略地。左图就是一个攻城塔,士兵们躲在塔里被推送到城墙边,接着跳上城墙发起进攻。

古罗马禁卫军

禁卫军是一支精英部队,他们最初是帝王的贴身护卫,酬劳是普通军队士兵的3倍。他们平时驻扎在古罗马城的郊区,一旦城内发生暴乱,他们会迅速驰援。2世纪末,这支军队却变成了帝国的威胁,他们在193年杀死了帝王,还对外声称谁付的酬劳最高谁就是帝王。

上图：攻城图。进攻方通常只围不打，等待饥饿或疾病迫使防守方投降。

大象会对那些从来没见过它们的军队造成惊吓，但遇上经验丰富的士兵就不起作用了，几支箭或矛射过去就能让它们惊恐万分。相比于敌方，大象经常会给己方造成更大的麻烦。

汉尼拔驱使象群翻越阿尔卑斯山进攻古罗马，可最后仅有一头大象得以生还。在43年征服不列颠时，古罗马人也同样使用了大象进行作战。

布匿战争

公元前264年，古罗马共和国征服了意大利周围的所有国家，开始向外扩张攻打位于北非迦太基的西西里岛。此后古罗马与迦太基之间还发生了3场著名战役，史称布匿战争。战争从公元前264—前146年，持续了一个多世纪，最终结果是迦太基战败并被彻底毁灭。

汉尼拔

第二次布匿战争期间（公元前218—前201年），迦太基主帅汉尼拔从西班牙入侵意大利。他于冬季翻越阿尔卑斯山，突然出现在古罗马军队面前。他在意大利战场一待就是13年，却始终无法攻克古罗马城。后来古罗马派遣一支军队到北非，汉尼拔不得不返回保卫迦太基，但最终被击败。

维斯塔贞女

维斯塔与古罗马的繁荣息息相关。祭祀她的圆形神庙（下图）就建在古罗马广场上，由维斯塔贞女守护圣火。贵族家庭的女孩会在很小的时候被选为维斯塔贞女，并守护维斯塔 30 年，以保持圣火永不熄灭。

祭品和供奉

古罗马宗教仪式复杂，供奉的祭品有酒、香和一只动物。维斯塔贞女先将准备好的芒硝撒在动物身体上，然后由专门的祭司通过观察被杀死的动物内脏读取神灵的旨意。

宗教

古罗马的主神是朱庇特，他掌管着众神。古罗马的神灵和古希腊神灵相对应，比如朱庇特对应古希腊的宙斯，朱诺对应古希腊的赫拉等。人们通过供奉祭品的方式向众神表达敬意。随着不断发展，古罗马接纳了很多国外的神和教派。古罗马的宗教和政治密切相关，比如尤里乌斯·恺撒虽然是无神论者，但他依然需要扮演首席祭司的角色。

帝王崇拜

古罗马第一位帝王奥古斯都，认识到宗教对政治统治的重要性。他非常支持帝王是神或半神的说法，这样民众即使对帝王不尽满意，也不敢反抗神的旨意。尽管人们对帝王的崇拜永远不可能成为真正的宗教信仰，但有些帝王还是热衷于此。康茂德大帝就坚持让元老院称他为神，让人们认定他是穿着狮子外衣的神话英雄赫拉克勒斯。

家庭守护神

古罗马民众在家里供奉家神佩纳特斯和先祖,神龛设在中庭。还有一些次神,如右图中的拉列斯,他们的神龛通常设在十字路口附近。

上图:壁画中的人物是酒神巴克斯,他穿着葡萄斗篷,身边跟着黑豹。古罗马人认为巴克斯就是古希腊的酒神狄俄尼索斯,因此在祭拜他时会举行一场神秘、奢华的仪式。

右图:命运女神福尔图那青铜雕像,福尔图那在很多教派中都是主要神灵。除此之外,她还被认为能帮助那些想要孩子的女性。

密特拉教

密特拉教是源于伊朗的一种宗教,在伊朗军队中颇为流行。密特拉神是太阳神,同时也是一名英雄。不同于古罗马祭拜诸神的大神庙,伊朗人通常在昏暗的密室或洞穴里祭拜密特拉神。密特拉教不接纳女性祭拜者。

右图:密特拉教的信徒认为,世间万物是由一头去往天堂之前,被密特拉神所宰杀的圣牛的血所创造的。

下图:一种演奏乐器——叉铃,在祭祀埃及女神伊西丝的神秘仪式上经常会用到,人们认为叉铃所发出的声音可以驱赶恶灵。

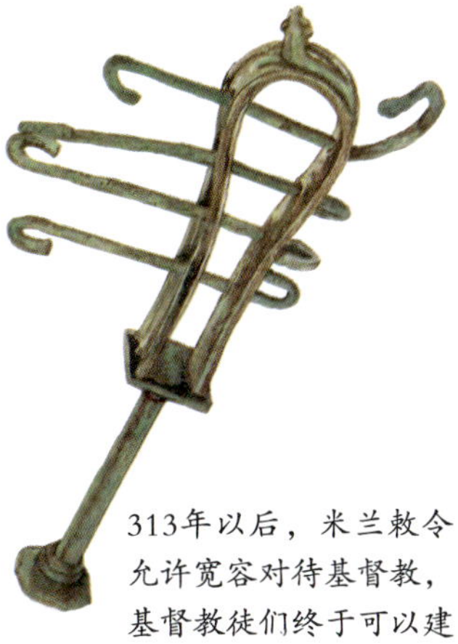

基督教

基督教与古罗马帝国虽在同一时期建立,但基督教拒绝祭拜古罗马众神,这在当时简直是对国家的变相背叛。大多数帝王选择无视基督教教徒的存在,但有些帝王会下令捕杀基督教徒,尤其是在3世纪。然而,基督教的信徒却越来越多。313年,君士坦丁大帝承认基督教的合法地位,并宣布为古罗马的国教。

神秘宗教

古罗马帝国时期,来自国外的"神秘宗教"非常活跃。统治者们怀疑这些宗教的成员都是些叛国者,但也默许他们的存在。源自安纳托利亚(今土耳其)的母神西布莉,在古罗马深受女性的喜爱。祭拜西布莉的仪式上有音乐和舞蹈,在上图中的雕刻品中,祭司展示了祭拜西布莉时所使用的乐器。

313年以后,米兰敕令允许宽容对待基督教,基督教徒们终于可以建造教堂了(右图)。他们仿照古罗马的建筑风格,建了一座由几列柱子支撑的长方形基督教堂。

房屋

富裕的古罗马人非常有钱，他们不但在城镇里拥有住宅，还在乡村有一个庄园。尽管当时没有现代化的服务设施（比如电），但在众多仆人（奴隶）的服侍下，他们的生活非常舒适。不同地区的房屋样式有所不同，但基本遵循传统的建筑模式。从外面，仅能看到高墙上开着几扇小窗户。里面主要的房间都围着中庭——正中心开有天井的空间。乡村房屋或别墅通常建在农场旁边。城镇里的房屋主要集中在镇上最繁华的街区，只有富人才能买得起那里的房屋。

上图：陶制的小火炉，下面是炭火可以加热食物。有的厨房里有更大的火炉，可以烧水和烤肉。

私人房屋

用石头、砖或灰泥盖成的房子通常只有一层，但在土地有限的古罗马城内，房子会建成两层，外带一个地下室。仆人就住在地下室里。

室内装饰

虽然古罗马人的房间家具很少，但装饰十分华丽，有很多油画、雕塑和马赛克画等。人们通常在所有墙上都挂上抽象或写实的画作，或是不同颜色的嵌板，并在地板上铺上马赛克。马赛克是用不同颜色的石头或玻璃拼成的图画，通常设计成黑白两色的几何图案。

❶ 屋顶铺着扁平和弧形的瓦片

❷ 有时人们会将房间租出去，临街的房间就变成商铺，顾客不需要进入店里，柜台就摆在最外面

❸ 卧室不大，而且很少有家庭成员能拥有自己专属的房间

❹ 正门

❺ 前厅或门廊

❻ 店铺

左图：马赛克工匠手艺十分精湛，人们很难把他们的作品和油画区分开。这幅马赛克作品是在哈德良大帝的别墅里发现的，别墅位于古罗马城附近的蒂沃利，面积相当于一个小镇。

家具

富裕的古罗马人通常拥有各式各样的高档家具，但在今天看来，他们屋内的家具依然很少，更别说衣柜之类的大件家具了。富人经常在城里和郊区轮换着居住，家具也是搬来搬去。尽管有椅子和凳子，他们在吃饭时还是喜欢斜靠在长椅上。

这张双头床（上图）看上去并不舒服，上面应该会铺垫子、毯子和枕头之类的。下图中的折凳是用青铜制成的。家具也是一种财产，富人经常用昂贵的材料制作家具。

右图：来自叙利亚和西德的玻璃制品在当时是最好的工艺品，只有富人才买得起。银壶、银碗、银酒杯也是其他国家制造的。这些物品既可以彰显财富，也可以在必要时融成钱来应急。

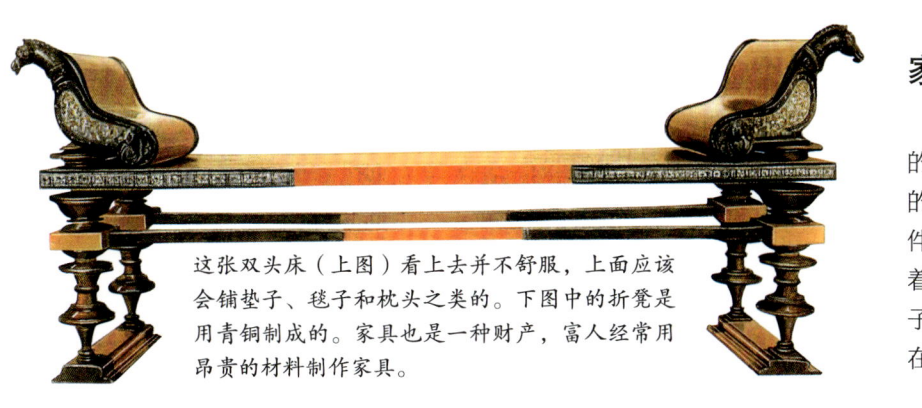

❼ 古罗马人热爱花园，花园里有雕像、游泳池和喷泉。房间和餐厅就挨着花园，可以尽情地享受阳光和景色

❽ 花园的四周是带顶的柱廊

❾ 餐厅的三面都靠墙摆放着躺椅，一家人在餐桌上吃饭。如果家里来了很多客人，大家就移到回廊或中庭用餐

❿ 中庭位于房屋的中心，是古罗马房屋中最主要的部分，家神就供奉于此。雨水从天井落入底下的水池后，再流入家中的蓄水池内

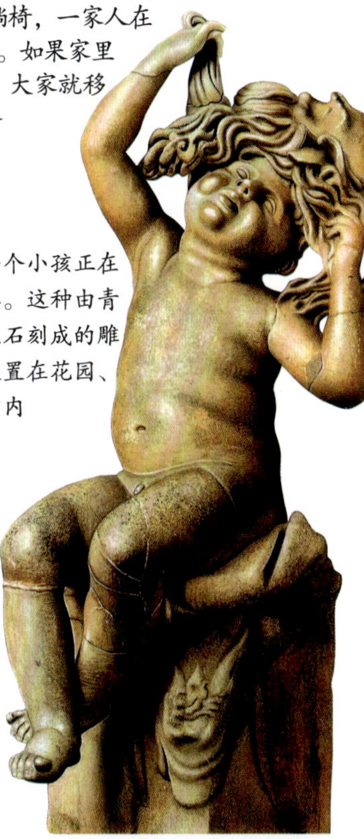

右图：一个小孩正在摆弄面具。这种由青铜或大理石刻成的雕像通常放置在花园、空地或室内

⓫ 厨房非常小，有一个厨灶和一个水槽。盥洗室就在旁边，这样可以用洗碗水冲洗厕所

经营家庭

在富裕的大家庭里，既有老人（比如祖父母）需要照顾，不时还有客人到访，因此女主人需要全职管理家庭，比如每天安排奴隶做家务和照顾孩子，以确保生活井井有条。

农业

古罗马政治家西塞罗曾经说过,对于一个绅士来说,最好、最有用的谋生方式就是做个农民。他说的农民指的应该是那些土地拥有者,因为他们都有劳动力和奴隶来为自己干活。农业在古罗马帝国是最重要的,它是帝国财富的基础,甚至比商业更加重要。我们本来认为古罗马人都是城里人,但在乡村生活的公民实际上比城里人要多很多。农田的规模各不相同。早期,大部分人的农田面积都很小,而且要由自己家里人耕种。之后,越来越多的土地被人为购入,个人开始拥有更多的土地。

上图:一尊银质牧羊人雕像,他背着一只小羊羔。

上图:摘苹果。除了苹果和葡萄,无花果、梨和石榴也是当时很常见的水果,后来又引进了桃、杏和柠檬。

收获橄榄

橄榄是古罗马最重要的农作物之一,它虽然可以直接食用,但人们更愿意用它来榨油。如果种植橄榄的土壤过于贫瘠,便无法种植谷物。2世纪以后,意大利地区已经无法生产出足够食用的橄榄,古罗马人便在西班牙和北非地区种植了上万平方千米的橄榄树。到了收获季节,人们将成熟的橄榄从树上打落,装进篮子里送到油坊榨油。

上图：四轮车在古罗马帝国随处可见。

蜂蜜

在古罗马时期，糖还不为人所知，蜂蜜是主要的甜味剂。就像酿酒一样，养蜂的技术早在古罗马之前就被人们所掌握了。蜂房由陶土或木头制成，整齐地排列在一起。在不同的地区生产不同类型的蜂蜜所使用的技术也不同。产于古希腊阿提卡的百里香蜜在古罗马享有盛誉。

农业运输

尽管古罗马有马、骡子和驴，但人们还是愿意用牛拉运重物。当时，农民使用的手推车和四轮马车与今天欧洲部分地区仍在使用的马车大致相同，其中有些车子源自凯尔特人的设计。

下图：图中的犁只能用来播种庄稼。古罗马人后来开始使用凯尔特人制造的犁，因为它播种的同时还可以翻开土壤。

动物

古罗马人养羊主要是为了获取羊毛和羊奶，人们用绵羊和山羊的奶做奶酪。由于羊和猪可以自己觅食，比较容易饲养，所以有些大型的农场会对羊和猪进行选择性繁殖。但这也需要人们对其精心看护，防止它们遭到贼和野兽的捕杀。牛肉没有猪肉受欢迎，牛奶也不如羊奶受人们喜爱。人们养牛主要是为了干农活和获取牛皮，驴干的农活则要少一些。鸡主要提供鸡蛋和鸡肉。

上图：古罗马人最喜欢吃猪肉，所以整个帝国到处都养猪。冬天喂养它们很容易，夏天它们则会自己到树林里觅食。

谷物

古罗马城的高速发展意味着大量食物需要依赖进口。大约在 100 年时，富饶的北非仿佛成为古罗马的粮仓，每年向古罗马提供约 75 万吨小麦，同时北非还盛产其他谷物，比如用于酿造啤酒的大麦、燕麦和黑麦。值得一提的是，古罗马人不吃大米。

下图：人们通过踩踏葡萄榨出汁液酿酒。沉重的木棍辅助人们压榨葡萄，还可以防止人们滑倒。

葡萄酒

葡萄酒酿造工艺十分古老，葡萄园几乎遍布整个帝国，就连不列颠也不例外。葡萄酒是古罗马人最喜爱的饮品。100 年以后，古罗马主要从国外进口葡萄酒，但本地的葡萄也生长得十分茂盛，尤以维苏威火山山坡上生长的葡萄品质最佳。早些时候，意大利还向北欧地区出口葡萄酒。除了酿造葡萄酒，人们也直接食用葡萄或将其制成葡萄汁。

饮食和厨房

相比于如今的我们，古罗马人的食物种类要少一些，他们没有土豆和西红柿，但他们仍会吃各种各样的，甚至是我们根本不吃的食物，比如烤榛睡鼠！他们的食物没有任何化学成分和添加剂，这比我们健康。如果有钱的话，古罗马人的食物还是很不错的。在乡村，几乎所有的食物都是自家生产的，但在拥挤的城市，食物供应可是件大事情，帝王要确保穷人能吃到免费的面包。此外，食物都是由商人运进城的，例如瓜果商专门卖甜瓜。尽管当时的商业很复杂，但相比今天要简单很多。杂货店卖的菜通常是他们自己种植的，鱼贩们有时也卖自己养的鱼。

左图：这种平底锅和滤锅跟我们现在用的很相似，只不过那时候是用铜制成的，而不是钢。

平底锅

滤锅

烧水壶

烹饪

大多数古罗马人家里没有厨房，他们从外面买很多做好的食物带回家吃。在富裕人家或乡间别墅里，奴仆们负责做饭并服侍主人用餐。在厨房里，许多奴仆在主厨的指挥下忙碌地工作，有的富裕人家里可能还有葡萄酒管家或者其他有专业技能的仆人。

右图：新鲜的蔬菜和水果都存放于篮子里。其他食物，包括酒和橄榄油，则都存于陶罐里。

准备晚宴

刚到下午，富人们的晚宴就开始了，可能会持续好几个小时。宴会通常都在室外举办，因为上流社会有躺着吃饭的习俗，使得餐厅很难容得下那么多人，除非餐厅像帝王的宫殿那么大。奴仆们准备好各式各样的菜肴，并提供服务。一般情况下，晚宴的开胃菜是鸡蛋，最后一道菜是水果，肉类和蔬菜类食物会分开供应。

炊具

厨房里有各种各样的刀具，用餐时经常有专门用来切肉的餐刀。木制的长柄勺和金属匙也会摆到餐桌上，但在古罗马时，人们更喜欢用手抓东西吃。

擦菜板

茴香籽
迷迭香
石臼和石杵
大茴香
罗勒叶
欧芹
孜然

右图：与陶器相比，玻璃容器易碎且昂贵。这种细颈瓶大概是用餐时用来上酒的，而不是用于储存。

食物

古罗马人种植很多种蔬菜，比如芦笋、卷心菜、胡萝卜、黄瓜、青蒜、生菜、洋葱、南瓜和豌豆等。他们使用的香草和香料有上百种，有些长在花园里，有些要到野外去采摘。他们吃的肉类、鱼类和野味也有很多种。

烘焙

城里人大多到面包店里买面包，但富裕人家的厨房里通常会有烤炉。左图中的长柄托盘，应该就是在烤炉里烘烤点心用的。

砂锅

左图：在固定好的台子上用木炭或木柴烹饪食物，就像烧烤一样。

烧水炉

新鲜的食物

在冰箱没有被发明之前，古罗马的厨师也一样面临着如何保鲜食材的难题。有些富裕人家可能会有储藏室和地窖。地中海地区鱼类繁多，但很难被新鲜地运送到古罗马城里，因此鱼肉的价格非常昂贵。鱼酱之所以受欢迎，原因之一就是它浓郁的香味可以掩盖过期食品的味道。

右图：后面可以放锅的烤架

上图：用来装橄榄油和红酒的罐子

工匠

古罗马人总是抱怨生活中充满了各种各样的噪声，这是因为古罗马是一个制造业大国。噪声来自各行各业，比如铁匠铺发出的锵锵声、玻璃熔炉发出的呼呼声、大街上车夫的叫喊声和两轮马车发出的咔嗒声。成千上万的加工坊分散在城市的大街小巷，完全不像我们今天这样集中在工业园区。此外，制造商也是销售商，比如商人卖出去的刀具是他们自己制造的，肉店卖的肉和杂货铺卖的果蔬也是他们自己饲养和种植的。虽然行业里也会有女性参与，但在数量上远远不如男性多。

右图：马赛克装饰品。其中每一小块马赛克大小只有1平方毫米，所以整体看起来很像一幅画。

服装

除了食品，涵盖纺织、编织和染色的服装业也是古罗马最大的工业之一。古罗马的服饰很简单，但追求鲜艳的色彩，以及有异域风情的织品。军人是服装业最主要的消费群体。

马赛克

古罗马人最爱用壁画和马赛克画装饰房屋。他们将色彩斑斓的小鹅卵石、小石块或者玻璃块嵌入砂浆中，拼出各式各样的图画或图案，做成马赛克画。彩色或黑白相间的石块马赛克通常铺在地面上。有时，人们也会买现成的马赛克嵌板或浮雕铺在地面上。马赛克在当时非常受欢迎，产量大得惊人。

下图：珠宝商是制作宝石浮雕的专家，他们可以在非常小的石头上进行雕刻，人物肖像是当时最流行的主题。

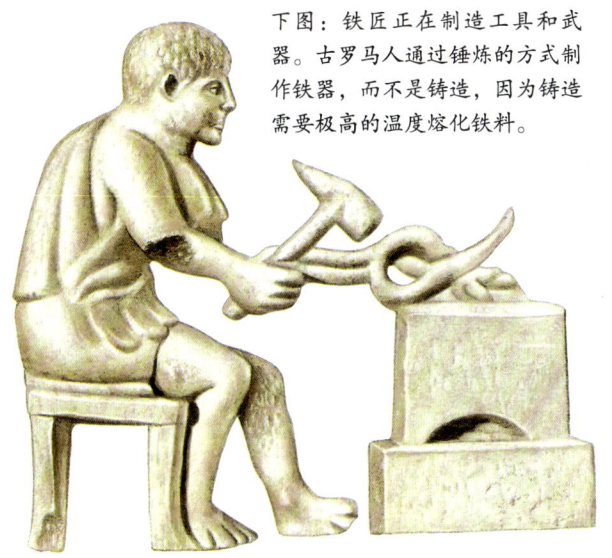

下图：铁匠正在制造工具和武器。古罗马人通过锤炼的方式制作铁器，而不是铸造，因为铸造需要极高的温度熔化铁料。

银器

西班牙和土耳其的银矿为古罗马提供了大量的白银，其中大部分白银被制成了硬币，其余的被银器匠做成了精美的盘子。一些富裕家庭还会有银雕像或家用银器，特别是他们使用的杯子，表面还镀着金箔。

右图：银杯上装饰着骷髅图案，喻示生命的短暂。它是一套包含109件餐具套组中的一件。

陶器

陶器先在陶轮上制作成型，然后放入窑炉中烧制，大多数陶工只会烧制某种类型的陶器。有些富人家的桌子上可能会摆放红色萨摩斯细陶器，这种细陶器在彩色油灯的照射下，能够反射出耀眼的光芒。相比于细陶器，普通的陶碗和陶盘更加常见。陶器也会应用在建筑上，比如铺在屋顶上的瓦片。

右图：像杯子、碗和镜子之类的日常用品，样式和材质都多种多样。

玻璃

在1世纪以前，玻璃器皿非常罕见。直到人们发明了玻璃吹制工艺后，玻璃制造业才开始在古罗马帝国迅速发展起来，人们甚至会将玻璃制成薄片用来做窗户。玻璃器皿的装饰工艺非常多，比如浮雕工艺。我们可以从留存下来的玻璃制品中看到，当时的工艺技术已经非常精湛，至今都让人觉得惊艳。

上图：一名奴隶正在购买厨用刀具。刀子的把手通常是用骨头或象牙制成，上面还刻有花纹。

公寓楼

城市里的居民都居住在公寓楼中,有的公寓楼高达6层。尽管楼房看上去还不错,但大部分都是用廉价的建筑材料建成的,地基也不牢固。居民们抱怨"基本每天都有房屋出现塌陷"。西塞罗拥有一间公寓,他曾嘲讽"连老鼠都不愿意住在里面"。在当时火灾也很常见,许多人被困在楼上活活烧死。楼上没有厕所(只有一层有),日常用水都需要一桶一桶拎到楼上。

上图:高档玻璃器皿可以在富人家里见到。

高档公寓楼

2世纪,出现了由砖和水泥建造的公寓楼,主要租给那些有钱的租客。楼房结构大体上和古罗马的住房结构相同,甚至一层还会有花园。不同的是,这里每户都有独立的厨房和厕所,但住户要支付昂贵的家具费用。

❶ 许多公寓楼的一层都是商铺,有的甚至占了中间或更高的楼层。

房主和租客

人们建造公寓楼往往是为了获得投资收益。建筑商将整栋公寓楼卖给一个房主，房主再一间一间地租给其他租客。房主要不断地对公寓楼进行修缮，不过这样也比重建一栋新楼赚的钱多。一旦发生火灾，投机商会从损失惨重的房主手里低价买到房产，重建之后再卖掉，从而获得巨额利润。

窗户

公寓楼很少会安装玻璃窗，基本上是格子窗或者木质百叶窗。除非将窗户封死，否则冬天无法御寒，但这样一弄，阳光也被挡住了。除了没有安装玻璃窗，这些公寓楼和现在的意大利小镇建筑没什么差别。

右图是一扇铁格子窗。

供热和照明

公寓楼里冬天寒冷，夏天炎热，尤其是高层。楼里没有供热系统（一楼偶尔会有），他们只能靠简易的小炉子取暖。照明用的是蜡烛和油灯，很容易引起火灾。

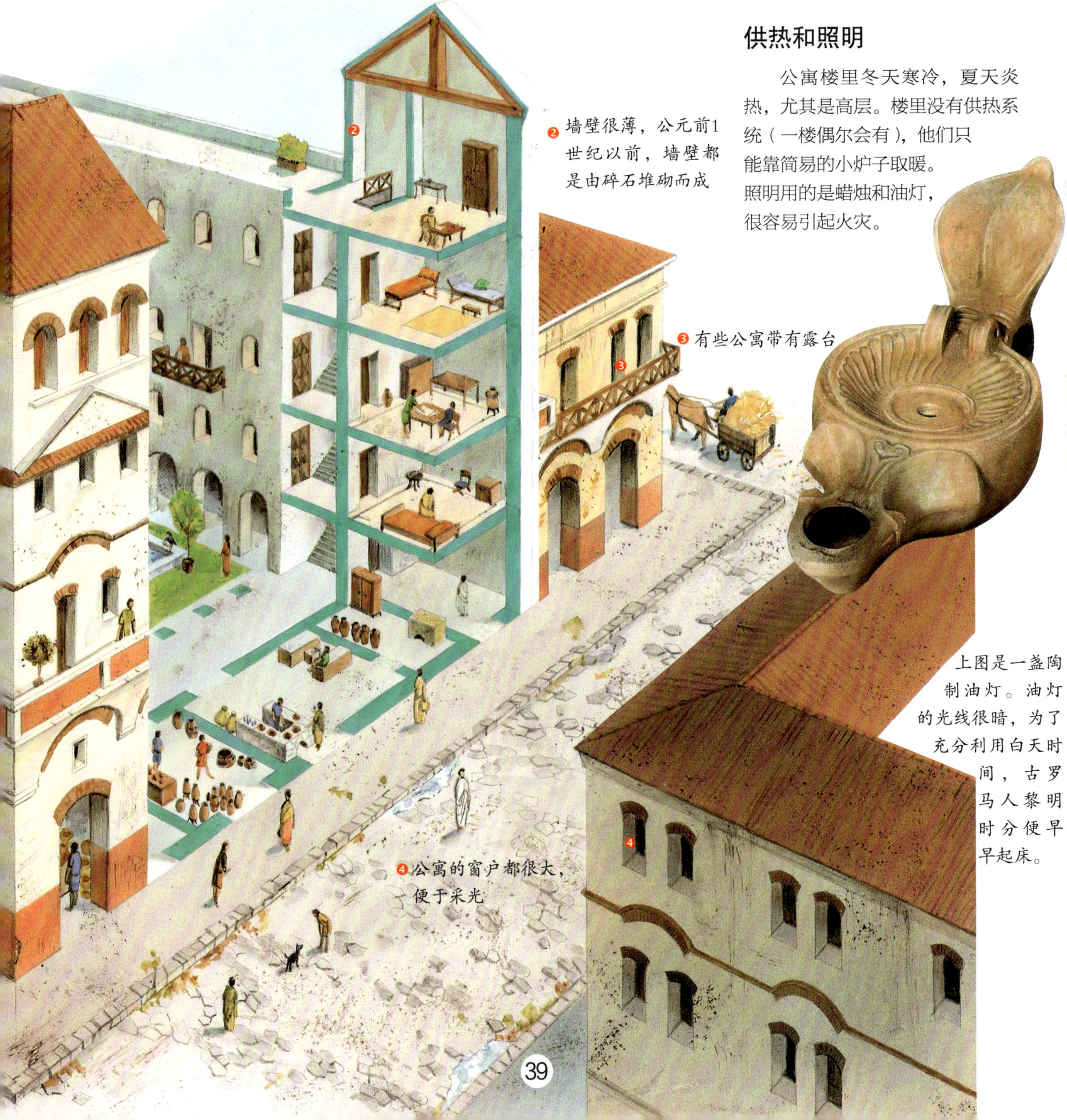

❷ 墙壁很薄，公元前1世纪以前，墙壁都是由碎石堆砌而成

❸ 有些公寓带有露台

❹ 公寓的窗户都很大，便于采光

上图是一盏陶制油灯。油灯的光线很暗，为了充分利用白天时间，古罗马人黎明时分便早早起床。

39

奥斯蒂亚港

奥斯蒂亚是台伯河河岸上的一座小镇，在古罗马城下游 25 千米处。在古罗马共和国时期，奥斯蒂亚是海军基地，之后很快发展成为一个大型的商业港口，被称为"罗马之港"。在克劳狄一世时期，奥斯蒂亚港河口淤积，人们在其北边 3 千米处修建了一座新的港口。一艘载着从古埃及运来的方尖碑的大船在港口沉没，人们以沉船为平台建起了一座灯塔。港口附近的城镇迅速发展起来，但奥斯蒂亚仍然是主要的商业中心。

大型海船无法进入台伯河，船上的货物需要在奥斯蒂亚港转卸到河船上。左图的雕塑碎片中，一艘河船正在划向一艘商船，而碎片的右半部分，商人和船长正在庆祝这次航行成功。

航运

在下面的跨页图中，我们看到的是一艘典型的木制商船，船体呈弧形，船中央竖着一根桅杆，长方形的船帆悬挂在帆桁上，船尾有舵桨控制方向。更大一些的船只可能会有两个桅杆。一些大型的运粮船能够承载约 250 吨的货物。

上图：市场上，一名女商贩正在向一个奴隶售卖水果。

上图：这枚硬币向我们展现了当时港口的特点：船只有大有小，旁边是仓库。硬币底部是海神尼普顿。

贸易航线

贸易船只在地中海上往来航行。他们最远航行到不列颠，获取锡和其他金属。莱茵河和罗讷河作为主要贸易河流，河上非常繁忙。虽然陆地上的公路是为军队而建，但也为商人们提供了便利。

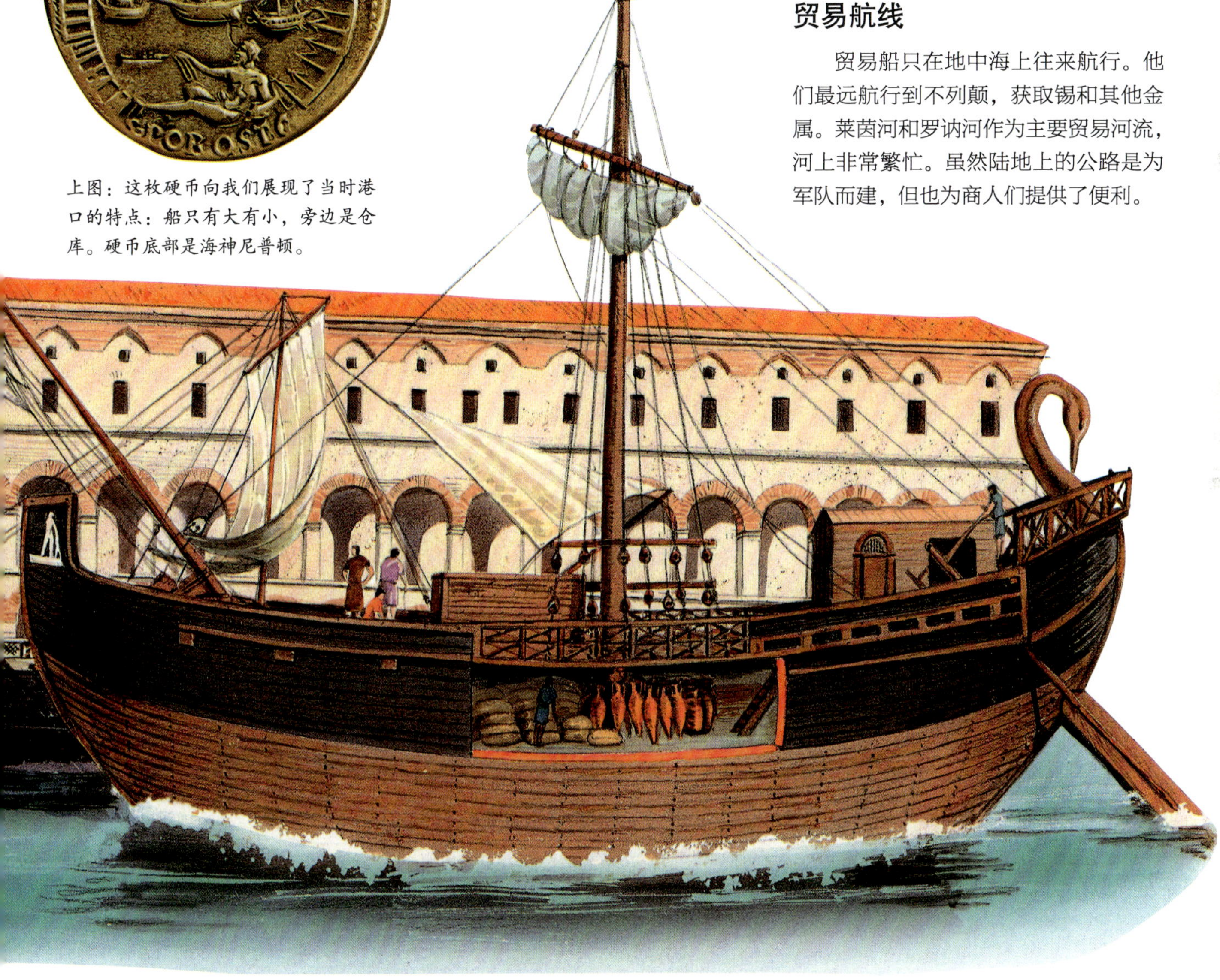

跨页图展示了一艘货船抵达港口时的繁忙景象，另一艘船正准备离港，左侧船上的船员正在扬起船帆。岸上是带着柱廊的仓库。

贸易

在古罗马共和国早期，古罗马人向周边国家出口货物，并在这些地区的土地上种植粮食。到了2世纪，古罗马城几乎所有东西都要从全国各地甚至更远的地方进口。城里没有大型的工业或生产线，所有东西都是手工制作。为了供应百万人口的日常所需（其中大部分是穷人），从食品、服饰到锅碗瓢盆，所有东西都是进口的。几乎所有商品都通过水上运输，这是因为陆上运输既缓慢又昂贵。大量货物通过海运到达古罗马后，经由台伯河运往各地。

左图：这位戴着头盔、穿着带翼飞行鞋的神是墨丘利，他是商人的守护神。他右手拿着一个钱袋，左手握着神使杖。

度量衡

金质和银质物品可以用秤（上图）称重。需称量的物体放在秤盘或挂钩上，秤砣悬挂在一旁带有刻度的金属杆上，秤砣沿着金属杆移动，直到金属杆完全水平，之后人们就可以从刻度上读出物品的重量了。

银行家

古罗马时的银行和我们今天的银行截然不同，它在日常生活中发挥的作用非常小，但也具备了很多银行服务功能。一个人可以从银行贷到钱，虽然只借几天，但仍要缴付很高的利息。人们在银行存款、兑换货币（古罗马货币在整个帝国都通用）和信用贷款。

银质的第纳尔是古罗马的标准硬币，一枚金币值25第纳尔，面额更小的是铜币。古罗马货币在地中海大部分地区通用，但其他地区仍在使用当地的货币，因此，货币兑换商非常忙碌。

下图：一个银行家正在核账。富有的地主有时会向朋友或客户提供无息贷款。职业贷款人虽然收取高额的利息，但他们也承担着很大的风险。

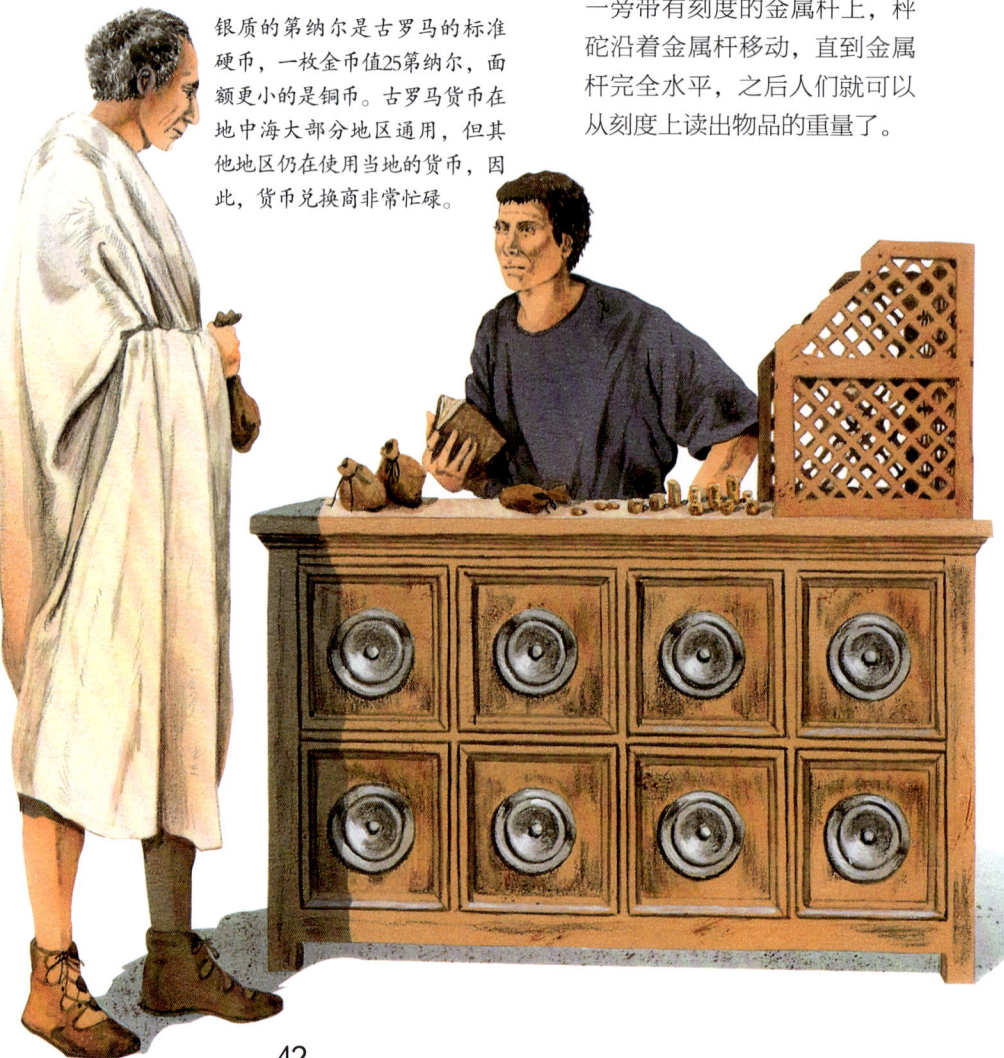

古罗马与古中国的交易没有任何规律,而且交易量也很小,交易的商品仅限于丝绸和瓷器(比如右图中的瓷盘)。这些货物通过丝绸之路从古中国运到古罗马,途中几经转手。

商船运输

从小型的贸易船(上图)到载重250吨的大型海船,古罗马的商船多种多样。由于当时没有舵手掌舵,这些船只能靠方帆、船桨以及舵桨来航行。商人们通常尽可能地靠近海岸航行,并在港口过夜。近年来潜水者在海底发现了1,000多艘沉船,说明当时的船只很容易失事,并且还有来自海盗的威胁。

右图:在79年被火山喷发掩埋的庞贝古城附近,发现了这只漂亮的带支架的玻璃双耳瓶。像这样的物品基本都是进口的,价格非常昂贵。

奢侈品贸易

在古罗马帝国,与穷人相比,富人的数量虽少,但非常富有。他们能够买得起古中国的丝绸、古印度的珠宝、稀有香水、银器、精美的玻璃器皿、艺术品和国外食品。尤里乌斯·恺撒曾禁止过度使用来自蒂尔的紫色染料。因为这种染料需要从一种甲壳类动物体内提取,而染一件外袍,需要成千上万只这种甲壳动物。

左图:来自德国南部的浮雕细节图,一艘靠船桨发动的小船上,载满了桶装的葡萄酒。

外来动物

一些商人通过向竞技场贩卖进口的野生动物获取巨额利润。107年,图拉真大帝为了庆祝战争胜利,1.1万只动物在几周内被杀死。对于商人来说这是庄大生意,狮子、老虎、犀牛、骆驼、鳄鱼、熊、狼,甚至大象都被运到古罗马,在斗兽场上与角斗士搏杀,供人们娱乐。

人性的赞歌
文艺复兴

人性的赞歌：文艺复兴

文艺复兴时期是指从 14 世纪早期到 16 世纪末期，欧洲发生巨变的一段时期，是欧洲中世纪和近现代的分水岭。历史学家用"复兴"（法语重生的意思）一词称呼这一时期，因为在古罗马帝国瓦解之后，欧洲的发展停滞了近千年，终于在这一时期重新焕发生机。

在文艺复兴时期，学者、建筑师和艺术家们再次发现了古希腊和古罗马文化的先进与发达。他们怀着极大的热情对古希腊和古罗马的文学、科学、建筑以及遗迹进行研究，并期望运用这些知识改善生活各个方面。这些改变最初兴起于意大利。当时的意大利城邦林立，各个城邦面积虽小却很富庶。那里的统治者十分开明，鼓励学者、艺术家重新开创古希腊和古罗马的辉煌成就，佛罗伦萨尤是如此。文艺复兴时期，诞生了许多才华出众的人物，如列奥纳多·达·芬奇，他们沉浸于绘画、雕塑、建筑、音乐、科学研究等多个领域，展现了多方面的才华和兴趣爱好，世人称之为"文艺复兴人"。

随着国际贸易的发展、新型大学的出现和印刷技术的广泛应用，文艺复兴时期的思想、艺术、建筑成就在欧洲迅速传播开来。文艺复兴时期的探索和质疑精神也引起了新教与罗马天主教的冲突。一直到 16 世纪末期，宗教冲突支配了政治、学习和文化的方方面面。16 世纪末，文艺复兴时期结束，但是它已经改变了整个世界。

大事记年表

1304—1374 年，意大利诗人彼得拉克的一生标志着文艺复兴的开始

1347—1351 年，黑死病在欧洲蔓延

1420—1436 年，意大利建筑师菲利波·布鲁内莱斯基的作品——佛罗伦萨大教堂建成

1449—1492 年，洛伦佐·德·美第奇的一生，正逢佛罗伦萨文艺复兴的高潮时期

1455 年，古腾堡出版了欧洲第一本活版印刷的《圣经》

1469—1536 年，伊拉斯谟的时代赶上了北欧人文主义的盛世

1492 年，克里斯多弗·哥伦布到达美洲

大约 1490—1530 年，列奥纳多·达·芬奇、米开朗琪罗和拉斐尔将文艺复兴时期的艺术发展推到了顶峰

1517 年，马丁·路德发表了《九十五条论纲》，标志着新教改革的开始

1515—1547 年，弗朗索瓦一世统治时期将文艺复兴带到了法国

1525 年，在帕维亚战役中首次使用了火枪

1543 年，安德雷亚斯·维萨里出版了具有划时代意义的解剖学巨著

1545—1563 年，召开"天特会议"，发起反改教运动

1598—1599 年，环球剧院在伦敦建成

文艺复兴的起源

没有人能够确定文艺复兴开始的准确时间，但可以肯定的是，文艺复兴最初兴起于意大利的北部城市。到了15世纪中叶，文艺复兴在意大利进行得如火如荼。大约在1490—1530年之间，文艺复兴运动达到顶峰。大家通常认为意大利诗人彼得拉克是复兴古希腊和古罗马文学的先锋人物，然而也有人认为，早在彼得拉克之前，文艺复兴就已经开始了。

经典人文主义

在文艺复兴初期，学者们开始研究古希腊和古罗马时期的古典文学，他们惊讶地发现，古典文学对世界和人性有着深刻的理解。受此启发，"人文主义"学者对教会的教义产生怀疑，并开始以全新的眼光和见解审视世界。

左图是彼得拉克，被称为"人文主义之父"。他是当时最大的古典文学收藏家。

疾病和战争

中世纪的欧洲一片萧条，充满了战争和暴力。1347—1351年，黑死病席卷了整个欧洲，超过三分之一的欧洲人死于这场瘟疫。与此同时，1337—1453年，百年战争大大消耗了英法两国的国力。从某种意义上来说，文艺复兴是对这些事件的一种反馈，以寻求更好的管理国家和改善社会的方法。

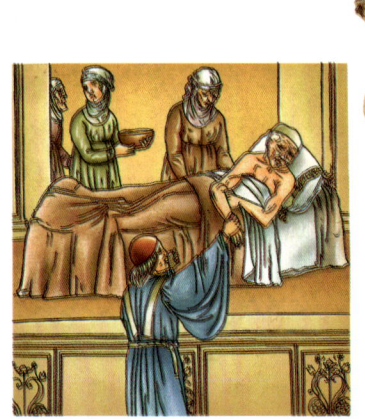

黑死病从中亚扩散到欧洲，医生对感染瘟疫的病人束手无策，很多人都认为这是来自上帝的惩罚。

1415年，大约6,000名法国士兵在阿金库尔战役中牺牲。这是百年战争期间，英国取得的非常著名的一次胜利。英国国王亨利五世一直觊觎法国的王位。

下图：建筑师和艺术家对罗马的古迹进行了测绘，并运用到自己的建筑和雕塑设计中。

右图是意大利画家安德烈亚·曼特尼亚的作品——《圣塞巴斯蒂亚诺》。他经常参观罗马的古代遗迹，并试图在作品中再现古罗马的城市景色。

文艺复兴的发源地

文艺复兴始于意大利。在遗迹里、在雕塑中、在文字间，意大利仍然保留了很多古罗马帝国辉煌的痕迹。到了15世纪，由于贸易、手工业和银行业的兴起，意大利的城邦，如佛罗伦萨和威尼斯，变得十分富庶。上层社会对建筑、艺术、诗歌、音乐和学术提供赞助的行为十分盛行。

下图是1世纪的著名雕塑——《拉奥孔与儿子们》。古罗马很多杰出的雕塑作品都是由希腊雕塑家雕刻而成。这尊雕像在1506年出土于罗马。

艺术启发

罗马拥有众多古希腊、古罗马时期的历史遗迹。15世纪，艺术家和建筑师们纷纷来到这座城市，对残存的文物和建筑遗址进行考察和研究。菲利波·布鲁内莱斯基就在罗马待了好几年，他的代表作品是举世闻名的佛罗伦萨大教堂的穹顶（见第54—55页）。偶尔陪伴他的还有首屈一指的文艺复兴早期雕塑家——多纳泰罗。

收藏家

文艺复兴时期，富有的意大利人喜欢收藏古代雕塑和其他文物，如钱币、陶器和玻璃器皿。收藏家都有专门的房间来收藏古代文物和当代艺术家创作的古典题材作品。当时古董生意兴隆，人们受利益的驱使，寻找和挖掘出大量的文物藏品。

左图：收藏家们会展示他们珍贵的古董藏品，供大家鉴赏，并期望得到大家对其艺术品位的赞赏和肯定。

47

意大利的统治

中世纪时期，欧洲的大部分地区属于封建社会。封建领主经营着大片庄园，并为农民提供保护。农民为领主耕种土地，所得收入归领主所有。然而，黑死病突然席卷欧洲，造成人口锐减，劳动力严重不足，权力逐渐由封建庄园转移到了城镇。文艺复兴时期，意大利各城邦，如佛罗伦萨和锡耶纳，已经形成了强大的民主政府。

上图是乌尔比诺公爵——费德里科·达·蒙特费尔特罗的肖像画，绘于1476—1477年间。他在画中被描绘成有学识的战士形象。

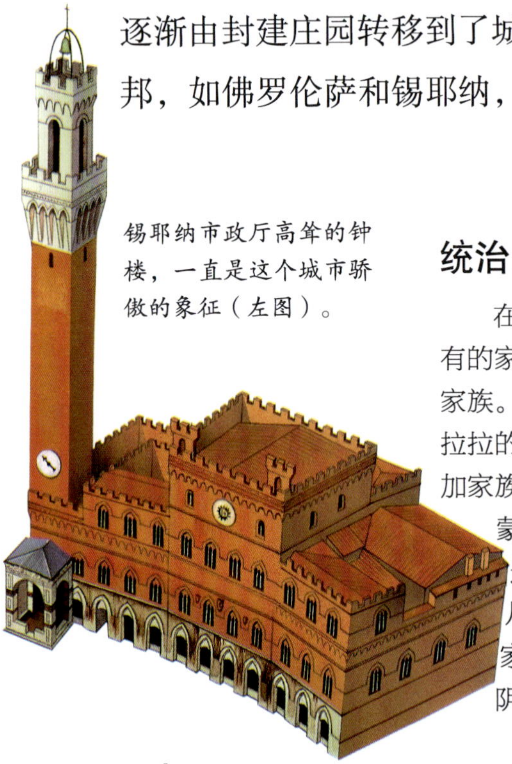

锡耶纳市政厅高耸的钟楼，一直是这个城市骄傲的象征（左图）。

统治家族

在文艺复兴时期，意大利有些城市被富有的家族统治着，如统治佛罗伦萨的美第奇家族。有些城市则由贵族和公爵统治，如费拉拉的统治者埃斯特家族、曼托瓦城的贡萨加家族、米兰的斯福尔扎家族和乌尔比诺的蒙特费尔特罗家族。其中有些家族是通过武力获得的权力。在罗马，教皇是从这些统治家族中挑选出来的。各大家族之间通过复杂的政治游戏、竞争、阴谋和联姻等方式相互联系在一起。

下图是美第奇家族宫殿壁画——《三圣贤之旅》的一部分。据说这幅画上有美第奇家族成员的肖像。

市民的自豪感

在文艺复兴时期，城市之间的竞争十分激烈。各个城市争相修建华丽美观的市政厅、宫殿和教堂。在意大利，市民的自豪感尤为强烈，城邦之间经常爆发战争。

左图：尼科洛·马基雅维利，佛罗伦萨政府的外交官。

社会结构

当时意大利各大城市的财政收入，主要来自不断增多的中产阶级商人、专业人员、手工艺人和工匠。他们对城市的管理有着一定的影响力。他们还会通过资助慈善机构、医院、学校和贫民院等方式来帮助那些不幸的人。

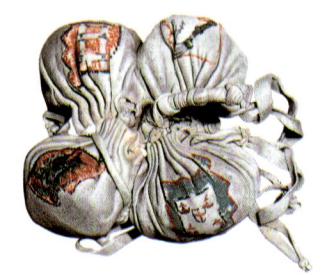

在佛罗伦萨，开始选举之前，竞选高级官员的候选人的名字会被装进这样的投票袋中（左图）。

意大利共和国和城邦

中世纪的封建统治在城市里并不是很严格。封建领主允许商人和工匠享有一定的自由。到了14世纪，意大利很多城市都形成了自治制度。有些城市采用了共和制，通过议会来管理城市，还有些城市则是统治者专制制度。在意大利作家尼科洛·马基雅维利写的《君主论》中表明，冷酷无情的手段可能是获得并维持权力的最佳方式。

上图是佛罗伦萨雕刻家乔瓦尼·德拉·洛比阿的陶瓷作品，上面刻画着富人向穷人赠送食物的情景。

上图：绞刑在文艺复兴时期是常见的一种行刑形式，杀人犯及盗窃惯犯被施以此刑。

好政府

在文艺复兴时期，人文主义者们经常探讨什么是好政府，什么是坏政府。很多古典作家，如柏拉图，都对这个问题进行过论述。那个时候，人们对威尼斯稳定强大的政府倍加赞赏。它由"大议会"控制，由"大议会"选举总督和参议院。在佛罗伦萨，中央政府位于韦奇奥宫。韦奇奥宫建于1299年，是召开行会会议的地方。佛罗伦萨行会成员在此聚集一堂，讨论城市事项并投票表决。不过，随着美第奇家族权力的日益膨胀，民主氛围不断被削减。

法纪与秩序

在文艺复兴时期，意大利城市继承了罗马法治传统，由法官在法庭判决案件。然而，那时的司法是不公正的，而且很腐败，经常动用酷刑逼迫嫌疑人认罪。对于罪行的惩罚方式主要有两种——罚款和死刑。监狱的作用只是临时拘禁，并没有坐牢这一说。至于异教邪说和巫术，由单独的教会法庭进行裁决。

上图是萨诺·迪·皮尔特罗所画作品《好政府寓言》的一部分，图中利伯蒂手持地球，身边有两个勤奋的公务员辅助。

上图：威尼斯总督通常是在威尼斯的名门望族中挑选出来的，终身担任此职，但是他的权力是有限的。

下图是在韦奇奥宫的百人大厅举行的一场政治会议。

49

金融和贸易

文艺复兴是欧洲一个重要的经济变革期。贸易取代了农业和制造业，成为社会财富的新来源。商人们抓住一切赚钱的机会。13世纪时，第一个股票交易所在布鲁日成立，并很快传播到欧洲的其他城市。到了14世纪，银行业拓展业务，成为高利润行业。与此同时，行会成为城市管理中一股强大的力量。

上图是14世纪佛罗伦萨铸币行业协会的一份文件的首页，图中弗罗林的守护神头带光环。

佩鲁齐银行的盾形徽章（上图左）和巴尔迪银行的盾形徽章（上图右）。由于英格兰国王爱德华三世未能偿还英法战争的贷款，导致佩鲁齐银行和巴尔迪银行在14世纪40年代破产。

左图是一位正在工作的德国银行家。到了16世纪初期，德国人成为欧洲的主要银行家。银行家不仅处理货币上的业务，还处理宝石和汇票业务。汇票是一种支付款项的书面承诺，发明时间早于纸币。

上图是意大利的银行正在放贷。

银行业务

中世纪时期，银行只是单纯的放债。到了文艺复兴时期，银行业务变得复杂多样。银行可以办理兑换货币、代收账款、代发工资等多种业务。规模较大的银行往往都是跨国公司，在欧洲很多的主要城市都设有分公司。银行的客户不只是富有的商人，还包括国王、王子、主教和教皇。

商人和贸易

文艺复兴时期，贸易路线纵横交错，遍布整个欧洲和地中海区域，并与远东地区相连。威尼斯是当时最繁华的贸易城市。那里的商人控制着欧洲与地中海东部的商贸活动，很多贵重的货物，如中国的丝绸、波斯的地毯和印度尼西亚的香料，都要经由地中海东部才能进入欧洲。这些奢侈品最终会被卖到伦敦和布鲁日的富裕家庭，同样珍贵的奢侈品还包括俄罗斯皮草和法国红酒。

上图是刻有羔羊的羊毛行会陶制徽章，由卢卡·德拉罗比亚雕刻而成。

左图：羊毛纺织厂的工人正在准备织布所需的原材料。

行会

几乎所有的行业都有自己的行会。行会就是一种工会组织，它的作用是保护从业者的利益和家人，控制工资成本和价格，设定培训标准以及划分货物优劣等级。每个行会都有自己的议会大厅、总部和供奉守护神的礼堂。

右图：人们选择行业所用工具的图片来代表行会，如理发师行会选择剪刀和剃刀，而木匠行会则选择斧头。

工业和手工业

文艺复兴时期有很多重要的行业：酿酒业、造船业、烘焙业等各种制造业，制造武器、盔甲、蜡烛、水桶、篮子、家具等等。当然还有很多其他的行业，不过纺织业是当时最重要的一个行业。文艺复兴时期，布匹交易场所往往设在城市中心最高的大楼里。

左图是荷兰的一家制鞋作坊，当时很多行业都是家族式的。

货币

金币和银币是最安全的货币。佛罗伦萨的弗罗林金币是当时最值得信赖的货币，可以国际通用。同样可靠的还有威尼斯的杜卡特金币，上面刻有总督画像。其他货币都是掺有其他金属的合金货币。只有那些享负盛名的造币厂生产的并刻有标识的合金货币才会得到认可。

下图是威尼斯的杜卡特金币，上面的图案为威尼斯总督跪在城市守护神——圣马可面前。

富有的银行业家族

在文艺复兴时期，意大利的银行家，特别是佛罗伦萨的银行家，如巴尔迪、佩鲁齐和美第奇家族，都是欧洲最富有最具影响力的家族。银行是由家族经营的。到了15世纪晚期，除了热那亚地区，意大利的银行业家族已经失去了昔日的统治地位，并被德国的银行业家族所取代。

1473年，雅各布·富格尔（左图）成为德国哈布斯堡家族首席银行家。哈布斯堡家族统治着奥地利和欧洲大部分地区的银行业。

印刷业的技术革命

1450年,约翰内斯·古腾堡向世人揭示了他的技术创新。在美因茨的作坊内,约翰内斯·古腾堡开始用活字印刷术印刷书籍。到了1455年,他已经印刷了20余本拉丁文《圣经》。在这之前,西方所有的书籍都是手工抄写的。有了印刷术,人们就可以在几天之内制作多本同样的图书。这意味着新的书籍、新的译本、新的思想,通常配以插图和地图,在欧洲迅速传播开来。西方印刷术可能是文艺复兴时期最重要的发明。

上图是一名修士正在誊抄一本书。手工抄写使书籍变得既昂贵又稀缺。

早期的图书制作

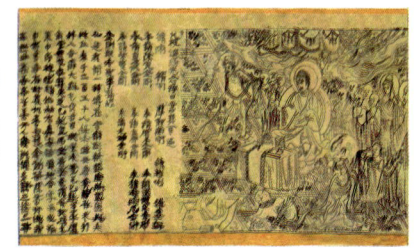

右图是《金刚经》卷首插画局部。《金刚经》是目前已知最早的印刷书籍,868年印刷于中国。

在古腾堡活字印刷术发明之前,西方抄写员们抄写一本书需要花上几个月的时间。活字印刷术的发展,大大缩减了制作图书所需要的时间和人力。然而,古腾堡并不是印刷术的发明者。早在其600年之前,中国人就已经将整页的文字和图片雕刻在木板上,雕版印刷书籍。

古腾堡的发明

古腾堡真正的突破在于他找到了一种用耐磨的金属合金大量制作字母的方法。印刷者可以用制作出来的字母拼出排版页面,而不需要将整个页面雕刻在一块板子上。这样的排版页面可以被打破,重复使用里面的字母。他印刷的第一本书是《圣经》,这是一本伟大的书,该书清晰的字迹给人们留下了深刻的印象。

右图是古腾堡和一本他印刷的《圣经》。古腾堡的团队秘密工作了很多年,以防有人将他的创意偷走。

印刷术在欧洲

古腾堡的活字印刷术很快就流行起来。几年之间,在意大利、法国、荷兰、波兰等地相继成立了印刷作坊。威廉·卡克斯顿在科隆第一次见到了活字印刷。1475年,他在布鲁日印刷出版了第一本英文书籍。一年以后,他又在英国创办了第一家印刷厂。截止到1500年,大约有4,000本图书在欧洲出版。

右图是卡克斯顿在1487年使用的出版商标。每个印刷商都有自己的商标。

知识的传播

最初,印刷商为学者、教会和富有的赞助人制作的书籍,都是一些语法、哲学、科学、宗教和法律等方面的书籍。他们也为普通读者出版了各种题材的书籍——冒险传奇和浪漫爱情故事、历史、神话寓言、游记、年历、百科全书和乐谱等等。古罗马和古希腊作家的作品译本也很受欢迎。到16世纪初期,几乎所有已知的古典著作都有了印刷版本。

左图:从这页1477年印刷的图文内容可以看出,早期的一些印刷员尝试在版式上模仿中世纪的手稿风格。

随着西方活字印刷技术的发明,越来越多的女性学会了读书识字。玛格丽特·罗珀(左上图),英国人文主义者托马斯·莫尔公爵的女儿,将很多著作翻译成了英文。

印刷作坊通常很小，只有一两台印刷机器。每台机器每小时可以印刷约16页纸。有些印刷厂自己装订书籍，有些会委托专业的装订商来做。有些印刷商还会销售书籍。

上图：印刷商在检查印刷的质量和清晰度。在印刷机旁，印刷商的助手拉动螺杆的把手，将压板降下来，将铅字版面紧紧压在纸上。

准备工作

对于使用古腾堡印刷系统的印刷员来说，首先要做的事就是创作铅字。字母被反刻在钢条的一端，把钢条敲打进软金属中，做成模具。然后将熔化的金属合金倒进模子里制作原始字母。将装有字母和标点符号的托盘放在排字工人身旁。排字工人的工作是逐字逐句地复制文本内容。最后将排完的文本固定在框架里，并放置到印刷机的平台上，准备印刷。

上图的印刷工人正在印刷机的平台上印刷整页的文本。他身后的排字工人在选择合适的字母，组合出整版的文字。

右图：16世纪造纸厂的工作场景。

纸张

随着印刷业的发展，人们对纸张的需求亦有所增加。很多手抄本书籍使用的是羊皮纸，然而羊皮纸却不适合印刷。纸张通常是由碎布、木头和其他天然纤维制成的，因而也更便宜。早在1,000多年前（1世纪左右），中国就发明了造纸术。在1150年左右，造纸术传入欧洲。

53

意大利文艺复兴时期的建筑

论起文艺复兴带来的种种变化，最直观的莫过于矗立在城市中的建筑物了。这一变化在意大利尤为明显，如佛罗伦萨大教堂和罗马的圣彼得大教堂。在意大利之外的地区，建筑师也会借用古典建筑的设计理念来修饰自己的建筑。但是直到17世纪，完全文艺复兴风格的建筑，在意大利以外的地区并不多见。

左图是佛罗伦萨大教堂外的布鲁内莱斯基雕像，他在仰望大教堂的穹顶。

左图是一个收容弃婴的医院，建于1419年，由布鲁内莱斯基设计，是佛罗伦萨第一个具有文艺复兴风格的建筑。

文艺复兴风格

文艺复兴时期的建筑师们被古典建筑的恢宏和典雅所折服。他们发现这样的建筑具有很多特点，其中包括精确的数学比例、对称性以及粗犷的水平线条。除此之外，还有一些很重要的特征，如不同的柱式和山形墙。这些都是古希腊、古罗马神庙的特点，建筑师们将这些特点加以改进，应用到了民用房屋和宗教建筑物中。

佛罗伦萨大教堂

佛罗伦萨大教堂始建于1296年，花了几十年的时间才建成。修建时出现了一个难题，那就是如何在大教堂东端巨大的八角形结构上修建穹顶——以前从来没有人建造过这么大的穹顶。1418年，凭借着对哥特式建筑、古罗马建筑的深入研究和自身在土木工程上的才华，菲利波·布鲁内莱斯基对这个问题提出了解决方法。16年后，没有任何内部支撑结构的巨大穹顶建成，这是文艺复兴时期最杰出的建筑作品之一。

左图是修建穹顶时使用的巨型起重机，由布鲁内莱斯基设计。他还设计了很多其他的巧妙装置。

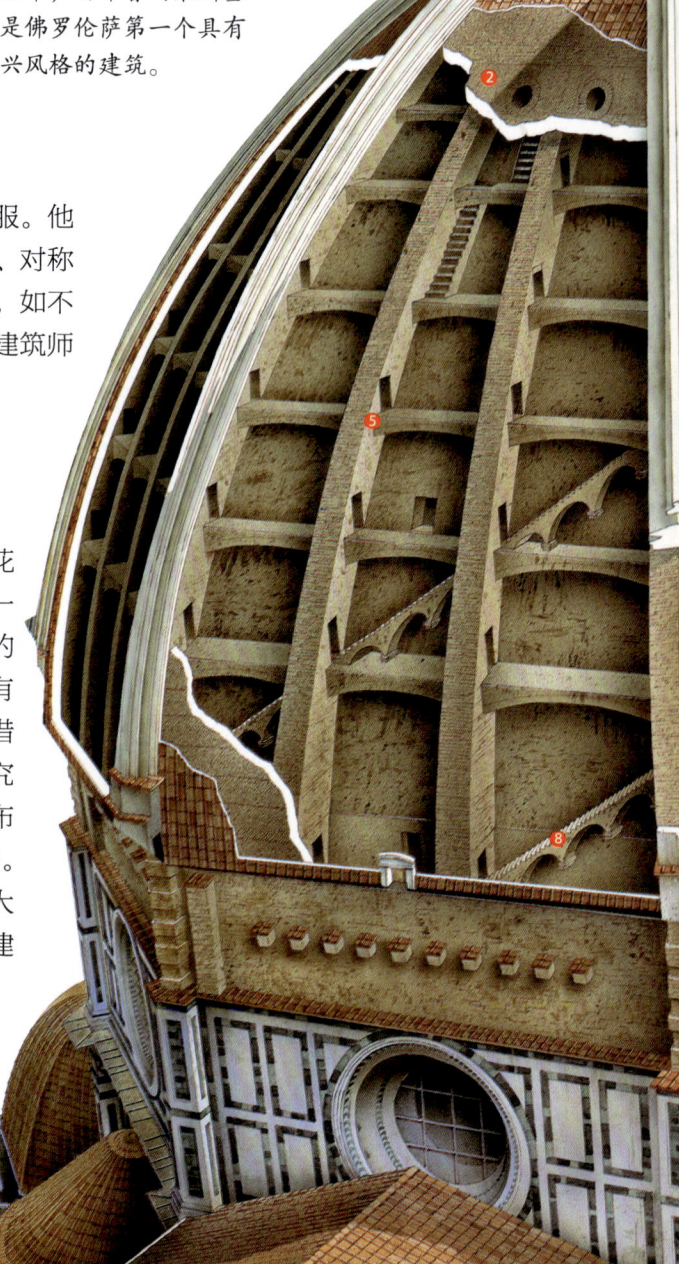

建筑师

文艺复兴初期，建筑师们对古罗马的遗址进行研究，并将古典建筑的设计理念应用到传统的哥特式建筑中，尤其在一些细节和总体比例上。随着文艺复兴的发展，以莱昂·巴蒂斯塔·阿尔伯蒂为代表的建筑师在古典建筑风格的应用上变得更彻底、更大胆，特别是在教堂的修建上。更晚些时候，安德烈亚·帕拉第奥在威尼斯和周边地区所修建的建筑全部都是古典风格。不过这并不是在对古罗马时期的建筑进行简单的复制。

右图是位于曼托瓦的圣安德烈亚教堂，筹建于1470年，设计者阿尔伯蒂的设计灵感来源于古罗马的凯旋门。

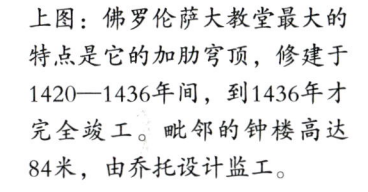

上图：佛罗伦萨大教堂最大的特点是它的加肋穹顶，修建于1420—1436年间，到1436年才完全竣工。毗邻的钟楼高达84米，由乔托设计监工。

宫殿和别墅

中世纪时期，统治者通过修建城堡来展示自己的权威。文艺复兴时期，人们又喜欢用建筑来显示自己高雅的品位和文化底蕴。到了15世纪末，古典建筑风格已经成为一种时尚。那时，富有的意大利人都希望自己的府邸具备奢华的古典风格。在威尼斯郊区，帕拉第奥设计的别墅都带有罗马神庙的建筑特色。这种风格，被称为帕拉第奥式建筑，在接下来的几个世纪，流行于整个欧洲。

上图：帕拉第奥设计的圆厅别墅，位于维琴察，修建于1550—1551年。

① 彩色大理石石板
② 穹顶主要由砖砌成，在上面铺瓦
③ 穹顶底部的阳台一直没有建，据说是因为受到了米开朗琪罗的批判
④ 穹顶外部，位于八角形每个角上的石头肋拱
⑤ 16个隐藏的垂直肋拱和8个水平肋拱，为穹顶提供了必要的内部支撑
⑥ 高达20米的灯塔。1472年增加的铜球和十字架穹顶内部装饰着乔尔乔·瓦萨里和费德里科·祖卡里所作壁画——《末日审判》
⑦ 穹顶和灯塔总高度为114.5米
⑧ 穹顶内廊，到达这里需要走463级台阶

左图为佛罗伦萨大教堂。

文艺复兴时期的城市

文艺复兴时期修建了很多令人瞩目的新建筑，如市政厅、教堂和私人宫殿。同时，中世纪时期狭窄拥挤的小巷被清除，换成了宽敞笔直的街道和广场。人们一直在讨论理想城市的模样——整个城市被重新规划，变得更加宽敞。

上图是大约作于1480年的一幅画，描绘了文艺复兴时期理想城市的模样。

左图：佛罗伦萨的新圣母玛利亚教堂原为哥特式建筑，1470年，阿尔伯蒂为其增加了一个古典风格的顶部。从那以后，涡卷形装饰花纹开始流行。

意大利的城市

文艺复兴时期，意大利的各个城市相互竞争，都想成为最迷人、最文明的城市。佛罗伦萨、乌尔比诺、费拉拉、曼托瓦和罗马都进行了一些实质性的变革。费拉拉城在埃尔科莱一世统治时期，城市面积增加了近一倍，并且有四分之一是由比亚焦·罗塞蒂设计的，这使费拉拉赢得了"欧洲近代第一城"的美誉。在16世纪，梵蒂冈的罗马教廷大力修建圣彼得教堂，使罗马城也焕发了生机。

上图：在乌尔比诺，领主费德里科·达·蒙特费尔特罗请设计师设计并建造了当时最完美的宫殿——公爵宫。

右图是一枚1450年的奖章，上面刻有莱昂·巴蒂斯塔·阿尔伯蒂的肖像。

北欧城市

北欧的城市受文艺复兴的影响较小，但在很多城市，如奥格斯堡、纽伦堡、布拉格和巴黎，我们还是能看到文艺复兴的影子，主要体现在个别建筑、广场和宽广的街道上。很多意大利建筑师和雕塑家被邀请到北欧工作。特别是法国国王弗朗索瓦一世，他对意大利的文艺复兴怀有极大的热情。

上图是来自法国的雕刻在陶瓦上的建筑装饰，其风格受到了佛罗伦萨文艺复兴的影响。

理想城市的规划

莱昂·巴蒂斯塔·阿尔伯蒂是最早关注城市规划的建筑师之一，在他极具影响力的著作《建筑论》中曾论述过这一点。《建筑论》出版于1485年，是建筑领域最早的印刷书籍。很多建筑师和艺术家都考虑过如何规划理想的城市，其中就包括列奥纳多·达·芬奇。大约在1488年，他曾绘制了一幅城市规划图，将城市分为不同的层次，每一层次都有其独特的功能。

皮恩扎小镇

1459 年，教皇派厄斯二世决定将他的出生地——位于托斯卡纳大区的皮恩扎小镇，建设成理想城市。他聘请的建筑师是曾与阿尔伯蒂共事的贝尔纳多·罗塞利诺。他们修建了皮恩扎中心广场，广场周围是这个城镇最重要的建筑物，其中包括教皇官邸皮克罗米尼宫。尽管派厄斯二世对皮恩扎小镇的建设规划没有全部落实，但是落成的部分仍然见证了文艺复兴时期那些开明的资助人为了建设理想城市所做的大胆尝试。

上图是1589年教皇西克斯图斯五世的画像，画像周围是一些他在任期间罗马城已经规划和正在建造的建筑工程。

上图是被誉为人文主义教皇的派厄期二世，他游历广泛，还是当时著名的诗人和学者。

上图：皮恩扎主教堂是托斯卡纳大区最早且完全具有文艺复兴风格的建筑。右边毗邻的是教皇官邸皮克罗米尼宫。

宗教

上图是正在讲道的马丁·路德，他宣扬宗教问题的真正指引是上帝、信仰和《圣经》，而非教皇。

在中世纪时期和文艺复兴初期，几乎所有的欧洲人都是罗马天主教教徒。大教堂、教堂和修道院是提供宗教教育的主要场所。教会非常富有和强大，极具影响力。然而，在文艺复兴时期，人们认识到教会的腐败和伪善，认为它已经偏离了基督教最初所传扬的教义。被称为"新教运动"的教会革新运动逐渐开展起来，到了1540年，教会分裂成为不同派别。

上图是教皇尤利乌斯二世所佩戴的镶有宝石的皇冠，这表明教会拥有着巨大的财富。

宗教改革

1517年，德国修士马丁·路德发表了他的《九十五条论纲》，批判教会的种种行径。路德只是想从教会内部进行改革，却引起了教会的强烈反应。当时，有很多教会批判者对路德的批判十分认可，如瑞士牧师胡尔德莱斯·茨温利和法国牧师约翰·加尔文。他们的追随者脱离了罗马天主教会，这就是历史上非常著名的新教改革运动。

上图：其中一个被路德指出的教会恶习就是出售"赎罪券"——教徒购买此券后可以赦免"罪罚"。

反宗教改革

新教改革给天主教会带来了巨大的危害，大大削弱了教会的权威和尊严。教会召开了一系列会议——特伦托会议（1545—1563年），以设法处理和解决对教会的批判。特伦托会议的召开十分成功，它促进了教会的团结，并制定了一系列自我改革的措施。天主教会努力击退新教兴起的浪潮，历史上称之为"反宗教改革运动"。

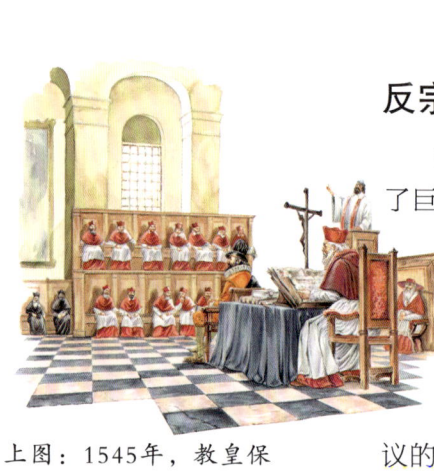

上图：1545年，教皇保罗三世将各地代表召集到意大利特伦托，召开了第一次特伦托会议。

罗马和教皇

1378—1417年间，罗马天主教教会有两位相互敌对的教皇，一位在罗马，一位在法国南部的阿维尼翁。这次的分裂被称为天主教会大分裂。当争端解决后，教皇返回罗马，恢复了教会的权力和威望。不久，教皇又将文艺复兴引入了永恒之城——罗马。

左图是教皇西克斯图斯四世，是文艺复兴时期的艺术资助人。

修道院生活

文艺复兴时期，教会设有一些长期圣职。本笃会修士、加尔都西会修士和西多会修士居住在偏远的修道院，整日祈祷和冥想。道明会修士和方济会修士则居住在民间，做传教士和社会工作者。修女们根据圣职也有类似的划分。尽管大多数修士和修女都很虔诚，愿意为教会贡献终生，但是也有很多修士和修女贪婪、懒惰、腐败、素质低下。

上图是15世纪的一份手绘图，画的是佛罗伦萨的圣马可修道院，展示了院内宽大的庭院和花园。

上图：修士和修女在社会中扮演着极为重要的角色，负责教育、向穷人发放福利、开办医院、安排朝圣者食宿等工作。

宗教形象

整个中世纪时期，几乎所有的艺术都与宗教有关。到了文艺复兴时期，重新挖掘的古典艺术被赋予了基督教的意义，艺术家们通过他们的作品传播弘扬基督教教义。然而，也有一些新教组织反对任何形式的宗教形象。

上图是《圣母玛利亚和圣婴》，由佛罗伦萨画家马萨乔所绘，描绘了罗马天主教的中心主题。

宗教节日

一年之中有很多宗教节日，并会举行盛大的全民游行庆典。这些节日包括当地的圣徒纪念日和一年一度的庆典活动，或是为了纪念出现的奇迹或感恩军事上的胜利。有些节日是狂欢的盛宴，有些节日则十分庄严肃穆。

左图是真蒂莱·贝利尼作品的一部分，描绘了在基督圣体节，人们抬着圣物基督十字架，游行经过圣马可广场时的情景。

教育

文艺复兴时期，教育受到了更多的关注，新型大学如雨后春笋般出现在整个欧洲大地。渐渐地，无论是教会学校还是新型大学，不再只是教育那些想要进教会的人，其他想要从事政务、管理、医学、法律和教学工作的人们也可以接受教育。然而，文艺复兴时期，接受教育仍然只是一小部分人和特权阶层才能拥有的权利。

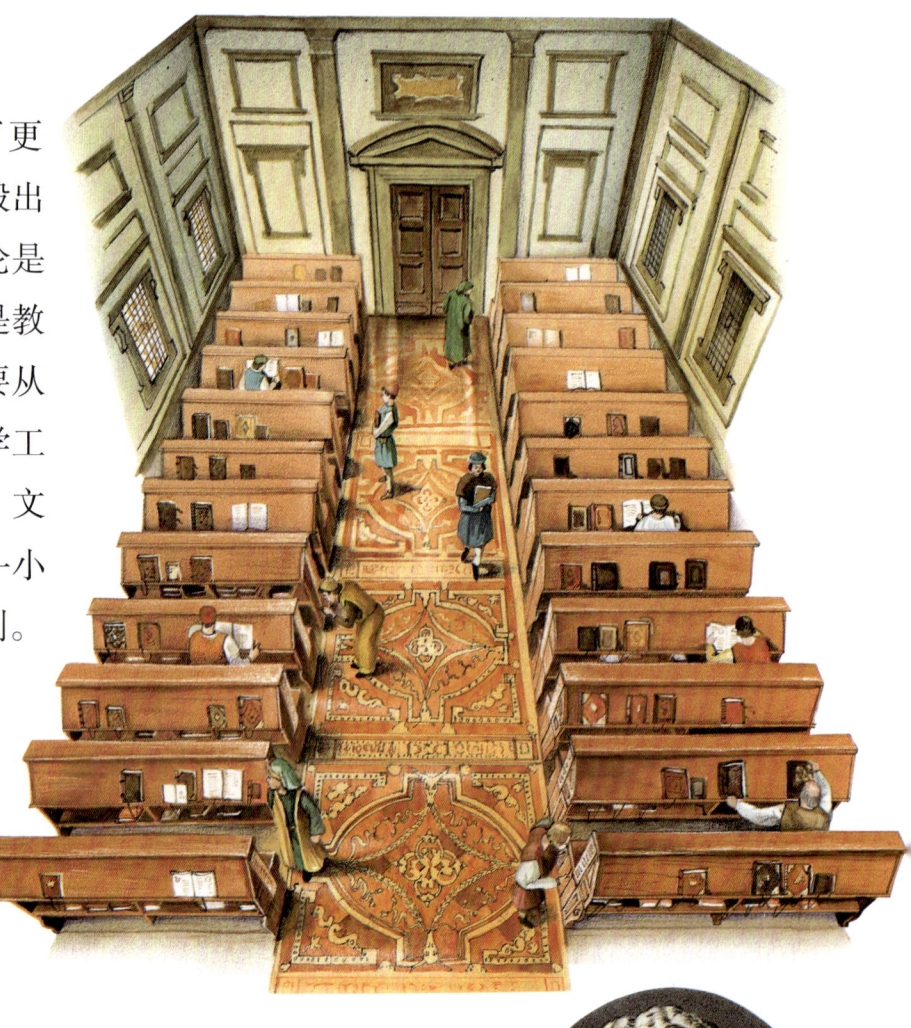

右图是佛罗伦萨的劳伦图书馆，它是文艺复兴时期最好的图书馆之一，最初由科西莫·德·美第奇资助建造。1524年，米开朗琪罗对图书馆进行了全新设计，一直到1571年，新的劳伦图书馆才竣工。

左图：1475年，教皇西克斯图斯四世资助建造了梵蒂冈图书馆的新大楼。在阅览室里，书直接放在桌上。

右图是法国女诗人路易丝·拉贝，她在1555年发表了一本关于爱情的十四行诗诗集。

图书馆

中世纪时期，基本只有教会拥有图书馆。随着文艺复兴的进程，王侯、公爵、主教和富有的人开始收藏书籍。他们常常将自己的藏书捐赠给大学。牛津大学博德利图书馆就是在格洛斯特公爵汉弗莱赠书的基础上建立起来的。1450年，教皇尼古拉斯五世资助建造的梵蒂冈图书馆，是世界上最著名的图书馆之一。

女性学者

文艺复兴时期，受过教育的女性人数不多，却非常具有影响力。女诗人、女作家克里斯蒂娜·德·皮桑出生于威尼斯，她的父亲在法国宫廷担任占星师，因此她在法国国王查理五世的宫廷里接受了良好的教育。西班牙女王伊莎贝拉大力提倡人文主义学术研究。伊莎贝拉·德斯特是那个时代最博学的女性之一。

学校

文艺复兴时期，很少有孩子上学接受教育。富有商人和统治阶级的孩子都有家庭教师，一些有天赋的男孩会去小型的语法学校，而其他男孩则会到各行业的行会做学徒，在那里接受教育。女孩一般都不会接受教育。然而，这种情形逐渐发生改变。一些人文主义者，如西班牙学者胡安·路易斯·韦弗斯倡导为穷人创建学校。1513年，荷兰开设了第一批为穷人而建的学校。

下图是一幅16世纪初期的德国绘画，当时的学校规模通常很小，一名老师只有几个学生，学生共同使用仅有的几本书。

新的学科

大学教授的传统科目是神学、哲学和七大"人文学科"——语法、算术、逻辑、音乐、天文、几何和修辞学。所有学科的主题背景都是基督教教义。在文艺复兴时期，新的学科逐渐走进大学课堂，如法律、医学、古典文学、地理和地图绘制，还有数学家领军人物卢卡·帕乔利提出的高等数学，但这些变化十分缓慢。

左图是15世纪30年代的一块刻板，刻的是一名老师正在给两个男孩上语法课。

上图是《天文学手册》，很多科学书籍都是以1,000多年前希腊学者的学术成果为基础撰写的。

大学

欧洲第一批重点大学，如牛津大学、剑桥大学、博洛尼亚大学和巴黎大学都建于中世纪。在文艺复兴时期，这些大学不断地发展壮大，并成为新兴大学仿建的对象。到了1500年，欧洲已建立起70多所大学。越来越多的富裕家庭将儿子送入大学接受教育，而有些大学会录取年龄很小（12岁）的孩子。大多数教学活动都是以授课或阅读的形式进行。

左图是托马斯·莫尔公爵，他是英国最著名的人文主义者和杰出的政治家。

上图是贝诺佐·戈佐利所创作的壁画《圣奥古斯丁在罗马讲学》，奥古斯丁在画中被描绘成一个文艺复兴时期大学讲师的样子。

人文主义学者

最早的人文主义者都是意大利人，但是到了16世纪，人文主义在北欧盛行起来。其中最著名的是荷兰牧师德西德里乌斯·伊拉斯谟。他游历过很多地方，如巴黎、布鲁塞尔、都灵、伦敦、牛津、剑桥、巴塞尔等等，和那里的很多人文主义者结成了朋友。他的一个好朋友就是《乌托邦》的作者托马斯·莫尔。《乌托邦》描述了一个建于理性基础上的理想国。

上图是伊拉斯谟。他做了大量的工作，为的是将知识分子的思想从基督教教义和迷信中解放出来。

文艺复兴时期的艺术

文艺复兴时期，绘画和雕塑艺术都发生了巨大的变化，也诞生了一批伟大的艺术家，如扬·凡·艾克、列奥纳多·达·芬奇、米开朗琪罗、拉斐尔、汉斯·荷尔拜因等。如何重现古典雕塑的技艺和特性，对文艺复兴时期的雕塑家来说是一个巨大的挑战。与此同时，文艺复兴时期的画家试图让绘画作品更加接近现实生活。

上图是为了能画出更精确的透视图，德国画家阿尔布雷特·丢勒在绘画中使用了坐标方格。

雕塑

文艺复兴初期的艺术家们发现古希腊和古罗马时期的雕塑非常精致。第一个想要发扬传统文化的雕塑家是多纳泰罗。他是阿尔伯蒂、布鲁内莱斯基和马萨乔的朋友。多纳泰罗和之后的米开朗琪罗复兴了古典雕塑技艺，他们的作品都符合解剖学中的人体比例和结构。

上图是米开朗琪罗的雕塑作品《大卫》，它强烈地表现出人体的神圣美。

上图《圣史蒂芬的葬礼》是弗拉·菲利波·利比创作的壁画中的一部分，所有的建筑线条都指向画中消失的那一点。

上图：西斯廷教堂天顶壁画几乎是米开朗琪罗一个人完成的，每天大部分时间他都站在高于地面20米的脚手架上工作，足足花费了4年多的时间才完成。

透视画法

画纸都是二维的平面，但是很早以前，艺术家们就知道运用"透视画法"，可以在二维的平面上创造出三维空间的视觉效果。在15世纪，建筑师和艺术家们发现了透视画法背后的数学规则。透视画法是以"消失点"为基础的，即所有的线条都要指向那一点。

湿壁画法

意大利画家运用古老的湿壁画画法，就是趁墙泥还没有干的时候，用水彩颜料在潮湿的墙灰上绘画。这种画法极其复杂，难以掌握。然而，许多文艺复兴时期的教堂和宫殿的墙壁上都是用这种方法绘制的壁画。

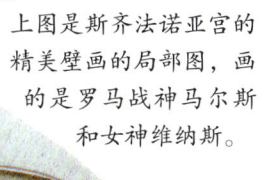

上图是斯齐法诺亚宫的精美壁画的局部图，画的是罗马战神马尔斯和女神维纳斯。

油画

15世纪初期，北欧的艺术家，如扬·凡·艾克，对油画颜料的运用已经十分娴熟。使用油画颜料可以在木板或帆布上画一些小型的、便携式画作，非常便于买卖。油画作品色彩丰富、光影层次细腻，常用作手抄本的插图。油画在意大利很快就流行起来，并被列奥纳多·达·芬奇和乔凡尼·贝利尼等艺术家所采用。

1434年，扬·凡·艾克为商人乔瓦尼·阿尔诺芬尼创作的《阿尔诺芬尼夫妇像》（上图）。

肖像画

文艺复兴时期，人们越来越喜欢记录现实生活中人的外貌。艺术家们，如列奥纳多·达·芬奇，在仔细观察的基础上，运用精细的光影处理，使画中人物栩栩如生。文艺复兴时期的肖像画以自然主义著称，因此有些肖像画并不好看。

右图：《抱银鼠的女子》是列奥纳多·达·芬奇画于1485年，画中人物的姿势十分放松自然。

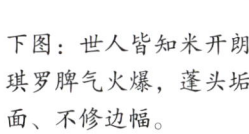

下图：世人皆知米开朗琪罗脾气火爆，蓬头垢面、不修边幅。

西斯廷教堂

米开朗琪罗也是文艺复兴时期一位多才多艺的艺术家。1508年，教皇尤利乌斯二世委派米开朗琪罗为梵蒂冈的西斯廷教堂整个天顶创作壁画。西斯廷教堂天顶壁画包含了《圣经·旧约》中的40多个场景，成为文艺复兴时期最伟大的艺术成就之一。

艺术家和手工业者

文艺复兴时期，艺术家不仅要能够绘画或雕塑，还要掌握一定的金匠手艺。不仅如此，他们还要能够设计建筑、军事装备、戏剧场景和彩色玻璃。例如布鲁内莱斯基，他不仅是位杰出的建筑师，还掌握了金匠和雕塑家的技能。一名艺术家从小就要在作坊里接受培训，培训完成后会成为某个行会的一员。行会的作用很多，最主要的就是保证作坊能够正常运作。

上图是《艺苑名人传》第二版，由瓦萨里著，发表于1568年。

文艺复兴时期很多的艺术家都是从金匠培训开始的。米兰大教堂的彩窗上画有圣埃利吉乌斯在法国利摩日的一个金匠那里当学徒时的情景（下图），圣埃利吉乌斯是金匠的守护神。

文艺复兴时期的艺术家

第一本讲述意大利文艺复兴时期艺术家生平的著作，是乔尔乔·瓦萨里所著的《艺苑名人传》。全书大部分内容都是关于艺术家们的第一手记录报告。瓦萨里本身就是一位画家和建筑师，他在书中回顾了艺术的发展进程和许多著名的艺术家，如画家乔托、雕塑家洛伦佐·吉贝尔蒂、画家马萨乔、曼泰尼亚和桑德罗·波提切利，并在书的结尾描写了文艺复兴盛期的艺术家，如达·芬奇、米开朗琪罗、拉斐尔和提香。

上图：为了表明自己的地位，艺术家贝诺佐·戈佐利将自己（帽子上写有他的名字）和美第奇家族成员一起画在了佛罗伦萨美第奇宫的壁画上。

自画像

自画像体现了艺术的人文主义精神。吉贝尔蒂在他著名的作品——佛罗伦萨圣若望洗礼堂的大门浮雕上刻画了自己的自画像。艺术家们通常会将自己和资助人的肖像画在宗教或神话场景当中。

右图是拉斐尔的自画像，绘于1506年。当时拉斐尔只有23岁，在佛罗伦萨工作。

艺术家的地位

在文艺复兴早期，艺术家们是以团队的形式工作的。绘画作品通常由几个画家共同完成，他们也不会在上面署名。后来，杰出艺术家的个人才华受到了认可，他们开始在自己的作品上签署名字，资助人也会对他们格外尊重。

学徒和助手

男孩7岁左右就可以在作坊里当学徒，接受艺术方面的培训。到了13岁左右，学徒可以在作坊承接的项目中充当助手。大师负责画主要人物，助手则创作图画的背景。大约到了18岁，他们的培训就完成了。有些人继续在大师的作坊里工作。那些更有天赋的人可能会成为独立的艺术家，拥有自己的工作室。

右图是15世纪佛罗伦萨某个作坊的木头箱子，其装饰画上展现的细节通常是在1∶1比例绘画中才会体现。

艺术作坊

成功的艺术家都会经营一些规模较大的手工艺作坊，制作各种各样的手工艺品，包括陶瓷砖、浮雕、金银物品、彩绘书皮、钟表和烛台。制作的产品范围广泛，也就意味着学徒必须学习同样多的技能，除了绘画、上色、雕刻、金属制造、调和颜料、打磨凿子等技艺，还要掌握数学、透视法和工程基本原理。作坊的大部分工作都是出资人委托的，此外作坊也会制作一些绘画、雕塑和其他物品用来销售。

有一些作坊专门铸造雕像，镀金青铜雕像"圣母和圣婴"（左图）就制作于15世纪奥地利萨尔茨堡的一个作坊。

洛伦佐·德·美第奇是很多艺术家的资助人，其中包括年轻的米开朗琪罗。

资助人

资助人在文艺复兴的艺术中扮演着重要的角色。他们在艺术上花费大量的钱财——有时是自己的，有时是城市或教堂的财产。他们不仅为艺术家提供了收入来源和生活保障，还对艺术的品位有直接的影响。列奥纳多·达·芬奇的事业得以发展就多亏了资助他18年的资助人——米兰的卢多维科·斯福尔扎公爵。

下图：在技艺纯熟的大师监督下，年轻的学徒学习各种技能，如面对模特现场作画、磨制绘画使用的水彩粉、准备木质画板等。

上图：除了凿子，雕刻家们还需要其他几样工具，以及充沛的体力。

法国、西班牙和葡萄牙

贸易的发展、学者的游历、国与国之间相互派遣外交使团以及战争的爆发，促使文艺复兴的思潮扩散到了更多的国家。15 世纪末期，文艺复兴的思潮已经在法国、西班牙和葡萄牙生根发芽。人文主义学者倡导在大学进行古典教育。宫廷贵族们在建造宫殿时开始采用文艺复兴的风格，他们同时也是艺术的重要资助人。

文艺复兴时期的法国

1453 年，百年战争结束后，法国重拾信心。年轻而充满活力的国王弗朗索瓦一世将文艺复兴的浪潮引入法国。法国最初的贡献是在文学领域。在古典巨著的启发下，诞生了一些深刻风趣的哲学著作和诗歌。这样的作家包括弗朗索瓦·拉伯雷和米歇尔·德·蒙田。

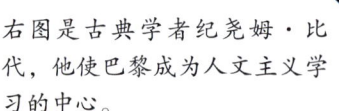
右图是古典学者纪尧姆·比代，他使巴黎成为人文主义学习的中心。

左图是埃尔·格列柯的《圣马丁和乞丐》，其中被拉长的人物形象体现了文艺复兴的矫饰主义。

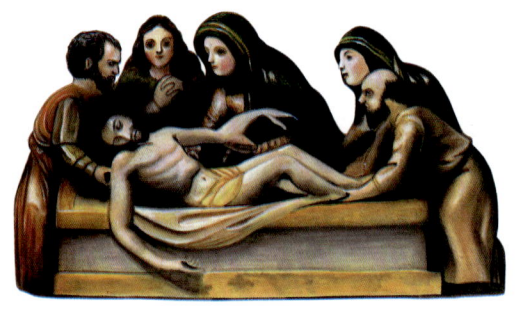
上图是 16 世纪的雕塑《基督的葬礼》，反映了当时西班牙强烈的宗教暗流。

西班牙的文艺复兴

1469 年，阿拉贡的费迪南和伊莎贝拉结为夫妇，两人携手登上了政治舞台，西班牙从此进入了稳定繁荣的黄金时代。通过皇室联姻，西班牙很快成了欧洲的庞大帝国。德国和荷兰的新教主义在帝国内不断引起矛盾冲突，特别是在菲利普二世统治时期。与天主教的纠缠不清，使人文主义思潮陷入困境。风格主义画家，如埃尔·格列柯强烈支持西班牙的天主教信仰。

上图是 1484 年的手稿插图，显示费迪南和伊莎贝拉平等统治西班牙。

独立的葡萄牙

1249 年葡萄牙完成了收复失地的运动，奠定了葡萄牙的疆域。15 世纪的时候，人文主义者从西班牙和意大利来到葡萄牙，在曼努埃尔一世统治期间，开创了文化的"黄金时代"。可能受到了阿拉伯人的影响，当地的哥特式建筑都具有地方特色。渐渐地，这种建筑风格和文艺复兴风格融合在了一起。

随着葡萄牙航海家的不断探险，到了 1530 年，里斯本与世界各地都建立了联系。

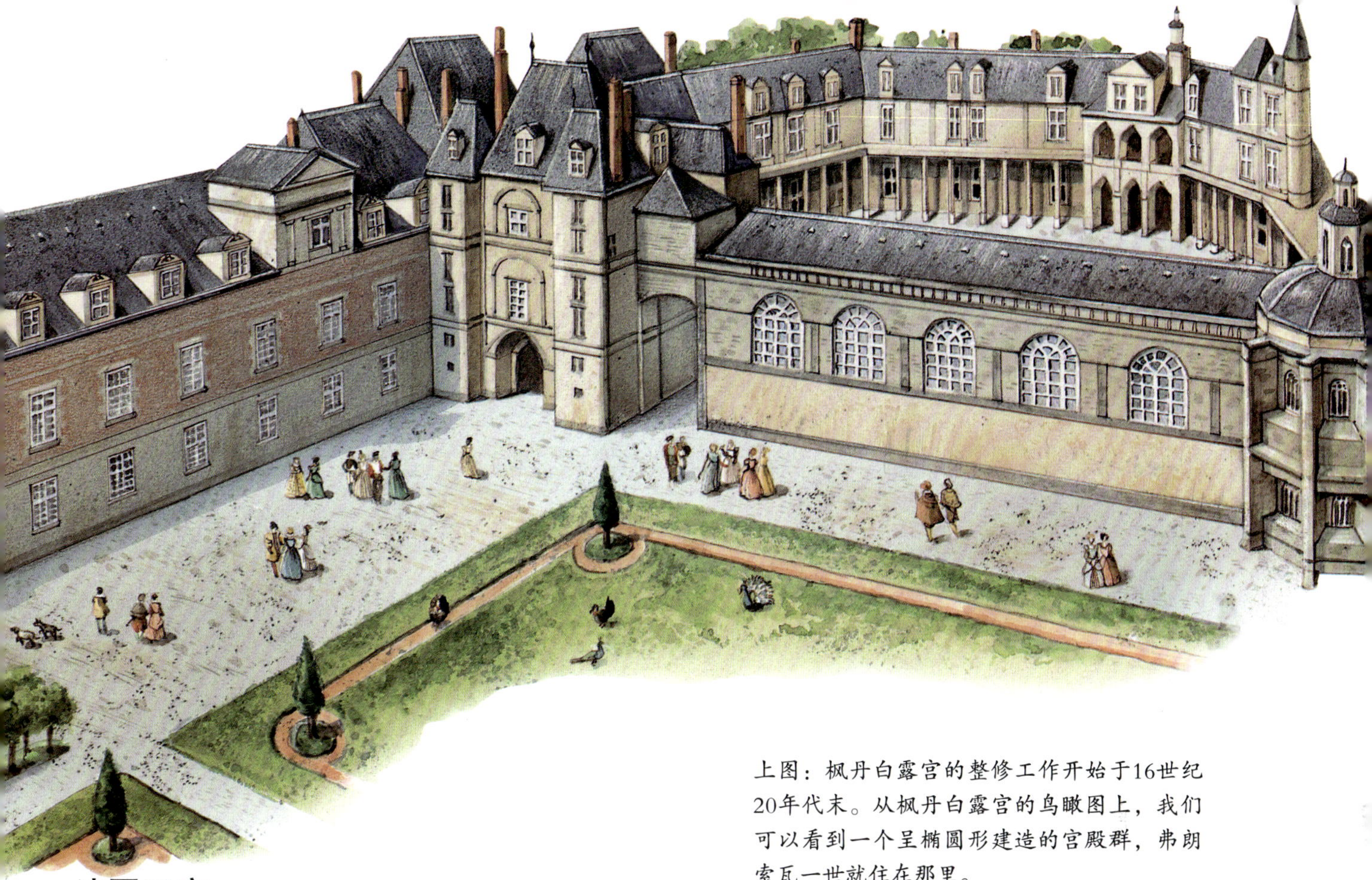

上图：枫丹白露宫的整修工作开始于16世纪20年代末。从枫丹白露宫的鸟瞰图上，我们可以看到一个呈椭圆形建造的宫殿群，弗朗索瓦一世就住在那里。

法国王宫

弗朗索瓦一世自诩为"法国文艺复兴王子"，他收集绘画、雕塑、书籍和手抄本，将很多意大利工匠和艺术家礼聘到法国，包括列奥纳多·达·芬奇。他们帮助弗朗索瓦一世整修宫殿，其中包括整建巴黎附近的枫丹白露宫，赋予这座宫殿文艺复兴风格。枫丹白露宫内收藏了大量文艺复兴时期的艺术品，包括拉斐尔的画作和米开朗琪罗的雕塑。

上图：1530年左右的微型人物画，画上弗朗索瓦一世和宫廷人员正在听一位学者诵读，这是他日常生活的一部分。

上图：弗朗索瓦一世在卢瓦尔河谷建造了宏伟壮丽的香波城堡。

建筑

15世纪，法国和西班牙的统治者还在修建城堡。到了政治比较稳定的16世纪，他们开始修建宫殿。这些宫殿沿袭了文艺复兴时期意大利宫殿的建筑风格，又深受古典主义的影响，主要体现在建筑比例以及圆拱、壁柱和山墙等建筑细节的运用上。菲利普二世的庞大宫殿——埃斯科里亚尔建筑群（建于1563—1584年）的设计带有浓烈的古典风格，彰显出一种虔诚的肃穆感。

下图：位于佛兰德斯地区的安特卫普是15世纪末期西欧最重要的商业和贸易中心。到了16世纪50年代，那里的常住人口高达10多万。其中大多数人从事贸易和众多城市行业，如酿酒、制糖、丝绸和挂毯制造等。

北欧的文艺复兴城市

文艺复兴时期，低地国家的城市，如布鲁日和根特，成了欧洲最大最繁荣的城市。这些城市都拥有很大程度的自治权。在14世纪末，这些城市成了勃艮第公爵的属地。勃艮第公爵为这些地区带来了和平和稳定，还在布鲁日建造了金碧辉煌的宫殿。在德国，城市通过贸易繁荣起来，银行家们（如富格尔家族）也创造出大量的财富。像意大利的城市一样，这些北欧的城市也成了繁荣的文化生活中心。

上图：纽伦堡，德国南部城市，是德国艺术家丢勒的出生地。丢勒在这里度过了人生的大部分时光。

纺织业

在欧洲北部，纺织业是国际贸易中最重要的行业。产自英格兰的好羊毛出口到低地国家，在那里纺织成布。低地国家那些富有的城市，如布鲁日和布鲁塞尔，专门生产高档纺织品。其制作出来的昂贵挂毯装饰了整个欧洲宫殿的墙壁。在文艺复兴初期，纺织业贸易垄断引发了一系列政治条约的签订、皇室联姻，甚至是国际冲突。

上图：布鲁塞尔以挂毯闻名于世，许多挂毯都是由最杰出的艺术家所设计。

丢勒和勃鲁盖尔

自中世纪起，北欧就一直有很强的绘画传统。这样的传统一直延续到16世纪，并在文艺复兴和人文主义的影响下达到了顶峰。北欧最杰出的画家包括德国的阿尔布雷特·丢勒和佛兰德斯画家老彼得·勃鲁盖尔。两个人都曾去过意大利学习绘画。

精湛的工艺

北欧富有的商人和银行家为高档商品，如纺织品、家具、银器、挂毯、珠宝、绘画等，提供了销售市场。金匠和银匠经常会转向其他不同形式的技艺革新。例如古腾堡就曾是一个训练有素的金匠。15世纪时，有些画家如扬·凡·艾克和汉斯·梅姆林，他们的画作向世人展示了一些充满奇珍异宝的世界。

丢勒展示了版画作为一种艺术形式所具有的艺术潜能。他精湛的技艺在名为《圣克里斯托弗》（绘于1511年）的木版画（上图）中一展无遗。

上图是德国出土的饮酒器具，镀金的银座上是一个充满异国风情的贝壳。

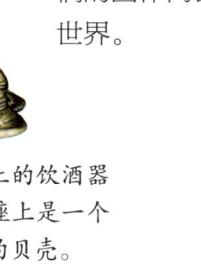

左图是勃鲁盖尔的画作，生动地描了正在婚礼上跳舞的农民。这表明勃鲁盖尔对佛兰德斯地区的普通民众更感兴趣。

德国和低地国家

在德国和低地国家，文艺复兴本质上是由伊拉斯谟等人文主义学者推动的一场知识分子运动。他们建立了新型大学，进行了印刷革命。到了16世纪初期，"北欧文艺复兴"才开始和意大利文艺复兴相提并论。这些国家通过贸易变得强盛，拥有了由富商构成的强大的中产阶级。在这些国家，油画于15世纪得到了蓬勃发展，而建筑在16世纪末才开始受到文艺复兴的影响。同时，宗教冲突又引发了北欧的分裂。

神圣罗马帝国

1519年，查理五世成为庞大的欧洲帝国的统治者，其统治的领地包括荷兰、德国部分地区、意大利和西班牙。他来自奥地利哈布斯堡家族，神圣罗马帝国的皇帝曾由该家族世袭。查理五世是天主教教义的捍卫者。随着天主教与新教矛盾日益加深，查理五世的统治也随之结束了。

左图是马克西米利安一世画像，由丢勒所绘。他于1477年通过联姻使低地国家成为哈布斯堡皇室的领土。

商人之家

在欧洲，富有的商人们会在城市里建造宽敞气派的房屋，工作和家庭生活都在一起。商人们会在自己的家里做生意，并住在自己作坊的上面一层。商业的成功在带来舒适生活的同时，也让商人有足够的时间和金钱接受教育。人们开始从图书、艺术和音乐方面追求文艺复兴文化。

商人

文艺复兴时期的商人通过买卖货物，赚取差价。富有的商人还会投资海外贸易公司来赚取利润分红，或在新兴的股票交易所进行股票买卖。随着越来越多的商贸货船驶往亚洲和美洲，人们看到了更多的利润空间，当然利润与风险并存，总是会有海难或其他不幸发生。

左图是1590年左右的英国商人。他们是欧洲富有且最具影响力的人群。

❶ 房屋框架是由木材搭建而成，再以砖、灰泥、稻草等填充
❷ 一层是作坊、办公室、仓库和商店
❸ 窗户
❹ 壁炉
❺ 长凳
❻ 仆人和孩子通常居住在顶层
❼ 屋顶

改造与翻新

成功的商人有足够的钱来改善自己的居住条件。在文艺复兴时期，很多中世纪的城市房屋被重新修缮，既加入了一些古典元素作为装饰，又改装成了大窗户。有些商人甚至会将自己的住宅彻底重建。在佛罗伦萨，重建的房子多会采用布鲁内莱斯基和阿尔伯蒂首创的石屋风格。在低地国家，新房子是用砖修建的，屋檐处是阶梯状山墙，外墙装饰着文艺复兴风格的图案。在法国，弗朗索瓦一世从意大利引入了文艺复兴思潮，那个时期修建的城堡都采用了文艺复兴的风格。

下图：从这条法国街道可以看出，在市中心附近，商人们的房子一座挨着一座。

右图是14世纪的达万扎蒂宫，是典型的佛罗伦萨商人房屋。顶层的长廊，是在文艺复兴时期增加的，夏天时可以在下面乘凉。

上图是意大利15世纪晚期的纺织品商店，很可能开在商人住宅的一层。

右图：一把16世纪的椅子。家具通常讲究简单实用，装饰着浮雕图案。

房屋内部

商人的房子一层通常用来做生意，楼上用来居住和会客。在北欧，富裕人家的房屋墙壁上都装饰着挂毯，同时也起到保暖的作用。商人们也会将廉价的木制镶板或西班牙的压花皮革，像壁纸一样挂在墙上。

音乐是文艺复兴时期聚会必不可少的一部分。上图中的音乐家在演奏鲁特琴和排箫。

时尚

有钱和有权势的人将服饰作为炫耀身份地位的一种途径。用高品质的羊毛和丝，经过复杂的编织、染色、刺绣工艺制作出来的纺织品，既精致又时尚，常常会吸引别人的目光。穿着这样的服饰，无论男女，都会很自豪。随着新教的兴起和反宗教改革的进行，这种奢侈的行为逐渐为人们所诟病。越来越多的人开始穿黑色衣服，查理五世和菲利普二世就亲自引领了这种潮流。

上图是15世纪中期的壁画局部，画的是一位穿着时髦的男子。

音乐

音乐是文艺复兴的重要组成部分，也是女性可以涉足的一个领域。当时的乐器包括鲁特琴、大键琴、风琴、中提琴、大提琴、各种管乐器和鼓。歌唱在音乐作品中也很重要。成功的音乐家和作曲家会在欧洲各地的宫廷中进行表演。例如，佛兰德斯作曲家若斯坎·德普雷就在米兰、罗马、巴黎和费拉拉等地进行过创作。情歌之类的关于世俗生活的音乐越来越多，并且曲谱会被印刷出来广为流传。

右图是16世纪一幅油画的局部图，画上人们正聚在一起演奏音乐。

文艺复兴时期的文化

对于文艺复兴时期的大多数人来说，生活是艰难而不可预测的。人生苦短，所以要尽可能地享受快乐。因此每当有特殊的事件发生时，统治者们就会举办一场盛大的活动来庆祝。1468 年，勃艮第公爵和来自约克的玛格丽特结婚时，就举行了一场大规模的庆祝活动，包括盛装游行、流动着葡萄酒的喷泉和由 40 名表演者的剧团。

右图是荷兰画家扬·莫斯塔特画了一个比赛的场景。在比赛中，竞赛者必须围着一个生鸡蛋跳舞，而不能将鸡蛋碰碎。

体育和消遣

在贵族阶层，大部分的运动都和狩猎或武器练习有关，如击剑、射箭或马上长矛比武。足球、赛马等属于非正式的活动，而且不同地区的规则也不相同。富人还会将园艺作为兴趣爱好，通过打造赏心悦目的花园来消磨时光。

上图：在佛罗伦萨，孩子们在玩一种需要面对面站着玩的"小猫头鹰"游戏。

左图是宫廷小丑形状的青铜烛台。这些人扮演成小丑的样子，为宫廷人员提供娱乐，并领取报酬。

娱乐

当时能读书识字的人很少，但人们还是设计出了很多种娱乐方式，如跳舞、唱歌、讲故事、诵诗、下棋、掷骰子等等。相比之下，宫廷里的娱乐活动要奢侈得多，如诗歌朗诵、音乐演奏会和小丑、杂技、柔术、杂耍表演混合在一起。还有斗鸡和斗熊等娱乐方式。

节日

在圣徒纪念日或其他节日，人们会在城市的公共广场上举行庆祝活动，包括游行、骑士比武、赛马、模拟战争、文艺演出和烟花秀等。正如勃鲁盖尔在他的画作中表现的，节日的氛围不仅仅限于城市，乡村人民也会通过唱歌、跳舞、举行盛宴来庆祝节日。在低地国家，每个乡村都有一个守护神日，人们在这一天举行露天市集来庆祝节日。

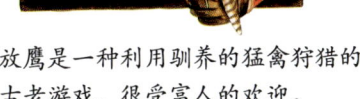

放鹰是一种利用驯养的猛禽狩猎的古老游戏，很受富人的欢迎。

饮食

那时的人们只能吃应季的食物，富人们可以享受到丰盛的菜肴。我们今天吃到的大多数食物在文艺复兴时期都能吃到，除了西红柿、马铃薯、胡椒、大多数豆类和巧克力——这些食物是在 16 世纪的时候从美洲传入欧洲的（见第 82—83 页）。一般南欧人喝葡萄酒，北欧人喝啤酒，当然，通过商品贸易，葡萄酒也进入了北欧。

节日的时候，佛罗伦萨的圣神广场人头攒动，到处都是各种各样的表演（上图）。

上图是意大利帕多瓦市的一幅壁画的局部图，由乔托所绘，画中一个人正在饮酒。

服装和首饰

在文艺复兴时期，富裕人家的女性会穿精致的外袍。这些外袍通常很长，能一直垂到地上，而且又厚又重。这些外袍上都会镶有宝石，浆洗和熨烫都需要专业的仆人花费大量的时间完成。富人们经常会花钱购买珠宝饰品，如戒指、项链、胸针等。因此饰品的制作工艺也越来越精湛。

上图是15世纪威尼斯的厚底鞋，穿这样的鞋子可以使衣服高于地面，防止被泥土弄脏。

右图是出自中欧的一枚戒指，形状为两只手捧着一颗心，象征着爱情。

左图是大约1450年的黄金珐琅胸针，图案为一对新婚夫妇。

儿童

大多数儿童都出生在一个庞大的家庭，通常会有10多个兄弟姐妹。年纪大一些的孩子要照顾年幼的弟弟妹妹，直到他们长大，找到有偿工作或进入某一行业做学徒。大多数孩子都不会上学接受教育。他们通常小小年纪就要挑起成人的担子，从婴儿到成人的过渡期非常短暂。

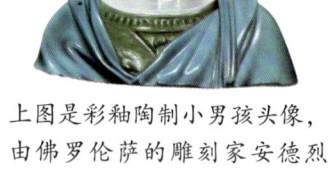

上图是彩釉陶制小男孩头像，由佛罗伦萨的雕刻家安德烈亚·德拉·罗比亚所制。

劳动女性

绝大多数女性属于底层劳动阶级，不得不外出工作。她们被雇佣为农场工人、女仆、厨师、保姆、浣洗女工、市场小贩、绣工或裁缝，很多女性会帮助自己的丈夫经营生意。中产阶级和贵族女性则将全部的时间用来管理家务，生活环境比较舒适。

上图是一幅德国油画，画上妇女们正在河边洗衣服。

教育和地位

直到 16 世纪晚期，在人文主义思想的影响下，女孩们才开始上学读书。在那之前，一般只有贵族和上层阶级的女性才能接受私人教育。有些女性成了作家、诗人或音乐家，但这只是极少数。文艺复兴时期的人文主义者主张男女平等，就女性在社会上所扮演的角色进行了广泛的讨论。但在现实生活中，女性通常被认为不如男性。

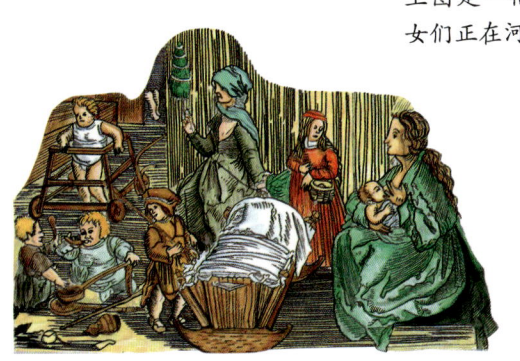

上图：文艺复兴时期很多女性的日常生活就是照顾孩子。

一些证据表明，富裕家庭的女性会学习绘画。从这张15世纪的手稿插图（右图）中可以看出，一位女性正在画自画像。

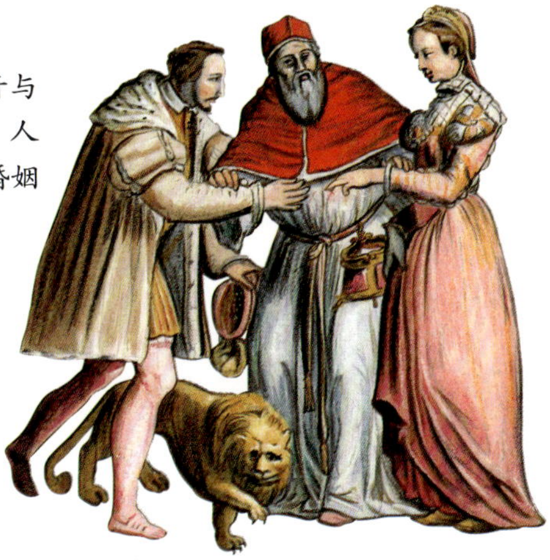

婚姻和家庭

文艺复兴时期，婚姻通常是由父母安排的，他们会给自己的孩子选择一位能够带来更高地位或更多财富的伴侣。统治家族之间的联姻通常被认为是巩固两国关系的最佳途径。在婚姻安排中，爱情并不是首要考虑的问题。婚后，女性会离开自己的家庭，住到丈夫家里，基本过着在家从父、出嫁从夫的生活。作为婚姻财产协议的一部分，女方要带给丈夫一份嫁妆——一大笔钱或一份丰厚的财产。

1533年，卡泰丽娜·德·美第奇与未来的法国国王亨利二世联姻。人们普遍认为美第奇家族在这桩婚姻中的收获颇丰（右图）。

左图为文艺复兴时期，几个富裕家庭的妇女们在一起看书，陪孩子玩耍。

妇女和儿童

在文艺复兴时期，大多数女孩的生活目标就是结婚生子。女孩到了 14 岁或 18、19 岁就可以结婚了。婚后她们就开始生育孩子，基本上一年生育一个。当时，多达三分之二的孩子会在出生时死掉或在婴儿期夭折。生孩子对妈妈来说也是很危险的事，很多女性因为难产或产后并发症而死。这在当时是很平常的事情，因此，家庭以外的各个方面都归男性打理。那些终身不嫁的女性通常会进女修道院。

科学与医学

在文艺复兴的大部分时期，科学在很大程度上仍然以1,000多年前的古希腊学术研究为基础。阿拉伯人将这些知识保存得很好。中世纪以来，科学一直停滞不前，文艺复兴使古希腊学术重现于世，这标志着科学技术在欧洲取得了一些进步。印刷术发明以后，基本的科学知识迅速传播开来。一直到文艺复兴末期，科学才取得了一些重大的进步。

左图是安德烈亚·德拉·罗比亚为佛罗伦萨第一家孤儿院——布鲁内莱斯基育婴堂雕刻的陶制圆形饰物。

上图是15世纪阿拉伯医生绘制的解剖图，展示了当时人们对人体内脏器官的基本认识。

左图：文艺复兴时期的医院通常设在大楼里，宽敞的病房里排满了病床。患者的基本需求主要依靠家属来满足。

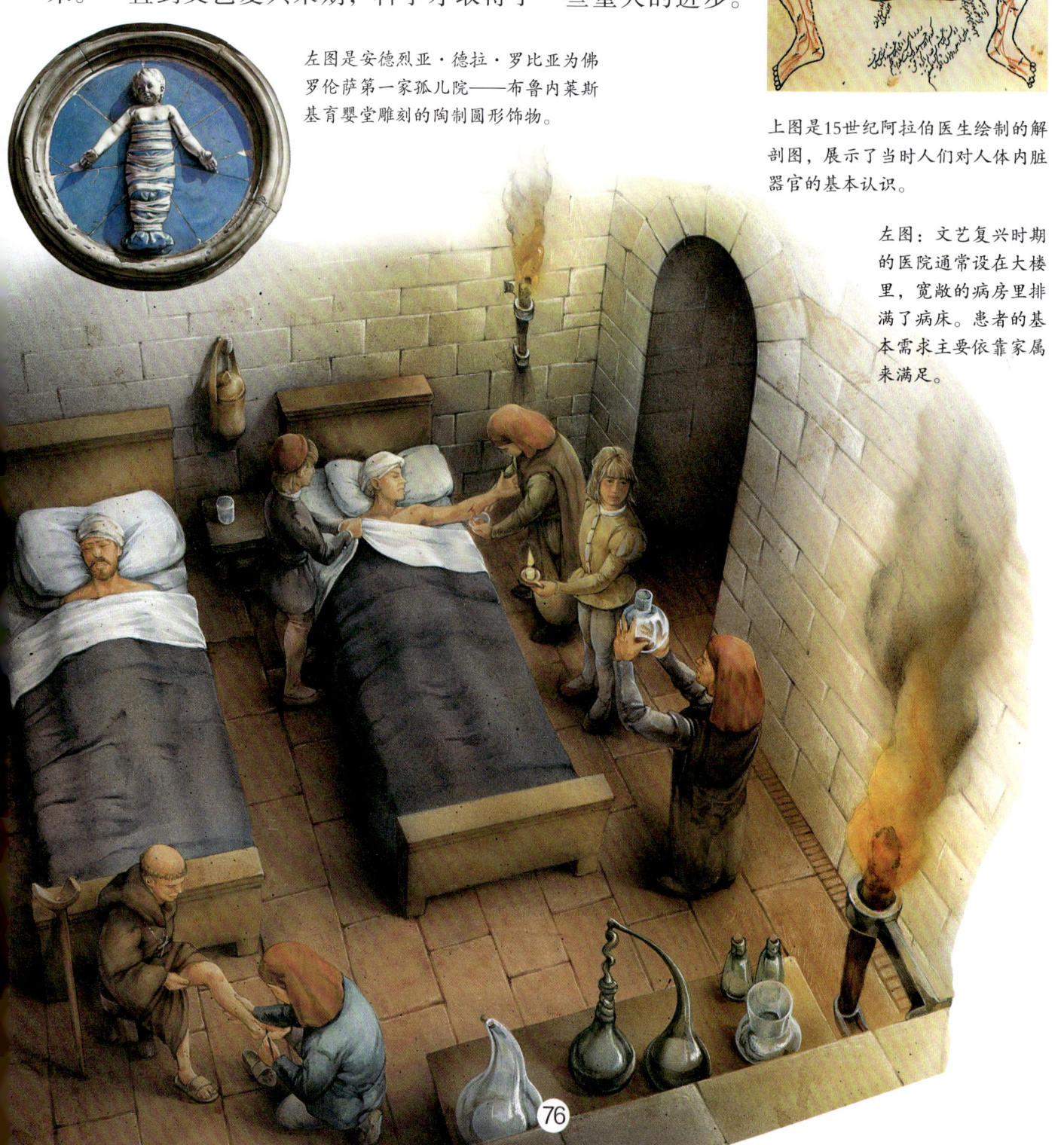

医院

文艺复兴时期，医院通常由富有的资助人或行会出资兴建，由宗教机构运营。那时的医学还不够发达，疾病的治愈率很低。人们对待疾病通常采取一种顺其自然的态度，由着疾病发展或自愈。医生只是诊断疾病，并对病情的发展结果做出预测，不过这也能给患者带来安慰。医生们也会进行手术，只是当时并没有麻药。有些医院还会照顾孤儿和弃婴，如1419年在佛罗伦萨建立的布鲁内莱斯基育婴堂。

文艺复兴时期的头部包扎方法（右图）源自古希腊。

文艺复兴时期的药剂师

希波克拉底等古希腊医师曾教导人们要观察记录患者的病情发展以及用药效果。中世纪以来，修道院一直遵循类似的方法。他们在自己的花园种植草药，提供各种各样的药材。当然，也有一些不太好的药剂师会用蠕虫肝脏或蝾螈舌头之类的材料制作很多没有疗效的药剂。

15世纪的药剂师（左图）会将药材装进罐子里陈列在柜台后面的架子上。他们常常依附于某家医院。

炼金术士

当时，黄金是最有价值的金属。有些人认为黄金中含有长生不老的秘密，能包治百病，甚至还能"赎罪"。有些金匠认为通过某种法术，可以将普通金属或"低级"金属转化成金子。这种法术被称为"炼金术"。炼金术为现代化学奠定了基础。

上图中炼金术士采用了金匠和药剂师的全副装备，希望能制出黄金，但是希望很渺茫。

医学

那个时候医生对解剖学、疾病和医药只有初步的认识。他们的工作很大程度上只是猜测，通常还混有迷信。不过，还是有很多医学从业人员，如助产士，会在大量实践经验的基础上提供非常有价值的服务。大学将医学知识汇集在一起，开设了全新的医学院，教授科学的治疗方法。

上图：那时人们就已经知道，化验尿液样本可以帮助诊断疾病。

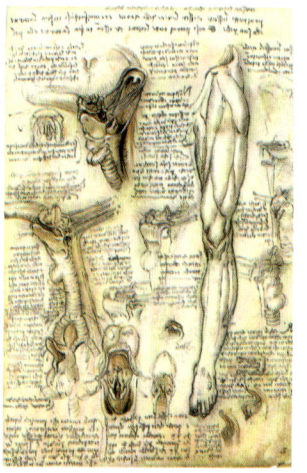

上图是列奥纳多·达·芬奇为解剖图设定了一套标准，但几个世纪以来并没有得到应用。

解剖学

文艺复兴初期，关于人体内部结构的知识还不完整。佛兰德斯医生安德雷亚斯·维萨里对解剖学进行了研究，使人们在这方面的知识逐渐得到完善。为了撰写开创性著作《人体的构造》（发表于1543年）一书，他对人体进行了解剖。早在这本书出现的几十年前，列奥纳多·达·芬奇就在手稿中画了大量详尽的解剖图。

天文学

亚里士多德认为宇宙是球形的，而地球位于宇宙的中心。阿拉伯天文学家在这个错误的认识上发展了一系列的天文知识。大约在1512年，波兰天文学家尼古拉·哥白尼发现这个理论与自己的观念相悖，于是提出了宇宙是以太阳为中心的"日心说"。1543年，他发表了这一观点。之后，"日心说"得到了伽利略·伽利雷的证实，但是教会却强迫伽利略否定这个观点。

上图：1606年，荷兰人发明了望远镜后，伽利略·伽利雷成为第一个使用望远镜的天文学家。

左图是哥白尼的"日心说"图解，显示了地球围绕太阳转动。当时的普通民众，特别是教会，很难接受这个观点。

文学和戏剧

对古典文学的研究和印刷术的发展促进了文学作品的传播，也激起了人们的创作热情。很多人开始创作自己的文学评论、哲学著作和诗歌集。文艺复兴时期也是戏剧的复兴繁荣时期，在宫殿的宴会厅或庭院，一幕幕戏剧作品被搬上舞台，供欧洲各国的皇室欣赏。在公共广场、集市和旅馆，人们会搭建起临时性舞台。而在16世纪晚期，人们兴建了一批永久性的剧院建筑。

下图：环球剧院，建于1599年，位于伦敦泰晤士河河畔。这里上演了莎士比亚大部分的作品。1613年，在上演《亨利八世》的时候，大炮喷出的火星点燃了剧院的茅草屋顶，环球剧院被烧为平地。

左图：拉伯雷受到教会的强烈批判，也得到了他的朋友和资助人——红衣主教杜贝莱的保护。

剧作家、诗人和作家

在众多的文学形式中，戏剧具有可以表演的优势。它既可以吸引没有文化的普通民众，也可以吸引受过教育的贵族阶级。在英国，威廉·莎士比亚、克里斯托弗·马洛等剧作家的作品都很受欢迎。在欧洲其他国家，作者们在各种题材的散文故事中展现了文艺复兴时期的想象力、创造力。法国作家拉伯雷创作了讽刺小说《巨人传》，包含第一部《庞大固埃》（1532年）和第二部《高康大》（1534年）。西班牙剧作家塞万提斯创作了《堂吉诃德》（1605年）。

❶ 木材结构框架
❷ 茅草屋顶
❸ 在表演开始时升旗
❹ 露天剧场
❺ 舞台
❻ 演员
❼ 观众
❽ 三层楼座
❾ 有些观众坐在座席上观看表演

演员

直到文艺复兴后期,表演才开始成为一个赚钱的行当。第一家专业剧团是从 16 世纪意大利的传统即兴喜剧表演中发展而来。他们扮演不同的角色,如小丑、哑剧男丑角和科隆比纳(英国喜剧中的定型角色),进行没有剧本的即兴喜剧表演。在英国,随着永久性剧院大获成功,演员也越来越职业化。不过,只有男人可以表演,所以他们不得不扮演女性角色。

在即兴喜剧表演中,戴面具的演员们将歌、舞、哑剧和滑稽剧等多种表演形式结合在一起表演。

戏剧表演

古希腊戏剧是欧洲戏剧的起源。戏剧通常被分为两大类——喜剧和悲剧。在文艺复兴时期,剧本的传播极大地促进了戏剧的发展和创作。观众们既喜欢诙谐有趣的喜剧,也会被充满嫉妒和血腥谋杀的故事情节所吸引。

在伊丽莎白时代,虽然有了永久性的剧院,但演员们还是会在伦敦街头搭建临时舞台(左图)进行表演。

下图是手绘的伦敦天鹅剧院的内貌图,绘于1596年,是现存唯一一幅记录伊丽莎白时代剧院内貌的作品。

剧院

16 世纪末,欧洲兴起了一股戏剧热潮。1576 年,伦敦建造了第一家永久性剧院。建筑师们对古希腊和古罗马时期的剧院进行研究,在内部装饰和屋顶结构方面做了适当的修改,这使文艺复兴时期的剧院十分华丽美观。意大利维琴察的奥林匹克剧场就是帕拉第奥在古典模型的基础上精心设计而成的,是文艺复兴时期剧院的最佳示例之一。

战争

文艺复兴时期，意大利各个城邦在大力资助艺术和人文主义学习的同时，也在不断地因为领土、贸易路线和政权等问题发生冲突。随着火药的发明，武器变得更加具有破坏力。1494年，法国国王入侵意大利时，就为军队装备了新研制的轻型机动火炮。欧洲各国的统治者们不断升级他们的武器和国防，使战争的方式发生了彻底的改变。

佛罗伦萨人委托保罗·乌切洛为霍克伍德建造的墓碑上绘有壁画（上图），霍克伍德是一位令人尊敬的英国佣兵首领。

士兵和军队

中世纪时期，武士是战场上的重要力量。随着弩的改进，刺穿盔甲的力量越来越强，战术不得不随之发生改变，武士逐渐被更机动的骑兵所替代。在新型军队中，专业雇佣军占有重要地位，特别是意大利的雇佣军。军队的规模越来越大，在1500年，一支标准军队只有3万人，而到了1600年，一支军队的人数多达6万人。

1525年，在帕维亚战役中，弗朗索瓦一世因坐骑被火枪击倒而被俘。哈布斯堡军队派出了1,500名西班牙火绳枪兵，几乎让拥有2.8万名士兵的法国军队全军覆没。

军装

文艺复兴时期的审美也被应用到了军事上，盔甲变得越来越轻便、优雅。到了1600年，沉重的全身盔甲仅用于庆典场合。军装也变得更精致。据说教皇的雇佣警卫队——瑞士卫队的制服是由米开朗琪罗设计的。

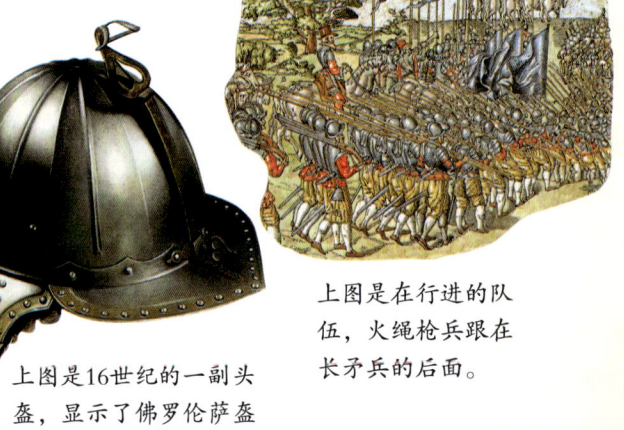

上图是在行进的队伍，火绳枪兵跟在长矛兵的后面。

上图是16世纪的一副头盔，显示了佛罗伦萨盔甲制作者的高超技艺。

枪支和武器

在13世纪，欧洲的战场上就已经开始使用火炮了。到了15世纪初期，手持火枪的地位日益突出。在战争中首先出现的枪支是火绳钩枪，射程为100米。后来，火绳钩枪逐渐被较重的步枪所取代。这种步枪在射击时必须架在叉形支架上。与此同时，火炮变得更轻、更有威力、更精准。士兵通常用带轮子的工具将火炮拖到战场。

上图的火炮可以安装在瞭望塔顶，提供360度的火力覆盖。

防御工事

1450年以后,随着威力越来越强的火炮被引入战场,中世纪的防御工事开始变得落后。以前保护着城市和城堡的厚石墙再也经受不住炮火的攻击了。为了抵御这种威胁,意大利军事工程师设计了一种全新的防御体系——星形土木堡垒。堡垒表面砌有石头,并由大炮来防护。

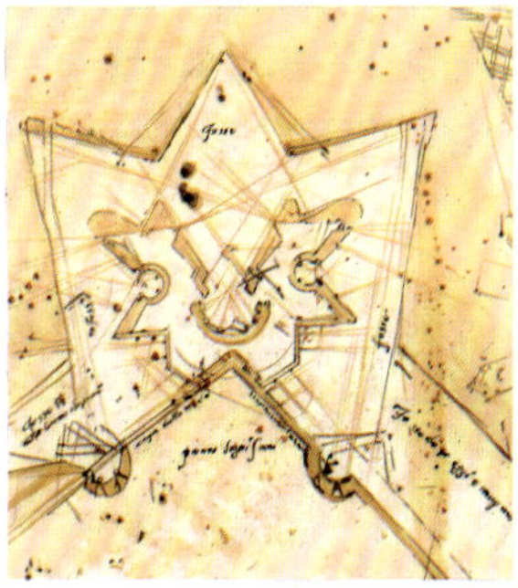

下图是《圣罗马诺之战》的局部图,由保罗·乌切洛所绘,展示了战争中所使用的传统武器。

上图是米开朗琪罗为了保护佛罗伦萨的一个城门,绘制的星形堡垒草图。

16世纪初,手枪(下图)开始在战场上使用。

战争方式的改变

在文艺复兴的大部分时期,法国、英国和奥地利的哈布斯堡帝国都在为欧洲的领导权而斗争。其中最主要一个战场就是意大利,因为这里的领土纠纷十分复杂。哈布斯堡帝国和法国的矛盾冲突在1525年的帕维亚战役中达到了高潮,法国在此役中惨败。帕维亚战役也是一个战争转折点,手持枪械开始取代剑、弓箭、长矛等传统冷兵器。

海上战争

火炮也改变了海上战争的方式,安装在甲板上的大炮,无论远近,都可以摧毁敌军的战船。最早使用有桨战舰的海上大战是1571年的勒班托战役。在这场战役中,威尼斯舰队在船头装有火炮,击败了奥斯曼土耳其,迫使他们从希腊撤离。到了1588年,当西班牙无敌舰队在海上航行时,战舰已经成了一座浮动的"堡垒"。

上图是西班牙无敌舰队是由130多艘战舰组成的舰队。

航海和探险

文艺复兴初期,欧洲进口香料的传统贸易路线遭到了破坏。为了解决这一问题,葡萄牙在 15 世纪试图寻找一些新的香料来源。那时候的人们对世界的认识非常有限,隐约知道东方有个叫"印度"的国家盛产香料。当时,最好的世界地图是由托勒密所绘,约绘于 140 年,上面没有南、北美洲。到了 16 世纪,人们对世界的认知得到了飞速发展。

上图:1493年,哥伦布胜利返回西班牙,得到了"海军上将"的封号,并被授予盾形徽章。

地图绘制和海上交通

探险家们在海上进行环球之旅,地图绘制者则根据探险家的报告,在地图上一点点补充上新的内容。很多早期的地图都是基于推测而绘制的,非常不精确。之所以如此,部分原因是航海家本身也不能确定自己身在何处。早期的航海设备只能显示纬度,不能显示经度。

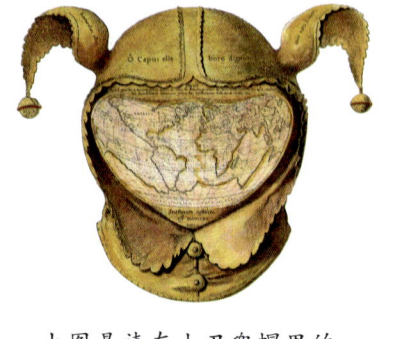

上图是裱在小丑兜帽里的一幅1590年的世界地图,上面的地理轮廓十分奇怪。

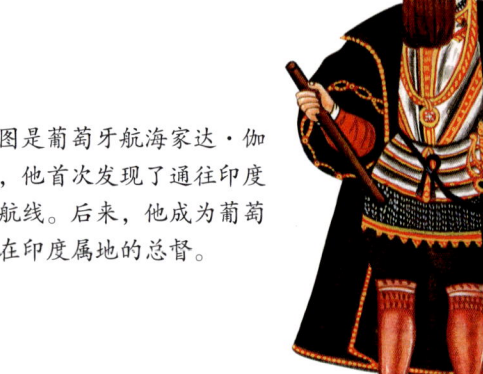

右图是葡萄牙航海家达·伽马,他首次发现了通往印度的航线。后来,他成为葡萄牙在印度属地的总督。

环球航行

在短短几十年间,欧洲的航海家们向东到达亚洲,向西到达美洲。1519 年,西班牙航海家斐迪南·麦哲伦率领 5 艘船和 270 个海员向西出发,开始寻找盛产香料的岛屿。这是一段非常艰辛的旅程,麦哲伦在菲律宾被杀害。1522 年,唯一幸存的船返回到葡萄牙,实现了人类第一次环球航行。

航海发现

1497—1499 年,瓦斯科·达·伽马绕过好望角,到达印度。随后是一系列其他远航探险。旅程的传奇故事和船只带回来的货物,引起人们广泛的关注。同时,热那亚航海家克里斯托弗·哥伦布在西班牙统治者费迪南和伊莎贝拉的资助下,向西航行寻找印度。1492 年,他到达了加勒比群岛,并将这里称为"西印度群岛"。

左图:这是一张1545年的地图,上面标有麦哲伦环行世界的航线。

为了探索去往东方的海上之路，克里斯托弗·哥伦布率领3艘船组成的舰队在海上航行了33天之后，在1492年10月到达了圣萨尔瓦多。岛上的原住居民泰诺人感到十分惊讶，并招待了他们。泰诺人没有任何武器，也没有盔甲。他们通常佩戴耳环、项链和手镯等饰品，有十分精湛的编织、制陶和雕刻技术，他们还种植香甜的马铃薯、谷物、玉米、棉花和菠萝等。

帝国的创建

开始的时候，探险是为了商业贸易，人们想要找到一条又快又安全的路线，来获取宝贵的香料。同时，人们也想更多地了解世界，在好奇心的驱使下开始了一次次远航。很快，随着葡萄牙、西班牙、法国、英国和荷兰一次次出海寻找可以开拓的殖民地，航海变成了对领地的不懈追求。最终引发了奴隶贸易和种族灭绝战争，并给当地没有免疫力的土著人带去了疾病。

麻疹等疾病给美洲土著居民造成了致命性的伤害（左图）。在1500—1625年间，美洲中部人口数量至少从1,100万锐减到125万。

右图是葡萄牙航海家亨利王子。他自己没有进行过远航，但他在鼓励探险家采取井然有序的探险方法上发挥了重要的作用。

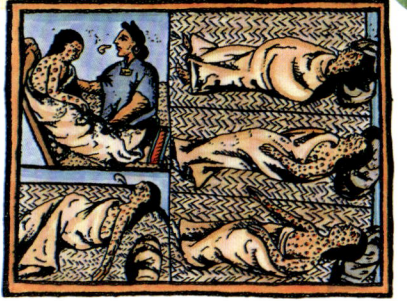

航海船只

跨大洋探险需要的是小型坚固的船只。如13世纪发明的葡萄牙帆船，只有21米长，由25名船员操控。到了15世纪90年代，一种被称为"克拉克帆船"的地中海商船开始用于海上探险。这种帆船更大更宽敞。

上图是制作于1500年的葡萄牙陶碗，上面画着一艘轻快帆船。

图书在版编目（CIP）数据

文明：手绘历史图鉴. 古罗马和文艺复兴 /（英）尼尔·格兰特著；（英）曼纽埃拉·卡彭绘；王翀，牟超译. -- 北京：北京日报出版社，2023.10
ISBN 978-7-5477-4211-2

Ⅰ.①文… Ⅱ.①尼… ②曼… ③王… ④牟… Ⅲ.①文化史—欧洲—中世纪—儿童读物 Ⅳ.① K103-49

中国版本图书馆 CIP 数据核字 (2021) 第 257537 号

北京版权保护中心外国图书合同登记号：01-2022-5624

Everyday Life in Ancient Rome & Everyday Life in the Renaissance
Text by Neil Grant Copyright © 2017 Nextquisite Ltd., London
Illustration by Manuela Cappon Copyright © 2017 Nextquisite Ltd., London
First published in 2005 by McRae Books Srl, Florence (Italy)
All rights reserved.

文明：手绘历史图鉴

古罗马和文艺复兴

出版发行：	北京日报出版社
地　　址：	北京市东城区东单三条 8-16 号东方广场东配楼四层
邮　　编：	100005
电　　话：	发行部：（010）65255876
	总编室：（010）65252135
责任编辑：	姜程程
印　　刷：	天津善印科技有限公司
经　　销：	各地新华书店
版　　次：	2023 年 10 月第 1 版
	2023 年 10 月第 1 次印刷
开　　本：	889 毫米 ×1194 毫米　1/16
总 印 张：	21.25
总 字 数：	660 千字
定　　价：	168.00 元（全 5 册）

版权所有，侵权必究，未经许可，不得转载

文明：手绘历史图鉴

凯尔特人和维京人

[英]尼尔·格兰特◎著　[英]曼纽埃拉·卡彭◎绘　谭斯萌　牟超◎译

北京日报出版社

目 录

骁勇的剑客：凯尔特人 …………………………………… 4

起源 …………………………………………………………… 6

凯尔特世界 …………………………………………………… 8

宗教 …………………………………………………………… 10

德鲁伊 ………………………………………………………… 12

墓葬 …………………………………………………………… 14

农业与食品 …………………………………………………… 16

战争 …………………………………………………………… 18

社会和日常生活 ……………………………………………… 20

凯尔特农庄 …………………………………………………… 22

科技 …………………………………………………………… 24

艺术 …………………………………………………………… 26

节日 …………………………………………………………… 28

村庄和城镇 …………………………………………………… 30

娱乐和游戏 …………………………………………………… 32

凯尔特人和罗马人 …………………………………………… 34

罗马化的凯尔特人 …………………………………………… 36

贸易与旅行 …………………………………………………… 38

凯尔特边界 …………………………………………………… 40

凯尔特人继续存在 …………………………………………… 42

野蛮的海盗：维京人 …… 44
维京人的起源 …… 46
维京人的社会生活 …… 48
陆地上的交通 …… 50
造船术 …… 52
宗教和葬礼 …… 54
农业和渔业 …… 56
集市和城镇 …… 58
东方贸易 …… 60
房屋与家庭 …… 62
服装与首饰 …… 65
儿童 …… 66
休闲娱乐 …… 68
维京人的防御工事 …… 70
维京人的突袭 …… 72
维京人在法国 …… 74
到达西方 …… 77
信奉基督教 …… 78
文字 …… 80
金属制造 …… 83

骁勇的剑客
凯尔特人

骁勇的剑客：凯尔特人

约公元前500—公元500年间，凯尔特人生活在欧洲的大部分地区，从苏格兰北部一直到葡萄牙南部，横跨整个欧洲。凯尔特人甚至还进入了亚洲，定居在小亚细亚（今天的土耳其）的加拉提亚。凯尔特人并不是一个单一的民族。在他们居住的国家中，凯尔特人经常分裂为多个部落，彼此间战争不断。不列颠和爱尔兰的凯尔特人和高卢（比今天的法国面积大一些）的凯尔特人截然不同，而他们又都不同于伊比利亚半岛（今天的西班牙和葡萄牙）的凯尔特人。

凯尔特人会说好几种语言，不过这些语言之间的联系十分紧密，比如流传至今的布列塔尼语和威尔士的凯尔特语。各个地区的凯尔特人有很多相同的理念、习俗和生活方式。由于他们本身没有文字记录，所以只能通过古希腊人和古罗马人（古罗马人最终征服了凯尔特世界的大部分地区）的文字记载来了解凯尔特人。此外考古学家们在一座古墓中了解到的内容也多得让人意外。学者们还研究了后来的凯尔特文学作品，尤其是约700年时由爱尔兰修道士所写的凯尔特民间故事，这些故事被传诵了好几个世纪。

大事记年表

约公元前1,200年
哈尔施塔特文化开始形成

约公元前750年
铁器时代开始

约公元前600年
凯尔特人定居伊比利亚

约公元前550年
希腊人的文献中首次提到了凯尔特人

约公元前500年
凯尔特人与希腊商人在马赛进行贸易

约公元前390年
高卢人进攻罗马

约公元前280年，凯尔特人入侵希腊，定居在小亚细亚的加拉提亚

约公元前200年，欧匹达姆（即城镇）在凯尔特国家兴建起来

公元前58—前52年
恺撒征服高卢地区

约公元前20年，罗马人在伊比利亚半岛击败凯尔特人

43年，罗马人入侵凯尔特人统治下的不列颠

约350年，日耳曼部落定居高卢，入侵不列颠

约5世纪，基督教传入爱尔兰

矿业

哈尔施塔特酋邦的财富部分来自开采铁矿、铜矿及其他矿产，这些矿产在地中海地区需求量很大。右图展示的是一座盐矿。尽管凯尔特人在大型工程项目上并不是很擅长，但这座盐矿采用了非常高效的技术，进而缩减了不少地下开采人力。这种技术主要是让一条小溪流过矿井，携带着岩盐通过木槽流入盐盘。盐盘中的水分被太阳晒干后，就留下了盐。

起源

今天的哈尔施塔特是一座美丽的奥地利小镇，背靠群山，山上仍可以看到史前的盐矿。盐作为一种防腐剂，曾经和黄金一样珍贵。在哈尔施塔特，考古学家发现了古代生活的大量遗迹，并将其称为哈尔施塔特文化。公元前1,200年左右，哈尔施塔特文化开始从中欧传到不列颠、西班牙和巴尔干半岛地区，直到公元前5世纪被拉登文化（同样是以一个著名的瑞士考古遗址命名）所取代。生活在哈尔施塔特的人是凯尔特人，他们住在由农场、村庄和山堡组成的小型酋邦中。几个世纪以来，他们的文化在不断发生改变，尤其是在公元前8世纪，他们完成了从青铜制造到冶铁技术的变革，这为他们带来了更大的财富和人口的增长。

凯尔特人不使用纽扣。他们用别针（与现代的安全别针很相似）将斗篷系起来。当时有很多流行的款式。左图这枚青铜别针造于6世纪，上面装饰着链条和三角形物体。

工艺与艺术

哈尔施塔特的凯尔特人是专业的工匠，从很多方面来讲，其技艺同他们的征服者罗马人不相上下。直到18世纪，欧洲哈尔施塔特文化中的一些采矿和金属加工技术才被超越。例如，哈尔施塔特文化晚期的双轮马车与2,000年后的农用马车基本没什么区别。凯尔特人作为天生的艺术家，用他们大胆的半抽象式设计图案装饰一切。这种设计基于自由流畅的线条，带有一定的幻想色彩。

哈尔施塔特酋邦

哈尔施塔特文明形成之后，在接下来的几个世纪里，随着粮食产量的提高和与地中海地区贸易往来的增加，这个地区变得越来越繁荣。这可以从统治阶级的权力和财富上体现出来。早些时候，酋长与其他人的差别并不大。但到了公元前700年左右，开始出现了富有的统治阶级（贵族阶级）。他们控制着采矿和贸易等领域，拥有奴隶，并住在特殊的城堡里。

在欧洲各地散布着裸露的坟堆，这些坟堆是典型的哈尔施塔特文化遗迹。当时，战争十分普遍，山堡——泥土和木材筑成的防御工事（左图）为住在附近的人们提供了避难所。

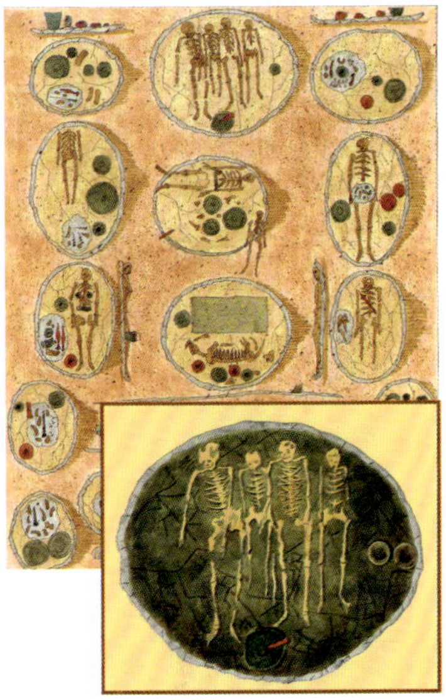

葬礼

农民们死后采用的都是火葬，而统治者死后要举办隆重的葬礼，并埋葬在地下的木制墓穴中，称为"古坟"。统治者的遗体会被放在漂亮的马车里运到他们的坟墓中，马车（有时连同马一起）会成为陪葬品。凯尔特人相信，人死后的生活会和生前大致相同。于是坟墓里会放置武器和其他物品，包括希腊人制造的贵重器皿。有时他们还会放一大块猪肉，认为这样死人在通往来世的路上就不会挨饿了。

上图是大约150年前，考古学家在哈尔施塔特发现的坟墓结构。画中细节展示了凯尔特人骨在坟墓中的细节。

哈尔施塔特的矿工们用这样的背包搬运盐。这些背包是用皮革制成的，还用木条进行了加固。由于被埋在了盐里，这些背包在2,000年后看起来还像新的一样。

凯尔特世界

在公元前5世纪和公元前4世纪，凯尔特世界发生了巨大的变动，古老的哈尔施塔特文化走向终结，拉登文化开始兴起。拉登人逐渐占领了凯尔特世界的大部分土地。这一变化很可能引起了大规模的迁徙，使凯尔特人横跨了整个欧洲。公元前6世纪左右，一些凯尔特人已经出现在不列颠南部和西班牙北部地区，并遍布苏格兰、爱尔兰和伊比利亚半岛等地。另外一些则翻越阿尔卑斯山进入意大利北部，在公元前387年左右袭击了古罗马。公元前4世纪左右，一些部落开始在乌克兰定居。公元前279年，一些凯尔特人深入到古希腊境内发动了突袭，之后在黑海地区定居。还有一部分凯尔特人选择朝东行进，穿过博斯普鲁斯海峡，在小亚细亚中部的加拉提亚定居。

上图的这个造于公元前100年左右的男子头像，出土于波希米亚。其后掠式的发型和大胡子形象，与有关西欧凯尔特男性的描述相吻合。

从希腊到小亚细亚

公元前 279 年，凯尔特人对希腊发动了最后一次也是最失败的一次入侵。他们袭击了圣城德尔斐——储存古希腊各个城邦宝藏的地方，但很快就被赶了出来。一小拨凯尔特人在黑海地区短暂建立了一个泰里斯王国；而另外一大群人，即未来的加拉太人，被小亚细亚的统治者邀请到国内定居，这些统治者想要雇佣凯尔特人担任士兵。

公元前200年之前，高卢人模仿古希腊人也铸造了自己的金银硬币，这些硬币上刻有马、战车或其他动物图案。

是什么引起了凯尔特人的迁徙？一位希腊作家认为，他们是想要更多的土地，和进一步加强与地中海地区的贸易，但也可能有其他的原因。

这个青铜酒壶（左图）制作于公元前350年左右。它的制作者是凯尔特工匠，但风格和装饰明显受到了伊特鲁里亚人的影响。

意大利

公元前 5 世纪左右，来自高卢的凯尔特人翻越阿尔卑斯山同伊特鲁里亚人作战，之后开始统治意大利。公元前 387 年，在定居北欧之前，他们袭击了古罗马。他们的拉登文化深受伊特鲁里亚文明的影响，并且他们成了第一批居住在城镇中的凯尔特人。公元前 283 年，他们第一次被古罗马人打败，之后不到 1 个世纪，他们便被古罗马人统治了。

高卢

"高卢"是古罗马人对莱茵河与比利牛斯山之间的地区的统称。公元前 5 世纪左右，高卢人接受了拉登文化。公元前 2 世纪时，罗马人占领了欧洲西南地区，并与地中海地区一部分"罗马化"的高卢人来往密切。此后，尤里乌斯·恺撒于公元前 57 年征服了整个高卢。

1世纪时，装饰华美的青铜镜在不列颠地区很受欢迎。右图中这面铜镜的设计图案以流畅的线条为基础，展示了拉登文化大胆而富有想象力。

不列颠和爱尔兰

不列颠和爱尔兰地区的凯尔特人与欧洲大陆的凯尔特人截然不同。他们认为自己是一个独立的民族，尽管在语言和文化上同他们的邻居高卢人十分相似。在不列颠生活着 3 个种族，分别是南部的不列颠人、福斯-克莱德运河以北的苏格兰人以及爱尔兰地区的爱尔兰人。他们之间在语言上有着相当密切的联系。

凯尔特伊比利亚人

在西班牙和葡萄牙定居的凯尔特人和当地的伊比利亚人生活在了一起。这些人仍然说凯尔特语，但在服装、武器、艺术等许多方面，凯尔特伊比利亚文化与哈尔施塔特文化、拉登文化都截然不同。

宗教

凯尔特人是十分虔诚的,尽管他们并无教会组织。凯尔特人和印度人、古罗马人一样,也崇拜许多神灵,但大多都是本土神灵。凯尔特人认为神是他们的祖先,而不是创造者。部落所信仰的男神和女神分别是该部落的"父亲"与"母亲"。和其他宗教一样,凯尔特神灵的行为和人类十分相像(有时也很糟糕),但都拥有超人的力量。人们向神灵供奉祭品,包括在圣殿中献祭活人。同样具有神圣性或超自然意义的还有其他事物,如特定的动物、河流、泉水和森林空地。"3"在当时是一个吉利的数字,神的形象有时也会以3个为一组的形式出现。凯尔特人认为人的灵魂在头部,所以他们雕刻了很多人的头像,也保存了很多敌人的头颅。他们认为,人的灵魂是不朽的,人死后会和活着时一样,在"来世"继续生活。

众神

学者们已经知道了400多个凯尔特神的名字,其中大部分是同一位神在不同地方的不同叫法。部落的神灵通常被描绘成英勇的战士和猎人,如头上长角的科尔努诺斯,他们保护着部落,也保佑狩猎成功。女性神灵通常与大地母亲有关,她们的兴趣点是种出好的庄稼和生育健康的后代。许多神灵都与一些特殊的活动相联系,比如治病,有些则扮演铁匠或其他工匠的角色。爱尔兰女神弗里达斯常与动物和森林联系在一起;不列颠女神苏利斯则负责照看巴斯的著名温泉。

左图:有些举行仪式的深井深达40米,这很可能是为了与地下世界的诸神取得联系。

仪式与祭品

因为德鲁伊教禁止写作,所以我们无法确切知道凯尔特人是如何敬拜神灵的。但可以知道的是,他们会在神圣场所、圣殿以及后来的神庙中举行某种仪式。仪式的目的是取悦众神,内容包括献礼和献祭。祭品是动物和人类(大多是罪犯)。在一些圣殿的深井里我们发现了献给神的礼物和祭品。

女马神艾波娜在凯尔特世界家喻户晓,她的形象总是和一匹马联系在一起。凯尔特人接受了古罗马人信仰的诸多神灵,但艾波娜是古罗马人所吸纳的唯一一位凯尔特神灵,信奉她为骑兵的保护神。

狗常常与"治疗"(可能是因为它们通过舔舐可以使身上的伤口很容易愈合)和"来世"紧密相连。狗的形象(看起来像猎狼犬)经常与女神一起出现。

神圣的动物

凯尔特人认为,有些动物拥有超自然的力量。他们对野猪的力量和勇气非常尊崇,经常会在盾牌上画上野猪的形象。狗在狩猎中起到了很大的作用。牡鹿和马是神圣的动物,此外还有像野兔、蟒蛇这样的小型动物,以及乌鸦和天鹅等鸟类。

科尔努诺斯（左图）是凯尔特人的主神，通常戴着鹿角头盔。他在不列颠和欧洲大陆都很出名，并且可能与爱尔兰的达格达（万神之主）是同一个神。

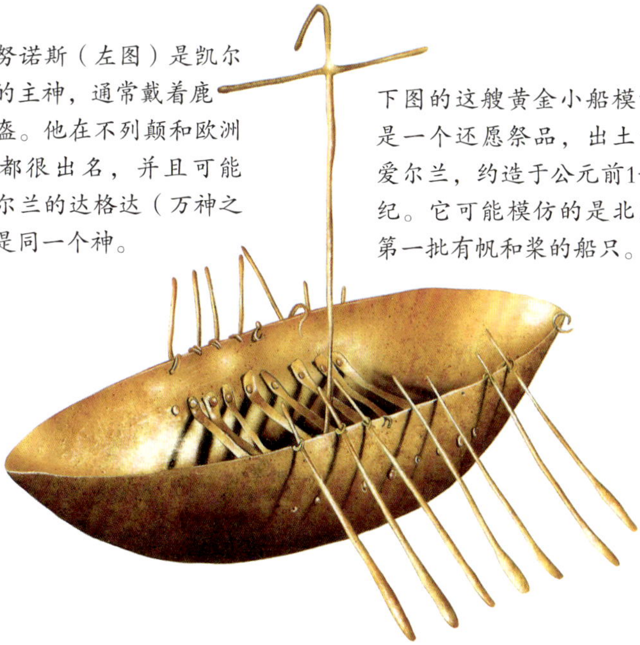

下图的这艘黄金小船模型是一个还愿祭品，出土于爱尔兰，约造于公元前1世纪。它可能模仿的是北欧第一批有帆和桨的船只。

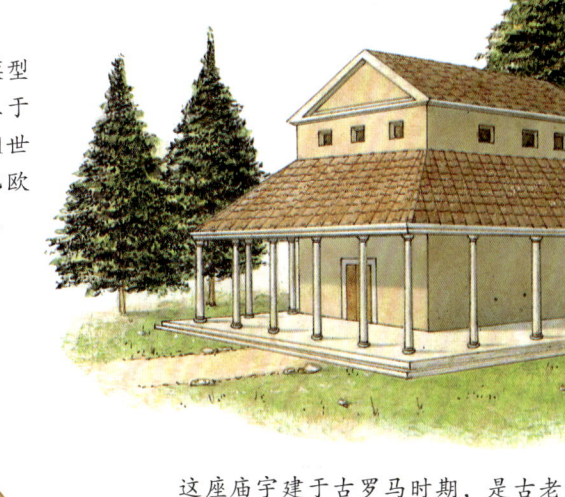

这座庙宇建于古罗马时期，是古老的凯尔特神庙的高级版本。而在伦敦希斯罗机场附近发现的一座凯尔特神庙，外面包围着篱笆和沟渠。

还愿祭品

还愿祭品是献给诸神的礼物。考古学家发现，许多精美的凯尔特工艺品都是还愿祭品。战士们会在战争胜利之后，向诸神献上他们的武器，把武器扔进某些神圣的河或者湖中。神圣的场所和庙宇变成了各种各样的宝库，里面堆满了黄金和白银，不过并不是所有的祭品都如此珍贵。祈求治病的人会献上一个人形木雕，或者身体上需要治疗的某个部位的木雕。

圣地

凯尔特人在很多地方都可以敬拜神灵。虽然他们后来用木头建造了神庙，但大多数时候他们还是愿意在一些空旷的自然场所祈祷，如温泉、不同寻常的岩层、山顶或森林空地。根据罗马作家的描述，凯尔特人普遍认为神圣丛林是被橡树所包围的空间，长有槲寄生，槲寄生是一种神圣的植物，它是被穿白袍的德鲁伊用金钩从树上砍下来的。

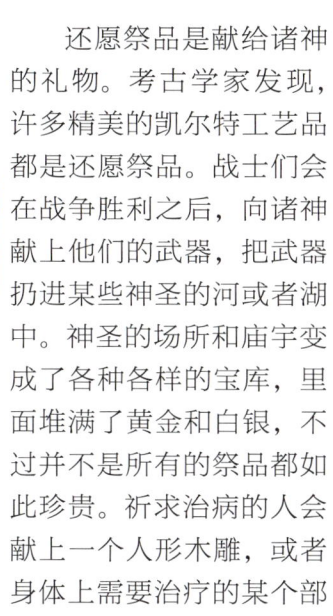

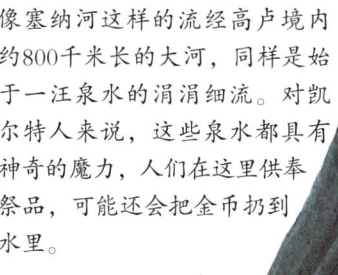

像塞纳河这样的流经高卢境内约800千米长的大河，同样是始于一汪泉水的涓涓细流。对凯尔特人来说，这些泉水都具有神奇的魔力，人们在这里供奉祭品，可能还会把金币扔到水里。

德鲁伊

德鲁伊是凯尔特人的宗教权威，负责主持所有的宗教仪式。他们备受尊敬，被认为具有超自然的力量，比如把自己（或其他人）变成动物，也能预知未来。他们是社会上的智者，所扮演的角色不仅是牧师，还是法官、教师和医生。除了统治者，他们的地位比其他任何人都高。这些知识精英中等级最高的是德鲁伊祭司；第二等级的是通过种种迹象预言未来的先知或者占卜师；第三等级的则是吟游诗人。凯尔特人分成了许多部落，但德鲁伊可以高踞于部落之上，阻止部落之间的战争，还能使敌对的部落相互协作。由于没有文字记载，我们对德鲁伊所知甚少，只能依靠他们的敌人——罗马人的记述了解。

"德鲁伊"的意思可能是"关于橡树的知识"。德鲁伊教的神圣树丛通常指的是橡树林中的空地，尤其是寄生着槲寄生的橡树。槲寄生是一种药用植物，经常出现在宗教仪式中。

上图是一位大德鲁伊正在以"首席法官"的身份给出自己的判决。由于没有人知道德鲁伊如何着装，所以艺术家们只能依靠他们的想象力，不过有些罗马作家曾提到他们穿白色的袍子。

祭司

德鲁伊主持所有的宗教仪式，同时也向人们传授天堂的奥秘和神的力量。宗教仪式的一个重要部分就是用动物或人向神灵献祭。献祭能取悦众神，从而使土地丰收、生育率提高、农场动物多产。占卜师能够通过一些迹象，如垂死之人的一些动作，预测未来的事。凯尔特人相信人死后生命会以另一种形式继续，因此人祭对他们来说并没有那么可怕。

左图的这尊高卢石雕，雕刻于公元前200年左右。它雕刻的是一个吃人的怪物，两只爪子分别抓着两颗人头。这尊石雕代表了凯尔特人信仰的阴暗面。

成为德鲁伊

年轻人都渴望成为德鲁伊，因为德鲁伊享有许多特权，如免除税务和兵役。然而，德鲁伊的培训过程也非常漫长和艰苦。首先要有超乎常人的记忆力，因为那时候没有书籍。想成为最高等级的德鲁伊祭司，需要培训20年的时间，其他等级需要的时间稍短一些。第二等级（占卜师）需要12年，第三等级（吟游诗人）只需要7年。德鲁伊的培训场所一般设在偏远地区，这是为了保守他们的秘密。

左图：这件青铜头饰来自英格兰的一座建于古罗马时期的凯尔特神庙，人们认为它曾属于一位德鲁伊。

法官

不同部落之间的争吵、关于财产的争论以及如盗窃或谋杀这样的犯罪行为，如果不是通过战斗解决，都要接受德鲁伊的审判。重要的事情会在德鲁伊年度集会上决定，举行地点在高卢，即今天的巴黎西南地区。那些拒绝接受德鲁伊判决的人会被禁止献祭——这是一种可怕的命运，就如同在生活中被驱逐了一样。

女性德鲁伊

在凯尔特社会中，包括统治者在内的所有等级，都有女性角色的参与。古老的威尔士传说中就有《格洛斯特的九位女巫》的故事。此外，女性德鲁伊在宗教和政治上拥有与男性德鲁伊相同的权威，可以决定战争与和平。还有一些女性可以预知未来，治愈疾病。古老的爱尔兰传说中提到了许多具有超自然力量的女性。

左图是刚德斯特尔普大锅上的一名女性形象，她很可能是一位女神，旁边伴着女性德鲁伊。

神圣传说的守护者

所有受过教育的德鲁伊都是诗歌大师，尤其是第三等级的吟游诗人。他们创作并背诵长篇的"赞美诗"，歌颂统治者和英雄的事迹，同时用里拉琴伴奏。吟游诗人的诗歌同样具有魔力，能造福于部落。吟游诗人的角色一直延续到基督教时代，幸运的是，他们的一些故事被爱尔兰人（以及一些威尔士修士）记载了下来。

右图是一尊手持里拉琴的吟游诗人雕像。从吟游诗人的作品中，我们可以了解到许多库夫林之类的英雄人物，不过这些故事可能已经被爱尔兰修士们做了改动，以符合基督教信仰。

据说在公元前1世纪卢瓦尔河中的一座小岛上，生活着一群女祭司，她们守着一座神庙——早期的宗教建筑。每年，这些姐妹们都会在一个特殊的仪式上重新用茅草覆盖庙顶，并献祭她们中的某一个人。谁手中的芦苇掉在了地上（也许是被别人推掉的），谁就要被献祭，其他人在一种宗教狂热中将她撕成碎片。

墓葬

研究凯尔特人生活方式最可靠的证据大多来自坟墓。因为凯尔特人相信生命会在死后延续下去,所以坟墓里装满了死者可能需要的各类物品,如珠宝、武器、工具和炊具,甚至还有食物和饮料。这些物品为还原他们的日常生活提供了线索。现代科学可以从他们的遗骸中提取更多的线索,如他们吃了什么,得了什么疾病,甚至还能"重现"他们的面孔。凯尔特人把葬礼当作盛大的典礼仪式。死者的地位越高,葬礼游行和宴会的场面就越盛大,坟墓也建得越大。有一位伟大的凯尔特酋长,他的坟墓直径长达60米。

社会地位高的人的墓室上会垒起一个坟丘,坟丘表面会覆盖一层草皮。

陪葬品

权贵们的墓室中塞满了陪葬品,有时还包括葬礼上运送遗体的马车,可能还有马和其他动物。根据尤里乌斯·恺撒的记述,在高卢,主人最喜爱的奴隶或仆人往往要随主人一同陪葬。

目前发现的最富有的坟墓之一是法国维村的一位女性的坟墓。她的陪葬品中这件巨大的青铜容器(左图),能装1,100升的葡萄酒。

这个石雕可能是一位统治者或者是科尔努诺斯。它出土于德国南部，有1.8米高，约230千克重，可能曾被立在某座坟丘顶部。

下图是位于英格兰的一处公元前50年左右的火葬遗迹。死者的骨灰被放置在大锅里，四周放着一些实用的物品，如铁制柴架，架子的两端做成了牛头造型。

沼泽墓地

2,000多年前沼泽在欧洲十分常见，凯尔特人会把珍宝作为献给神的祭品投到沼泽中。其中在沼泽中还发现了人类的尸体——他们可能也是献祭给神灵的祭品。其中最著名的例子是1984年在英国曼彻斯特附近发现的林多人。沼泽保护了他的身体、皮肤和指甲。他是在公元前1世纪左右被处死的，肚子里有少量德鲁伊教的神圣植物——槲寄生的痕迹。

左图这名林多男子是被绳子勒死后，面部朝下扔进沼泽中的。

火葬

到了公元前1世纪，大规模的墓葬已经很少见了，早期那些奢华的葬礼在凯尔特世界大范围地消失了。后来人们开始改为火葬，把骨灰放在坑里、木桶里或者大罐子里埋葬起来。目前已经发掘出了数百个这样的坟墓。1,000年前，其他的欧洲民族，如罗马人，开始和凯尔特人的祖先一样实行火葬。

农业与食品

凯尔特城镇直到公元前 100 年左右才出现，甚至在后来很长的一段时期里，大多数人依旧住在农场或者村子中。凯尔特的传说中或许充满了英雄与战争，然而种地才是大多数人的主要职业。收成不好或者疾病会给凯尔特人带来灾难，但总的来说，凯尔特人是非常成功的农民。他们种植的农产品足够出口至其他地区，养活少数不种地的群体——武士贵族、工匠和祭司等。凯尔特人在生活中不只是照料庄稼和牲畜群，还涉及许多其他的任务，如保持水源供应、挖储藏坑、做围栏以及管理周边林地，这些林地为建筑和烧火提供了木材。

凯尔特人对野猪的力量和勇气的崇拜，胜过对其他所有动物的崇拜。野猪是一种危险的猎物，即便是对骑术高超的凯尔特伊比利亚人而言也是如此。

狩猎和捕鱼

野生动物为人们提供了大量的肉食，此外，肉类还有用渔网捕捞的鱼、海滩上采集的贝类以及设陷阱捕捉到的鸟类。狩猎是凯尔特男子的必学项目，不仅可以为战争提供良好的训练，还可以证明一个男人的勇气。凶猛的野猪是最受欢迎的猎物，因为对于那些只有长矛作武器的猎手们来说，捕猎野猪是十分危险的。猎人们还会在猎犬的帮助下捕猎鹿和野兔等小型动物。

农作物

凯尔特人主要种植的农作物是谷物，有谷穗比现代品种小的早期小麦、酿制啤酒用的大麦、在高卢地区广泛种植的小米以及生长在寒冷地区的燕麦和黑麦。需要的时候，人们用沉重的石头将谷物磨成粉。另外谷物也为冬季饲养牲畜提供了草料。凯尔特人还种植大豆、豌豆和其他蔬菜。他们采集蜂蜜和某些可食用的绿色植物，特别是一种被称为"肥母鸡"（白花藜）的常见野菜。

他们养的绵羊是一种强壮的、羊毛较粗的品种，和如今生活在赫布里底群岛的野生索艾羊十分相像。人们主要是为了获得羊毛和羊奶，可能会在羊老了之后再把它杀掉，获得羊肉。

农场牲畜

凯尔特人喜爱马，常在战场和交通中使用。在农场里，牛要承担大多数繁重的工作。和所有的农场牲畜一样，牛的个头比现代的品种要小，但更为强壮和吃苦耐劳。猪提供了人们最喜欢的肉类，它们有一些需要自己出去觅食。人们养鸡是为了获得鸡蛋和鸡肉；养狗是用来狩猎和保护财产，或者只是当作宠物。除了肉食，牲畜还为人们提供了重要的原材料，比如骨头、角和皮毛。

左图：这幅石刻画的是一个人正在赶着两头牛拉犁。早期的犁都是木制的，装有铁尖，只能将土地犁开，无法翻土。它犁得很深，可以犁起大的土块，然后人们用锄头将土块敲碎。

凯尔特人自己制作炊具,有的工具和我们今天使用的一模一样。这把烤肉叉(上图)上有鸟形装饰的吊环,巨大的双钩则用于把肉从炖锅里取出来。

储存食物

生活在寒冷气候下的人们,面临着一个重大的问题,那就是如何为冬天储存食物。凯尔特人有好几种方式保存肉类,比如用盐腌制或者把肉挂在壁炉上方进行熏制。谷物和干菜必须要进行处理,并储存在老鼠和害虫够不到的地方,比如用柱子支起来的谷仓。日常储物,凯尔特人主要使用的是自制的陶罐和陶碗(右图),富人则拥有进口的容器。

烹饪食物

凯尔特人在屋子的中间生火做饭,用烤肉叉烤肉,或者把肉和蔬菜一起放进锅里炖。大锅一般被挂在从屋顶或三脚架上垂下来的链条上,还可以用来酿制啤酒,大锅在凯尔特人的生活中有着特别重要的地位。有些出土的大锅是金子做的,很可能是在宗教仪式上使用的。面包是在烤箱里烤的。火塘是整个宴会的中心,所有人都围坐在火塘边的兽皮上,吃放在低桌上的食物。

对于如何长时间储存谷物,凯尔特人有自己独特的方法。他们在地上挖一个2米深的坑,里面填满谷物,表面用黏土或动物粪便封住。储存在顶端的谷物会发芽,耗尽氧气,并转换成二氧化碳,可以阻止谷物进一步发芽生长。这种方法可以将谷物储存6个月,甚至更长时间。

战争

携带武器并展示勇气与胆识，是凯尔特男人表现男子气概的重要方式，而战争是展示这些品质的绝佳机会。早期，凯尔特人在解决家族争端和建立新的部落关系时会进行内部战争，同时在欧洲各地扩散时也会与遇到的其他民族进行战斗。在古罗马时期，他们为了打败不断扩张的罗马帝国，集合了庞大的军队。然而，他们远不是装备精良、纪律严明的罗马军队的对手，很快就被征服了。

这是古罗马人雕刻的凯尔特勇士雕像。

凯尔特人的剑和刺刀。

武器

凯尔特勇士都携带长矛和盾牌。富有的凯尔特人还会佩戴宝剑，戴一顶金属头盔，穿一件锁子甲上衣。凯尔特人还会在战斗中使用弓箭。

骑兵和步兵

公元前200年左右，随着战车使用的减少，越来越多的凯尔特战士开始骑马作战。高卢和西班牙的马匹能培育出品种优良的战马。

直到公元前200年，许多凯尔特战士还是赤身战斗。他们用文身装饰自己的身体，随身只携带武器。

左图：一尊凯尔特步兵雕像。

战术

当凯尔特人与敌人面对面时，会站成一排。有时，杰出的战士在战斗开始前会向敌人的领袖发起挑战，要求与之进行搏斗。与此同时，其他战士们则喝足了酒，在一旁疯狂地演绎战斗歌曲，高唱颂歌，吹响号角。在向敌人冲锋之前会制造出巨大的噪声（有时能使敌军还没战斗就落荒而逃）。

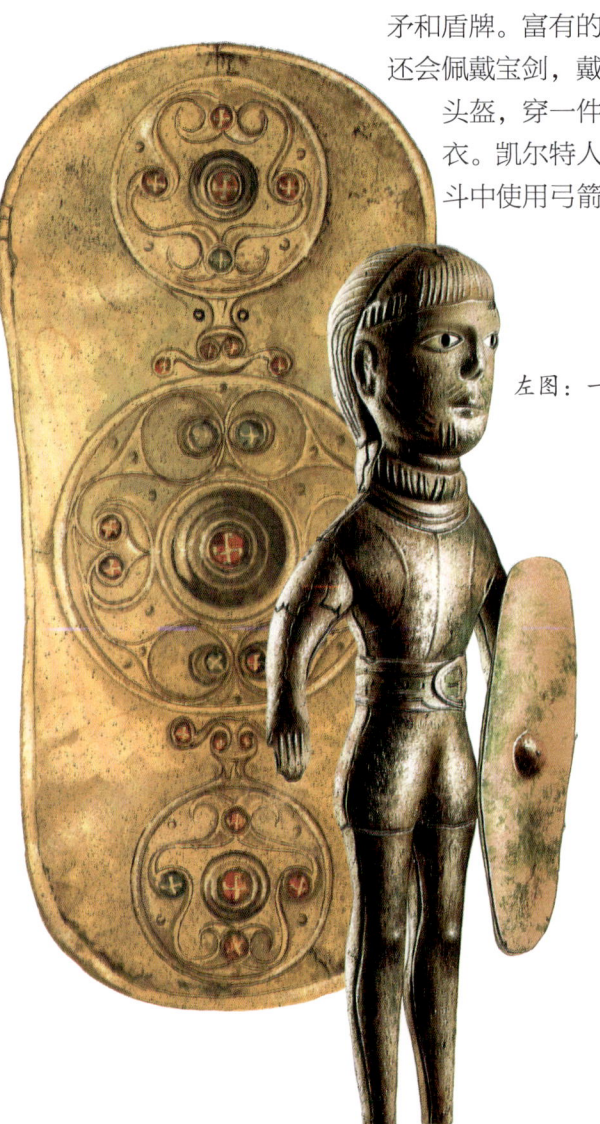

战车

早期的凯尔特军队拥有大量的战车。这些战车由两匹马拉着,载着一名车夫和一名战士。在战斗开始之前,他们就在战场上全速行驶,制造出巨大的噪声和骚动,以使敌人畏惧。

战士

凯尔特人直到公元前3世纪左右才开始穿盔甲,他们发明了锁子甲(很快就被古罗马人抄袭了)。然而,一套锁子甲非常昂贵,只有贵族战士(左图)才能负担得起。大多数战士都穿着马裤和汗衫作战。

右图:这枚硬币上刻画的图案是一名凯尔特战士正在战车上恐吓敌人。

"他们头上戴着青铜头盔,头盔上有两根巨大的凸起物,使穿戴者看起来十分魁梧。"——希腊历史学家狄奥多罗斯·西库路斯。

凯尔特人正在使用战车与古罗马士兵作战。

社会和日常生活

大部分凯尔特社会等级分明，呈金字塔式，最顶层的国王把他的一部分权力分给一些武士贵族以换取他们的忠诚。贵族统治着绝大多数人——几乎都是农民。此外还有一些群体，如士兵、工匠、吟游诗人和德鲁伊祭司。凯尔特社会的另一大分工是男女之间的。一般情况下，女性的生活总是围绕着她们的家庭，如抚养孩子、准备食物、纺织羊毛和做衣服，还要做许多农活。她们的生活可能很艰难，有证据表明不少凯尔特女性的寿命比男性短。

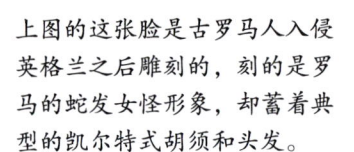

上图的这张脸是古罗马人入侵英格兰之后雕刻的，刻的是罗马的蛇发女怪形象，却蓄着典型的凯尔特式胡须和头发。

右图的这尊铜像被认为塑造的是凯尔特神。他有蓝色的眼睛和健美的身躯，脖子上还戴着一个金项圈。

凯尔特男性

"高卢人身材高大，肌肉发达，皮肤白皙，头发呈金色……"这是公元前1世纪的希腊历史学家狄奥多罗斯·西库路斯对凯尔特人的描述。希腊和罗马的作家对凯尔特人的外表感到震惊，他们详细地描述了凯尔特贵族的大胡子和又硬又直的浅色头发。

小型社会和血缘关系

凯尔特人大多生活在小村落里，这些村落有时仅由一两个农舍或一座坚固的塔式城堡组成（如下图），里面住着大家族、部落和奴隶。一些小部落会组成大型部落，由国王或者酋长统治。有时几个部落会联合起来组成一个联盟，但很快就会解散。

下图画的是公元前1世纪位于苏格兰的一座圆形石塔，这类塔式城堡往往由单个家族占据，中间是宽敞的生活区，周围则是睡觉用的凹室。

写作

最初，凯尔特社会没有文字，但拥有非常深厚的口头语言文化，许多凯尔特人都是优秀的演讲者。他们在接触了那些拥有文字的社会（如古希腊）之后，也开始学习写作，不过主要是为了满足行政需要。

左图是一段刻在石头上的凯尔特铭文。

20

服装

凯尔特男性一般穿马裤和束腰外衣或汗衫。天气冷的时候,他们会披一件带方格图案或花呢质地的羊毛斗篷。女性则身穿长裙,肩上披着彩色披肩。她们的长裙是用一对别针固定在肩膀上的。

童年

凯尔特父母不会送孩子去上学,而是让他们待在家里,跟着自己学习如何成为一名农民或者家庭主妇。很多男孩长大后会成为士兵,离家远征。

左图:这个造型独特的玻璃水杯出土于法国,被认为是用来喂养那些因年龄太小而不能从杯子里喝水的孩子的。

如右图所示,凯尔特的织工使用的是立式织布机。从织布到做成衣服,所有的工作都是由凯尔特妇女完成。

妇女的生活

大多数凯尔特妇女都过着传统的生活,她们每天忙于照顾孩子和家庭。有些历史学家认为,与希腊或罗马的妇女相比,凯尔特妇女拥有更多的自由和权利。有些女性,如布狄卡(见第 35 页),能直接参与政治问题以及政治冲突。

左图:这个头骨出土于奥地利,它向我们展示了凯尔特的外科医生是如何在头骨上钻孔以进入大脑的。

健康

凯尔特人使用草药和祈求超自然的力量来治疗疾病。然而,他们也会使用特殊的锯和钻头进行复杂的脑部手术。

凯尔特农庄

大部分凯尔特人都是农民，以耕种土地为生。他们住在由几栋房子组成的小村庄里。所有的家庭成员都住在一起，包括他们的仆人，此外还有农场里的牲畜和宠物。

欧洲以及不列颠的气候都比较凉爽，凯尔特人不会在屋顶上设置开放的烟囱，屋内的烟是通过屋顶上的茅草过滤出去的。

食物

凯尔特人在离家不远的田地里种植所需的食物，其中谷类作物主要有大麦、燕麦、小麦和黑麦，蔬菜包括黄豆、豌豆、洋葱和小扁豆。他们养猪以获取肉食，养羊以获取羊毛和羊奶。牛也可以提供牛奶、牛肉和制皮革用的牛皮。鹅和母鸡则用来获取羽毛和蛋，蜜蜂则是蜂蜜的来源。

凯尔特人的房子是用木头建的，表面覆盖着木板、泥浆和茅草。图中这名男子正在给屋顶做最后的修饰。

1. 储藏室
2. 茅草屋顶
3. 卧室
4. 入口
5. 儿童在玩耍
6. 成人在做家务
7. 圈养的牲畜

科技

凯尔特人是专业的工匠，金属制造技术十分娴熟。在哈尔施塔特文化时期，他们主要制造青铜制品。大约从公元前8世纪起，他们开始制造越来越多的铁器。由于金属（特别是黄金）比木材、皮革和布料的使用寿命要长，因此人们对金属的了解更多一些。但是凯尔特的其他工匠，如木匠或织工，技艺也同样十分娴熟。凯尔特人对于大型工程项目并不擅长，部分原因是他们不擅长制订长期计划，也不擅长合作完成长期项目。他们很少使用石头，不过苏格兰北部的圆形塔式房屋是个例外。凯尔特人能够挖很深很复杂的矿井，不过现在只有几条路的痕迹（保存在沼泽里）留存了下来。他们还在沼泽地带铺设了长长的木制轨道，以使马车可以通过。

上图：这个头盔是铁制的，但是顶上的鹰是用青铜做的。人们学会如何制造铁器时，并未停止制造青铜器。铁最适合用来铸剑，而青铜更适合制作装饰物。

左图：这辆战车是在威尔士的一座坟墓中发现的，造于公元前1世纪。车轮上的每根木条两端都是用铁片加固的。

上图：这个猫头鹰形状的玻璃彩杯，来自罗马尼亚的一座坟墓，展示了凯尔特玻璃工匠的高超技艺以及幽默感。

玻璃

公元前6世纪左右，凯尔特人就已经掌握了玻璃制作工艺，并建造了专门的作坊。玻璃主要用于制作珠宝和装饰品或者雕像的眼睛。在古罗马时期以前，凯尔特的玻璃工匠既不能制造透明的玻璃，也不能吹制大型的玻璃容器。

车轮

早期的车轮是一对圆形的木板，到了公元前4世纪左右，凯尔特人已经开始制作辐条、铁边轮、木轮，和现代的双轮马车轮没什么区别。铁轮胎在第一次使用时是被钉在车轴上的，不过凯尔特人很快就了解到，铁在加热后会膨胀，因此在安装之前他们会将铁轮胎加热，这样等冷却后，轮胎就会紧紧地夹住车轴。

金和银

从凯尔特时代流传下来的物品，其中最壮观的要数金银制品。在公元前8—前5世纪间，大量的黄金物品被埋进坟墓里或者用作祭品。

凯尔特金匠制作的项圈最为著名，大多是由富裕的精英阶层（包括男性和女性）佩戴的。左图中这件精美的项圈出土于英格兰的诺福克郡。

凯尔特工匠将珐琅和玻璃熔在金属上，制作出精美的马具配件。

青铜与铁

在哈尔施塔特文化时期，人人都是熟练的青铜制造工匠。青铜是用纯铜和锡炼成的一种合金。青铜可以浇铸在一个模子里，形成薄板。然后通过诸多方法，如锤打、雕刻、穿刺等，进行装饰。青铜耐磨且不生锈。

铁器最早出现于公元前8世纪左右，比铜要更难制造，也需要更高的温度。铁有很多优势，尤其适合做工具和武器，它更加结实，更加坚硬，可以开出锋利的刀刃。

金属加工成为一种产业，拥有大量铁矿石的部落通过贸易变得富裕起来。而在其他地方，人们生产的金属只能满足自己的需要。上图中最远处的那个人正在给犁安装铁尖，他的同伴则把熔化的铜水倒进模具中。

铁匠

铁匠们用金属制造出各种实用的工具和武器，看起来他们仿佛拥有着神奇的能力。他们属于精英阶层，非常受人尊重。

一口大锅是家家户户的核心物品。这口造于公元前8世纪左右的青铜大锅（左图）保存状态如此良好，很可能是因为它只在特殊的仪式上使用。后来，人们开始用铁铸造大锅。铁叉用来叉起锅中的肉，刀则用来切肉。

艺术

凯尔特艺术被称为"欧洲史前最伟大的成就之一"。凯尔特艺术的风格不像希腊和罗马艺术那样写实，它以自由流畅的曲线为基础，图案生动而美丽。另外凯尔特艺术对事物的准确描绘不感兴趣，虽然偶尔也会描绘人。这种凯尔特人所特有的"曲线"风格，无论是画二维画面还是三维画面都很适用。这种风格的形成，一部分是基于凯尔特人自己的传统，另一部分则参考了其他民族（主要是希腊人和罗马人）的艺术。凯尔特人不喜欢画大型的画作，也很少雕刻自立式雕塑。他们热爱设计，喜欢给各种物品，如武器、工具、炊具、马具、硬币、镜子、梳子和珠宝，制作装饰。

上图这尊黄金马头雕塑，设计简洁美观，简单的两条曲线、两个圆圈（鼻孔）加上两条狭缝（眼睛），就刻画出一匹疲惫的、自怨自艾的马的形象。在凯尔特艺术中，马是最受欢迎的主题，经常与艾波娜女神联系在一起，而这匹马很可能代表的就是她。

左图：这组雕塑是在奥地利的一座坟墓里发现的，制作于公元前7世纪。它是一组大型雕塑中的一部分，其他部分是由很多男人、女人、马和牡鹿雕像共同组成的一支队伍。队伍的中心是一个高高的女神雕像，它们正在把逝者的灵魂带至冥界。

早在公元前4世纪，玻璃制造作坊就已经存在了，其生产的物品包括珠宝、项链和装饰品，如本页左上角那只造型奇特的小狗。这只狗是通过在一根棍子上缠绕不同颜色的半融化玻璃丝做成的。凯尔特人似乎特别喜欢蓝色配白色，或是蓝色配黄色。

右图：这只金碗出土于德国，可追溯到拉登文化早期，当时凯尔特的"曲线"风格才刚刚起步。这件精美的凯尔特工艺品，在设计上受到了地中海地区艺术的影响。这应该是在贸易的过程中制作的，或许是受到了在马赛经商的希腊人的影响。

陶器

几个世纪以来，人们都在用黏土制作陶器。公元前6世纪左右，凯尔特陶工在轮盘上制作出各种形状的陶罐，然后放进窑内烘烤。陶工最初是在村子里制作陶器供当地人使用，后来搬入专门的作坊，制作陶器用于出口。制陶工人拥有多项技艺，可以用一根棍子、一截骨头，甚至是一根手指，在黏土上雕出花纹，或者用不同颜色的颜料进行绘画。

这个陶罐（下图）是在西班牙北部的努曼提亚发现的，大约制造于公元前2世纪。公元前6世纪以前，定居在西班牙的凯尔特人与当地的伊比利亚人结合，形成了与拉登文化截然不同的文化和艺术风格。

珠宝

大量的凯尔特珠宝幸存了下来，原因是其自身不易腐烂，又被放置在较为安全的坟墓中。凯尔特人喜爱制作精美的珠宝，而拉登文化时期金匠们的工艺水平堪比18世纪以前的任何一个时期。

人们发现了大量的凯尔特时期的黄金，大多是有钱人佩戴的首饰。项链是由彩色玻璃、珊瑚、琥珀和其他材料制成的。

右图中，一个人正在给一个葡萄酒罐绘制图案，另一个人在研磨颜料。最远处是一座窑，人们能够控制窑内氧气的流动，从而影响陶器最后的呈色。

节日

凯尔特人喜欢聚会，并在宴会上喝掉大量的桶装啤酒。宴会有助于把部落团结在一起，巩固统治者的社会地位。最伟大的战士可以享用宴会上最好的肉，而最勇敢的人则是通过模拟战斗选出来的，有时甚至会是一场真正的战斗。想象一下，一场爱尔兰宴会结束后却留下了一堆尸体！不同地区举办宴会的时间不同，但庆祝四季变化的四大节日却是凯尔特世界所共有的。有的节日持续数周，除了吃和喝之外，还包括运动和竞技比赛，如赛马。除了娱乐活动，在节日还会举行重要的宗教仪式，由德鲁伊主持，有时也是一场政治集会。

上图这幅现代插画向我们展示了凯尔特历法的季节和节日。他们的一年是从11月开始的，并根据月亮（每29或30个夜晚）的变化，将一年分为12个月。由于阴历12个月的天数比阳历少，所以每隔3年就会额外增加30天，以弥补时间上的差额。

迪斯帕特（左图）是诸神之父，由于国王被认为是诸神的后裔，因此迪斯帕特也是国王的祖先。在萨温节期间，人们相信自己与诸神之间、现世与冥界之间的分界消失了。

上图：这是一尊不列颠版本的布里吉德雕像，罗马人认为她和密涅瓦女神很相似。在基尔代尔的布里吉德神庙（后来改建成了一座修道院）中，燃烧着永恒之火，有19名少女守护在那里。任何男性都不许靠近。

萨温节

萨温节（11月1日）是凯尔特人最重要的两个节日之一。作为新一年的开始，标志着温暖明媚的季节结束了，寒冷黑暗的季节开始了。这一天并不吉利，凯尔特神话里很多事件，如发生在爱尔兰的诸神之战，都发生在这一天。在萨温节前夜（10月31日），诸神会混入人群中，在人们身上玩一些小把戏。人们需要德鲁伊的魔法，来对抗来自冥界的幽灵。萨温节很可能是万圣节的起源。

圣烛节

圣烛节是两个相对小型的节日之一，在每年2月1日的前夕和当天举行，这一天是怀孕的牲畜（如绵羊和奶牛）开始产奶，为羊羔和牛犊的出生做准备的日子。这个节日与一位爱尔兰家喻户晓的圣母布里吉德联系紧密。布里吉德是一位名叫德塔赫的德鲁伊的女儿，在基督教时代成了备受人们崇拜的圣人。

收获节

凯尔特一年中的第三个节日是"收获节",名字取自于凯尔特人家家祭拜的太阳神卢格。收获节于7、8月举行,是庆祝丰收的节日,同时也是许多部落聚在一起的日子。节日里除了严肃的会议和审判外,还有比赛和娱乐活动,开怀畅饮更是不可或缺的一个环节。

五朔节

五朔节和萨温节是凯尔特人两个最主要的节日,它们将一年划分为光明和黑暗两个季节。五朔节在每年的5月1日举行,标志着夏季来临。和萨温节一样,五朔节这一天也是一个既重要又危险的日子,或好或坏的重大事件都有可能发生。为了保护农作物和牲畜,人们会将动物作为祭品向神灵献祭,偶尔也会献祭人。五朔节常常与火联系在一起。火是一种神奇的自然力量,和水一样深受德鲁伊的推崇。

五朔节期间,德鲁伊会主持一场仪式——牵引牛群从两个火堆之间穿过。这样做是为了保护牛群不患疾病。"五朔节"的原义是"祝你好运",而这场仪式正是在传达这样的寓意。

上图:这尊玛波努斯石雕头像来自不列颠,雕刻于古罗马时期。玛波努斯是青春之神、诗歌之神和一名优秀的猎人。他可能以另一个名字出现在著名的威尔士民间故事集《马比诺吉昂》中。

科利尼历法

这些珍贵的碎片(最左图)发掘于科利尼,是已知最早的凯尔特文献之一,虽然使用的是罗马字母。这些都是一块青铜面板上的碎片,制作时间是在恺撒征服高卢之后,很可能是由一名德鲁伊制作的。上面记载的历法涵盖了5年时间,有月份和节日的名称。并且一些月份上还做了标记,如 MAT(表示好的或者幸运的)和 ANM(表示坏的)。

村庄和城镇

大多数凯尔特人都住在小村庄里，有时甚至只有一户人家住在一个单独的农场里。村庄虽然提供了人们所需要的一切——衣服、食物和房屋。但在暴乱的年代，却无法保护人们的安全，生活在村庄和农场里的人只能带着牲畜躲进山丘堡垒中避难。公元前2世纪以后，社会逐渐安定下来，贸易开始增加，手工艺也变得越来越专业化。受地中海文明的影响——那里的城市已经建立了数个世纪，凯尔特城镇也开始发展起来。

史前圆形石塔

史前圆形石塔是一座由石头砌成的圆形塔楼，建于公元前7—公元3世纪间。这种石塔是一种家族堡垒，多见于苏格兰北部。有些石塔的墙有5米厚，15米高。塔内的狭窄楼梯通向一处狭小房间，躲在里面，酋长和他的家人几乎不会受到任何攻击。

山丘堡垒

山丘堡垒是凯尔特人遗留下来的最杰出的建筑物，至今在全欧洲仍可以看到数百个。它们的用途很多，但最主要的还是防御。其中有些仅仅是作为安全的储藏地或者战乱时的避难所。堡垒厚重的城墙是用木头和石头建成的。其中位于不列颠南部的梅登堡，占地18万平方米，共有四重城墙，城墙间的沟壑深达20米。入口处是堡垒最薄弱的地方，拥有额外的保护措施。

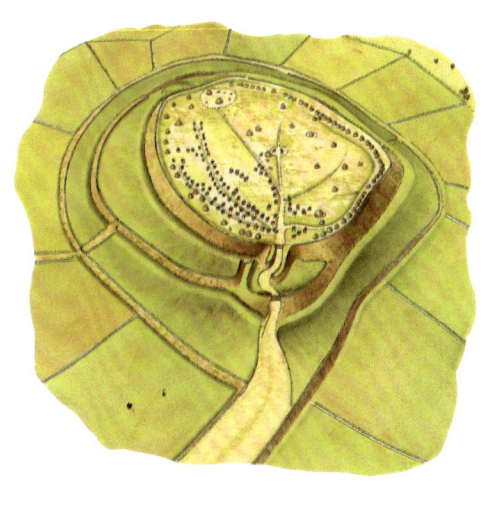

城镇

和山丘堡垒一样，早期的凯尔特城镇也有许多功能，防御是其中之一。大部分城镇都建在安全的地方，比如河流的弯曲处，并建有坚固的城墙和堡垒。大型的专业作坊不断建立，带动贸易增长，成为城镇发展的一个普遍原因。城镇内有精心规划的街道，街上有住宅、商店，还有各种各样的手工艺作坊，可能还有一个集市和一座神庙。实际上，有些城镇是部落的行政中心，那里会建有一间造币厂，铸造的硬币上会印着国王的头像。在其他方面，凯尔特城镇与现代城镇截然不同，它们通常包含许多开放的土地，供人们放牧。

娱乐和游戏

今天，人们的生活被分成了独立的活动，如工作和娱乐，上学和放假。然而古时候的人们并没有在各个活动之间做明显的区分。例如，狩猎在今天被认为是一项运动，但对凯尔特人来说只是一项运动吗？他们是为了获取食物而狩猎，还是作为训练战士的一种方式？这3个原因可能都起到了一定的作用，甚至游戏都带有宗教意义。在研究凯尔特人的日常生活时，一定要记住，在过去的几个世纪里，凯尔特世界一直在不断变化着，容纳了多个有着不同风俗习惯的民族。凯尔特人不称呼自己为"凯尔特人"，也不认为自己是"高卢人""苏格兰人"或者"不列颠人"。他们只知道自己是从属于某个"部落"的。

凯尔特人爱喝啤酒，但事实证明他们也喜欢喝葡萄酒，常储存在像上图这样的酒壶中。高卢并没有葡萄园，葡萄酒都是从地中海地区进口的，普通人大概买不起。

宴饮和宴会

凯尔特人很会放松和享受，热爱举办宴会。宴会上人们开怀畅饮，喝的是啤酒和葡萄酒，吃的是各种熟肉，也吃面包和蔬菜。凯尔特人的宴会礼仪和我们今天的截然不同：客人们席地而坐，发出各种噪声。用罗马作家的话说，"他们的餐桌礼仪真是让人惊讶"。宴会上经常发生激烈的争吵。和其他的活动一样，宴会不仅仅是娱乐，吟游诗人会在宴会上吟唱古今英雄的故事，这有助于增强整个群体的信心。

音乐

除了号角和鼓，凯尔特人还有许多乐器，如排箫（左图左侧）和里拉琴（左图右侧）。这些乐器是吟游诗人的表演工具，他们在吟唱诗歌和故事时，会弹奏这些乐器为自己伴奏。有些故事虽然流传了下来，但当时的配乐却没有人能够知晓了。

在凯尔特人的乐器中，有一种很长的青铜号角（下图），非常难吹，它可能只在特殊的仪式上使用。凯尔特人会在战前会吹响与之类似的乐器。

下图这个骑在鱼身上的人或者神的造型，是冈德斯特尔普大锅装饰画上的一部分，描述的可能是一个古老的凯尔特神话，也可能在描述通往冥界的旅程——人们普遍认为冥界位于大海对岸的西方世界。

传说

和大多数喜欢自娱自乐的民族一样，凯尔特人喜欢听故事，尤其是在漫长黑暗的冬夜里。虽然没有文字记载这些故事，但是那些古老的凯尔特人的传说和民间故事在爱尔兰流传到了今天。数百年来，这些故事和传说一直被人们口口相传，直到基督教时代。大约从 8 世纪起，这些故事开始被爱尔兰修士记载下来。

左图这些玻璃珠子大概是被用在一种类似于英国卢多的游戏中，可能还会涉及到赌博。

户外游戏

对统治阶级来说，战争是一项光荣的活动。很多非凯尔特作家都曾描述过，凯尔特人在战场上投入战斗的速度非常快。他们有可能会进行某种形式的格斗比赛，像中世纪的格斗那样，这是一项让战士展现其技能和勇气的运动。狩猎也一定有着同样的目的。节日里的体育比赛，则可以展示年轻男子的力量和敏捷性。

室内游戏

凯尔特儿童当然也玩游戏，不过他们玩什么游戏，只有很少的资料能够了解到。儿童很少出现在凯尔特艺术中，考古学家们也没有找到这些玩具的具体例证。可能一些小型的"装饰物"就是玩具。凯尔特人玩棋类游戏，因为人们发现了一些骨头做成的骰子和几套 4 个或 6 个为一组的棋子。

凯尔特人都是技艺娴熟的骑兵。与古罗马人不同，大多数凯尔特人都喜欢在马背上或马拉战车上作战。马被尊为高贵的动物，工匠们非常愿意将他们的技能用在马具的制作细节上，甚至为马制作角盔。在爱尔兰的季节性节日当天会举行赛马和战车比赛，这些活动并不是单纯的运动，还可能与宗教仪式和女马神艾波娜有关。

凯尔特人和罗马人

公元前3世纪，凯尔特人统治着欧洲的大部分地区。然而到了3世纪，这个独特的民族大部分都消失了，古老的凯尔特世界开始处于古罗马的统治之下。直到5世纪，古罗马帝国崩溃时，凯尔特人在文化上已经完全"罗马化"，并成了基督教徒。他们也曾短时间地恢复过独立，但还没有强大起来，就又被其他的民族征服了。这一次的征服者来自北方，像法兰克人和盎格鲁－撒克逊人这样的日耳曼部落统治了欧洲西部的大部分地区。凯尔特文化只在少数的几个地区保存下来，如布列塔尼、威尔士、部分苏格兰地区以及唯一没有被古罗马人征服的国家——爱尔兰。

下图这顶制作精良的青铜头盔，出土于现代阿普利亚的巴里。凯尔特人可能在公元前350年就已经生活在这里了。尽管和意大利人起源不同，但似乎凯尔特人很快就成了"意大利人"。

上图这些人头雕像雕刻于公元前3世纪左右，出土于高卢南部。从凯尔特雕刻作品中出现的大量头颅可以看出，他们对人的头部十分看重。人们在凯尔特人的圣殿中还发现了真正的头骨。

人头猎人

凯尔特人相信人的灵魂存在于头脑中，这使得头颅拥有了一种超自然的重要地位。一名凯尔特战士会把他击败的敌人的头颅带回家，他相信"拥有"这颗头颅，也就拥有了死者的一些精神和勇气。人们将头颅浸泡在油中或以其他方式保存，并自豪地展示它们。罗马历史学家李维曾描述，有一颗罗马人的头骨被清理干净后，镀上金，制作成了宗教仪式上使用的杯子。

征服高卢

到了公元前1世纪，凯尔特高卢人与罗马世界的联系越来越紧密。随着贸易和城镇的发展，高卢变得越来越像南方的地中海世界。高卢人非常重视独立，但他们又似乎注定要成为古罗马的臣民。当瑞士的赫尔维蒂人在公元前58年入侵高卢时，古罗马帝国的统治者尤里乌斯·恺撒以"稳定高卢"为由，进军高卢。在经过3年的残酷战斗后，恺撒宣称自己已经征服高卢。事实上，直到部落首领维钦托利被击败之后，恺撒的统治才真正稳定下来。

古罗马人曾在不列颠北部建了一道城墙，以控制喀里多尼亚（苏格兰的别称）地区那些未被征服的凶猛部落。左图是城墙上的壁画的一部分，画的是一名古罗马战士正骑着马从凯尔特人身上跨过。

野蛮人

公元前387年，凯尔特人袭击了古罗马，并占领该地索要赎金，以惩罚古罗马人帮助伊特鲁里亚人对付他们。古罗马人从来没有忘记过那次经历，他们十分害怕来自北方的凯尔特人的进攻，将其称为"野蛮人"。这个词并不像今天听起来的那么粗鲁，它的原意只是"非罗马人"，不过罗马人一定认为自己比任何野蛮人都优越。最后，即使是凯尔特人本身也同意了这一点，因为他们自己也成了"罗马人"。

凯尔特人在意大利

公元前4世纪，来自高卢的凯尔特部落在意大利北部的波河流域定居，后来被称为山南高卢人。一些人沿着亚得里亚海岸往南走，一些则到达了意大利南部的阿普利亚。当时，在意大利占据统治地位的是伊特鲁里亚人。在山南高卢地区，新来的凯尔特部落发现伊特鲁里亚人已经建立了城镇，于是他们成了第一批居住在城镇里的凯尔特人。生活在更南部的凯尔特人也采用了很多伊特鲁里亚人的习俗。在古罗马日益强大的势力之下，所有意大利的凯尔特人于公元前191年开始受古罗马人统治。公元前49年，山南高卢人不再是"凯尔特人"，而成了罗马公民。

古罗马帝国的强大不仅是一些伟大的计划的结果,也是古罗马内部有雄心的人相互竞争的结果。尤里乌斯·恺撒在不断对外征服的过程中获得的权力和财富使他成了古罗马的统治者。但不幸的是,他在公元前44年被暗杀身亡了。

布狄卡的反抗

布狄卡是爱西尼部落(位于不列颠东部)的王后。爱西尼国王于60年去世,他把一半的财产留给了女儿们,一半留给了古罗马皇帝,但贪婪的古罗马人想要占有全部的财产。愤怒的布狄卡开始奋起反抗,不列颠的其他部落也对古罗马人十分不满,爱西尼人的邻居特里诺文特人也加入了他们。布狄卡率领军队攻克了古罗马统治下的几座主要城镇(今天的科尔切斯特、伦敦和圣奥尔本斯),屠杀了好几千人。不过当古罗马的主力军到达时,凯尔特人被击败,布狄卡自杀身亡。

凯尔特人的领袖

总的来说,凯尔特人是无法击败古罗马人的。首先,训练有素的古罗马军队要比野蛮部落(无论他们有多么勇敢)更优秀;其次,凯尔特人从来就没有统一过,一个部落可能认为它的邻居是更危险的敌人,从而与古罗马人一同对抗自己的邻居。在高卢,强大的阿维尔尼首领维钦托利组建了一个高卢联盟,并在公元前54年发动起义,当时恺撒正远在不列颠。接下来是一场为期2年的战争,过程十分残忍(古罗马人曾屠杀平民俘虏)。最后维钦托利退守阿莱西亚,并进行了长期的英勇抵抗,最终失败投降。

右图中,布狄卡正在领导军队向古罗马人进攻。女性领导军队是极不寻常的,但女性在凯尔特社会中的地位较高。布狄卡并不是凯尔特-不列颠唯一的执政王后。

上图:这是一枚阿维尔尼的金币。阿维尔尼是高卢南部的一个大型部落,他们的首领是伟大的领袖——维钦托利。维钦托利于公元前52年在阿莱西亚被古罗马人俘获,8年后被当作囚犯押至罗马,处以死刑。

罗马化的凯尔特人

在被征服之前，高卢人和不列颠人已经和古罗马人有着100多年的贸易往来了，在其他方面或许联系得更加久远，他们其实已经在一定程度上被"罗马化"了。尽管为了保持独立进行了一系列的激烈斗争，但凯尔特人还是很快就接受了古罗马文明。罗马人是明智的统治者，他们在新省设立了罗马政府，颁布了罗马法律，但事实上他们却在尝试让自己的政府适应当地的社会秩序。他们并没有强迫凯尔特人放弃他们的习俗，还让凯尔特的部落首领继续掌管他们的领土。在恺撒征服凯尔特人100年后，高卢人坐在了罗马的参议院中，并身居高位。古罗马人的统治给凯尔特人带来了诸多好处，如更好的生活标准、学校和法律，还有公共服务，如公共浴室和平坦大道。其中最重要的还是带来了和平，即著名的"罗马和平"。

上图：这尊战士石像来自高卢，雕刻于公元前1世纪。从项圈上可以看出雕刻的是一名凯尔特人，但采用的是古罗马人的写实主义风格。凯尔特人从未雕刻过这样的直立石像，直到他们受到了地中海地区的影响。

地方的税收有时会"外包"给税收官（通过花钱买到的官职）。这些人往往都十分腐败并喜欢敲诈勒索，很多人都抱怨这一点。然而，古罗马官员本身也是罪恶重重。

税收

古罗马人的统治带来的好处很多，但代价也很大。古罗马人希望各省能为帝国创造利润，所以各地政府只好通过税收获得资金。帝国统治下的每座城市或领地，都必须根据其所能承受的程度定期向国王进献贡品。此外还有一些间接的税收，如遗产税和贩卖奴隶税。各省地的古罗马官员通常靠纳税人的钱发家致富。

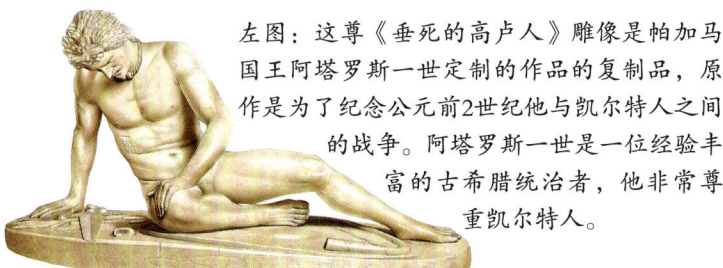

左图：这尊《垂死的高卢人》雕像是帕加马国王阿塔罗斯一世定制的作品的复制品，原作是为了纪念公元前2世纪他与凯尔特人之间的战争。阿塔罗斯一世是一位经验丰富的古希腊统治者，他非常尊重凯尔特人。

农业

凯尔特人在农耕上几乎没有什么可以借鉴罗马人的地方。他们那里凉爽的气候与地中海地区截然不同，有些地中海作物（尤其是橄榄），无法在北方生长。不过他们引进了其他作物，如各种水果和根茎类蔬菜。

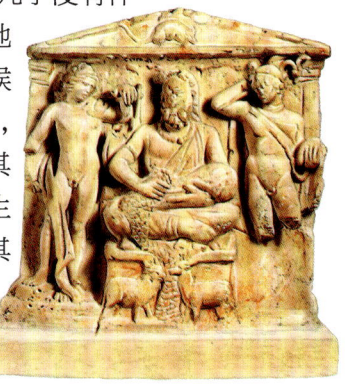

上图：这尊1世纪的高卢雕塑，向我们展示了不同的宗教是如何自然地融合在一起的。中间的形象是凯尔特之神科尔努诺斯，他的两侧分别是罗马神灵阿波罗和墨丘利。古罗马的宗教影响也促进了神庙的修建。

宗教

和凯尔特人一样，罗马人也信奉诸多神灵，其中有不少神灵来自其他民族，如罗马的主神与早期的希腊诸神联系密切。同样，罗马和凯尔特的诸多神灵也融合在了一起。罗马人出于对德鲁伊政治影响力的忌惮，摧毁了德鲁伊宗教体制，但没有排斥凯尔特人信仰的神灵。他们自动将凯尔特诸神与自己的神灵联系在一起，比如凯尔特的铁匠神，对他们来说，仅仅是罗马火神伏尔甘的另一个版本。

高卢地区引进的最重要的水果是葡萄。高卢人很早就开始喝葡萄酒了，但他们只能通过船只沿罗讷河而上，从地中海地区进口葡萄。法国的大型葡萄种植区，如勃艮第和香槟，都是在古罗马时期首次种植葡萄的。

公元前3世纪，凯尔特统治者开始铸造自己的货币，很可能是在贸易过程中受到了古希腊硬币的启发。这些货币有的印着统治者的头像，有的则刻着精美的凯尔特设计图案，比如左图这枚来自现代匈牙利的诺里孔银币（铸于公元前1世纪）。

艺术与建筑

充满活力的半抽象性的拉登文化风格与罗马的古典写实主义风格截然不同。古罗马艺术家试图复制真实的世界，而凯尔特人则是尝试复制世界的精神。古罗马人并没有取代凯尔特人传统的设计，相反，一种被称为"罗马－高卢"的融合风格发展起来。尽管它表现写实，但凯尔特精神也存在于那些流动的线条和不安的乐章之中。

古罗马人在建筑方面的影响是十分明显的，因为凯尔特人之前从未建造过大型的公共建筑，也没有修建过大理石纪念碑。右图中这座宏伟的罗马－高卢家族墓建于恺撒征服高卢10年之后，从中可以看出古罗马的影响已经完全确立。

左边的这幅雕刻图案来自高卢北部的一个坟墓，墓主人可能是一位珠宝商。画中一位顾客正在商店里欣赏货架上的胸针、戒指和项链。画风是典型的罗马风格，而且画中男子的衣服和发型也是罗马风格的。

服装、珠宝、化妆品

在古罗马人的影响下，一些富裕的凯尔特男女开始效法古罗马人的服饰和穿衣风格。男人摘下了他们的金属项圈，刮掉了他们的大胡子。人们开始穿简单宽松的服装，如古罗马的托加长袍，也不再穿皮草和裤子。古罗马人在某种程度上也在效仿凯尔特人。在罗马获得了西班牙金矿的控制权后，古罗马妇女也开始佩戴更多的黄金首饰。今天女性所知道的大部分化妆品，其实在1世纪就已经为上流社会女性所使用了，她们还使用各种各样的美容工具，如修眉刀和挖耳勺。

贸易与旅行

在整个欧洲和地中海地区,凯尔特人拥有一个完善的贸易网络。他们出口奴隶、毛皮、黄金、铁、盐和食品(盐腌的凯尔特肉食被古罗马人尊为美味佳肴)。作为交换,他们进口葡萄酒、希腊和伊特鲁里亚的花瓶、精美的珠宝和其他奢侈品。

大部分货物都是靠水路运输,沿着罗讷河和索恩河逆流而上。马萨利亚市(古希腊城邦,即法国东南部的马赛市)位于罗讷河河口,是一个重要的集市城镇。在陆地上,凯尔特人出门选择徒步、骑马或者乘坐马车。

康沃尔郡的锡

凯尔特人统治下的不列颠在很大程度上属于自给自足型，与欧洲大陆的联系十分有限。唯一例外的是康沃尔郡，那里有丰富的锡矿。锡是制造青铜的重要成分，因此来自欧洲各地的商人很早就开始涌入这个地区。

思想也在沿着贸易路线传播。例如右图这个哈尔施塔特陶罐，表明凯尔特的陶罐已经受到地中海文化的强烈影响。

右图是一把凯尔特鹤嘴锄，用来提取盐。

盐

古时候，在欧洲枝叶繁茂的林中大道上，商人并不是唯一可见的人群。在上方的主图中，那位穿着黄色裤子的男子被森林里的一些东西吸引住了。据说，德鲁伊会在森林里举行重要的仪式。

对凯尔特人来说，盐是非常重要的日用品。在冰箱发明之前，用盐腌制是保存肉类、鱼类和其他食材的唯一方法。高卢和其他凯尔特世界拥有数不清的盐矿，他们对外出口了大量的腌制食品。

凯尔特边界

爱尔兰和苏格兰高地从未被古罗马人征服过。古罗马人占领英格兰后，在不列颠西部的威尔士和康沃尔相对没有受到罗马人的影响。到了4世纪和5世纪，古罗马帝国开始衰落。凯尔特人，如苏格兰的皮克特人和爱尔兰人，开始入侵古罗马的省份。随后，来自欧洲大陆的日耳曼人，包括盎格鲁人和撒克逊人，开始登陆不列颠东海岸。凯尔特人与之相遇，并再次被赶到了西部。这一时期的另一个重要变化是基督教的传播，特别是爱尔兰，基督教在那里十分盛行。从爱尔兰到不列颠以及欧洲的大部分地区都信奉基督教。

史前时代的凯尔特爱尔兰

5世纪之前，凯尔特人统治下的爱尔兰被划分为4~5个省，每个省里都有许多小王国，这些小国之间经常会发生战争。早期的爱尔兰人通过与不列颠人和罗马人贸易往来，形成了自己独特的拉登艺术风格。

人们认为金属项圈起源于高卢。图中这件黄金项圈来自爱尔兰，上面的装饰采用的是当地的拉登风格。

古罗马的影响

尽管爱尔兰的凯尔特人从未被古罗马人征服过，但在与罗马化的不列颠人进行贸易的过程中，也受到了古罗马文化的影响。

左图这根石柱上标注着爱尔兰语的首个字母表——欧甘字母，其名字来源于爱尔兰的辩论之神欧甘玛。字母表里共有20个字母，人们普遍认为这是在爱尔兰语与拉丁文字接触之后发展起来的。

皮克特人和苏格兰人

4世纪，苏格兰人（名字的意思是"掠夺者"）开始入侵不列颠。他们逐渐控制了不列颠北部的皮克特人。苏格兰人以自己的名字命名了这片土地，也就是我们今天所熟知的苏格兰。

基督教在爱尔兰

根据传说，从5世纪40年代开始，爱尔兰人逐渐在圣帕特里克的影响下信奉了基督教。事实上，在5世纪左右，来自不列颠和高卢的传教士很可能就已经跨越海峡进入爱尔兰了。他们进入了一个不断变化的、对新事物开放的世界。经过200多年的努力，基督教在爱尔兰传播开来。有不少修道院的权力和影响力甚至超过了当地的统治者。

左图这枚金银相间的苏格兰胸针，制作于8世纪左右。它所展现的风格是皮克特、凯尔特和盎格鲁-撒克逊3种艺术的结合。

圣帕特里克（上图）出生于威尔士，父母是受古罗马文化影响的天主教徒。他十几岁的时候遭到绑架，在爱尔兰当了6年的奴隶，然后逃至高卢。在高卢，他成为一名牧师，后来成为主教。当他搬到爱尔兰后，开始了他的使命。今天，圣帕特里克被认为是爱尔兰的守护神。

9世纪和10世纪，凯尔特人开始雕刻造型精美的十字架，其用途和早期的木十字架一样，被用来标记坟墓。

爱尔兰的黄金时代

7—9世纪这段时期，有时被称为爱尔兰的"黄金时代"。在此期间，以基督教修道院为基础的卓越文明蓬勃发展，并传播到不列颠群岛的其他地方，也传到了欧洲。"黄金时代"结束于9世纪和10世纪的维京海盗侵袭。

爱尔兰修士们制作了精美的插图手抄本。他们的作品将传统的凯尔特设计图案与基督教的符号和要旨结合在了一起。右图以《凯尔经》中的一幅草图为基础，再现了耶稣被捕时的情形。

爱尔兰修士是第一批用文字记录凯尔特神话和传说的人。大部分著名的凯尔特神话都可追溯到这个时期。《阿尔斯特史诗》是最著名的故事集之一。这幅插图（上图）展现的是年轻的武士库兰正在和一只猎犬搏斗。

上图为来自米斯郡的"塔拉"胸针。塔拉是当地国王的一座著名宅邸。

下图描绘的是爱尔兰传教士圣科伦巴和他的12个门徒在艾奥纳岛登陆时的场景。科伦巴，以苏格兰使徒著称，他使皮克特人信奉了基督教。

爱尔兰传教士

爱尔兰文明蓬勃发展的同时，欧洲大陆却被侵略战争和贫穷所困扰。传教士从爱尔兰修道院出发，前往不列颠和欧洲大陆。第二批爱尔兰传教士浪潮于9世纪抵达欧洲，当时他们被维京海盗赶出了不列颠群岛。他们把丰富的知识和思想带到了欧洲。

凯尔特人继续存在

9 世纪和 10 世纪的维京海盗入侵，以及 1066 年的诺曼征服，把凯尔特人赶回到了不列颠群岛的西部和北部地区——爱尔兰、威尔士、康沃尔和苏格兰高地——他们至今仍在那里生活。凯尔特人极为独立，对自己的历史和传统深感自豪，因而几个世纪以来经常与不列颠人发生冲突。近年来，人们开始复兴凯尔特语言和文化，试图在其完全消失之前保留住它们。

左图：罗伯特·布鲁斯于 1306 年登上苏格兰王位。他一生中大部分时间都在与英格兰作战，以建立和维护苏格兰的独立。

右图：这个威尔士男孩正在现代的学校里学习爱尔兰盖尔语。

在法国，布列塔尼的凯尔特居民也保留着自己的语言和传统。上图这位女士头戴一顶蕾丝高帽以庆祝罗马天主教的节日。

凯尔特和英格兰的持续对抗

几个世纪以来，不列颠群岛的凯尔特民族和盎格鲁－撒克逊民族的后代混居在一起，但某些形式的对抗和冲突一直存在。北爱尔兰的情况最糟，在那里，不列颠移民的新教徒后代与信仰罗马天主教的爱尔兰居民之间斗争不断。

传统继续

苏格兰高地人十分重视自己的传统，包括风笛、高地舞蹈、格子呢、苏格兰短裙、哈吉斯（一种香肠）和传统的体育运动。居住在世界其他地方的高地人后代也十分重视并保留着这些传统。

左图：这名年轻的苏格兰舞蹈演员在高地运动会上，双腿交叉跳得很高。

今天的凯尔特语

如今世上仅存 4 种凯尔特语言，分别是：威尔士语、布列塔尼语、爱尔兰盖尔语和苏格兰盖尔语。大约有 200 万人会说其中一种。然而，只有 50 万人左右会在日常生活中用到这些语言。这些语言都有消亡的危险。为了防止这种情况发生，语言学校已经开始尝试教授这些语言。

凯尔特之谜

早期的凯尔特人没有留下任何文字记录，关于这些古代民族的许多谜团仍未解开。下图中这个阿芬顿白马图，可能就是永远也解不开的谜团。这幅马图约 110 米长，造于公元前 100 年左右，只有从空中才能看到全图。

上图：在这幅14世纪的插图中，垂死的亚瑟王正在告诉自己的一名骑士，将自己的魔剑——王者之剑还给湖中女仙。

亚瑟王

关于亚瑟王的传说（右图），可追溯至5—7世纪，盎格鲁-撒克逊人入侵不列颠的时期。历史学家不知道亚瑟是否真的存在过，但所有传说均是基于一位英勇国王的事迹。亚瑟王属于圆桌骑士中的一员。

下图为爱尔兰移民安妮·摩尔雕像，来自纽约的埃利斯岛。

新迁移

在公元前5世纪和公元前4世纪期间，凯尔特人曾大量迁移。其后代的第二次大规模迁移发生于19世纪，当时饥荒、贫困和驱逐迫使数百万爱尔兰人和苏格兰人移民。不少人去了美国，但也有一部分人去了南美、澳大利亚和新西兰。

野蛮的海盗维京人

野蛮的海盗：维京人

大约1,000年前，维京人是欧洲最强大的种族。他们的家乡是欧洲西北部的斯堪的纳维亚半岛，即当今的丹麦、瑞典和挪威。他们的语言是古诺尔斯语，今天的丹麦语、瑞典语和挪威语就是从古诺尔斯语演变而来的。8世纪晚期至11世纪后期这一段时间被称为"维京时代"。在此期间，斯堪的纳维亚人从信仰其他宗教转为信仰基督教，并服从国王的统治。

那是一个充满戏剧性的伟大时代。对于其他信奉基督教的欧洲人来说，比邻的维京人就是恐怖的异教徒，他们袭击基督教国家，抢掠人民和财宝。但是他们又不是单纯的强盗，他们也会种地和捕鱼，而且还是心灵手巧的工匠。凭借高超的航海技术，他们成为伟大的旅行家和探险家。他们在冰岛和格陵兰岛定居，穿越俄罗斯，行迹远至土耳其和伊朗。很多人在这些地区居住下来。到了维京时代末期，他们都变成了基督教徒，开始服从国王的统治，而不再受部落首领的统领。

直到维京时代晚期，才有了关于维京人的文字记录。因此，我们现在所知道的有关维京人的生活情况，主要来自同时代的其他人的记载和考古学家的发现。至今我们仍然不能完全了解维京人进行大规模扩张的原因，通常认为他们可能是为了获得更多的土地，或者是因为不同部落之间经常进行激烈的战争，这也是君主政权逐渐出现的过程。还有一个原因就是维京人强烈的探险精神。

大事记年表

793年，维京人突袭了林迪斯法恩的英国修道院

约841年，维京人定居在都柏林

约845年，维京人第一次突袭巴黎和汉堡

约860年，维京人到达地中海

约860年，诺夫哥罗德成为罗斯首都

860—900年，维京人在法罗群岛和冰岛定居

878年，阿尔弗雷德国王将英格兰东南部划与丹麦首领古斯鲁姆

911年，罗洛军团登陆诺曼底

912年，维京人到达里海

约980年，瓦兰吉卫队在君士坦丁堡建立

约985年，红发埃里克移居格陵兰

约1000年，莱夫·埃里克森发现北美洲

1014年，爱尔兰国王布赖恩·博鲁在克朗塔夫大败都柏林的古挪威人

1016—1035年，丹麦国王克努特统治了英格兰

1066年，挪威国王哈拉尔三世入侵英格兰失败

维京人的起源

我们口中的维京人最初生活在斯堪的纳维亚半岛。他们的语言是古诺尔斯语（丹麦语、瑞典语和挪威语的前身）。历史学家认为，维京时代大约是793—1066年间的这段时期，不过，这些时间点也只是历史的标记罢了。"维京"的意思是强盗或土匪，用来描述那些袭击欧洲其他国家的人。当维京人向欧洲或北大西洋国家扩张之时，突袭抢掠也是其中的一部分，但并不是所有的维京人都是掠夺者。维京人，也叫"北欧人"，既是商人、移民，也是掠夺者。

上图是一个极具代表性的胸针，由青铜、银、金制成，以显示哥得兰岛的富有。这样的胸针只于哥特兰被发现。

下图是维京人在挪威的一个小村落。周围的山脉保护着山脚下的农田，也提供了避风的峡湾。这里的山谷被海水淹没后形成河谷，因此，水上交通要比陆地交通更方便。

维京人的故乡

斯堪的纳维亚半岛幅员辽阔，是英格兰面积的 6 倍。由于地域广阔，斯堪的纳维亚各地的地貌和气候差异很大，而且有很多地区不适合人类居住。斯堪的纳维亚拥有非常长的海岸线（仅仅挪威一个国家，海岸线就长达 20,000 多千米）和众多岛屿。维京人是名副其实的海上民族。一般认为，斯堪的纳维亚的北部已经在北极圈内，应该会很冷。但实际上，由于墨西哥湾暖流效应，那里的气候并不像想象中那么冷。

上图是在瑞典东南部发现的一个战士头颅形状的银吊坠。

早期的斯堪的纳维亚人

人类最早大约是在 1 万年前，也就是冰河世纪末期开始进入斯堪的纳维亚半岛，最先到达的地方是丹麦。他们极有可能是维京人的直系祖先，因为这里不像欧洲其他地方，当时并没有大量移民从其他岛屿移居过来。很多维京人的风俗和信仰可以追溯到更早的时期。

维京人的祖先用活人祭祀神明。他们将尸体扔进沼泽，有些尸体在沼泽内被完好地保存了下来。上图中的图伦男子就是其中一个，现存于丹麦博物馆。

维京人

我们可以从维京人的坟墓里找到有关他们身体状况的证据。他们比生活在今天的斯堪的纳维亚人稍矮一些。许多人能活到 40~50 岁，就平均寿命而言，他们在当时算是比较长寿的种族了。他们的牙齿很好（因为他们只吃一点点糖），但常常因为关节炎而痛苦不堪。这一方面是由于高强度的体力劳动，另一方面是因为当地寒冷的气候。尽管维京人与其他欧洲人有着明显的不同（特别是在宗教信仰方面），但是在生活方式上，他们和相邻的欧洲人并没有太大的区别。

维京人的扩张

我们无法明确地知道为什么在维京时代那么多维京人要背井离乡。很可能是因为人口的迅速增长，优质农田变得非常稀缺。如果每个家庭只有一个儿子可以继承家中的田地，那么他兄弟们就不得不移居到别的地方，或者以强盗的身份谋生。

无论是维京强盗、商人，还是移民，他们对船只和大海都非常了解。

维京人的社会生活

斯堪的纳维亚从来就不是古罗马世界的一部分,所以它没有中央政府,没有成文的法律,也没有基督教。那里也没有真正意义上的城镇。人们生活在一个个小村落里,拥有土地最多的人是村落的首领。早在维京时代初期,就有小部分的家庭在首领的管理下生活,特别是在丹麦,那里的土地没有那么崎岖不平,因而更好管理。当地的统治者既是战时领袖,又是和平时期的管理者。在10世纪之前,只有丹麦拥有过一个国王(实际上他也只统治了丹麦的一部分地区)。但是到了11世纪,所有的斯堪的纳维亚国家都成了君主制国家。

大多数奴隶是维京人在突袭其他地方时抢掠回来的,他们处在维京社会的最底层,往上依次是被称为卡尔斯的自由人、被称作杰尔斯的贵族、国王或首领。

从国王到奴隶

从已经发现的维京时代的坟墓规格可以判断,当时的人们被分成几个不同的社会阶层。最顶层是首领或国王,接下来是武士贵族或伯爵(杰尔斯),再往下是普通的自由人、农民和从事贸易的商人(卡尔斯)。在必要的时候,卡尔斯也要参加战斗。处在社会最底层的是奴隶。

发行货币是国王权力的象征之一。这些银币(上图)刻着丹麦国王斯韦恩·弗克比尔德的名字和头像。

右图是成文法典中的一页,法典被记录下来的时间大概是在维京人成为基督教徒之后。

维京法律

因为大多数人都不能读书写字,所以维京人的法律依据就是人们的生活习俗和首领的判断。当判定得到了大家的普遍认可,就形成了法律。维京时代结束后200年左右,他们的第一个成文法典才在冰岛被记录下来。

犯罪与刑罚

在那个时期,生命不被尊重,暴力事件经常发生。仇恨和杀戮十分常见,有时只要向死者家属支付赔偿金或者将杀手放逐,就算了结了这类事件。争端的判决由部落的人开会决定,或者采用神判法,即让接受审判的人捡起烧得通红的金属(如果伤口愈合得好的话,就说明这个人是无辜的)。

左图的这个男人因为偷盗绵羊而被吊起来。有时候有些罪行比杀人还要严重。刑罚的轻重也常常视被告人的身份而定。

维京社会的女性

女性在维京社会的地位十分重要。在婚姻中夫妻双方是平等的关系。妻子负责照料孩子和家务。妇女们不参加战斗和打猎,而且除非有极特殊的情况,她们也不会参加贸易或成为职业工匠。如果男人们出去抢掠的话,她们就要照顾农田。在维京社会中,地位高的女性有很大的影响力。目前我们发现的维京人坟墓中,陪葬品最丰富的就是一位女性的坟墓。

左图的女人是和平维护者!在这幅石雕画中,一个女人正在阻止一个男人(很可能是她的丈夫)用刀攻击一个骑马的猎人。

部落大会

维京人的部落大会是全体自由人参加的地方议会,每年举行1~2次。维京人在大会上制定法律。大会也是解决个人之间争执的地方,就像法庭一样,维京人在大会上对谋杀或偷盗等罪行进行审判。会上通过抽签的形式达成决议。人们在大会上也会闲聊、撮合婚姻或做一些交易。大会的会址常选在野外的一些矮山或山丘上(如在马恩岛举行的马恩岛议会)。部落大会是维京人的一个重要机构,不管他们去哪里定居,都会把大会开到那里。然而,随着国王权力的集中,大会也逐渐失去了它的权力。

右图:人们赶来参加部落大会。所有自由人都要来参加,而且每个人都有发言的权利。

在辛格韦德利举行的冰岛议会,会址选在冰岛首都雷克雅未克东部50千米处(左图)。由火山熔岩形成的自然墙壁构成一道非常好的共鸣板,可以使发言人的声音更洪亮。法律主讲人正站在一块岩石上主持会议。

冰岛议会

冰岛人民没有自己的国王(直到1262年被挪威人占领),管理权属于国民大会——冰岛议会。冰岛议会被认为是世界上第一个议会。会议在每年夏天举行,为期2周,由被选定的法律主讲人主持。参加大会的人来自当地的各个集居地(有些人要走17天才到达)。在当时没有警察的情况下,冰岛议会的权威取决于人们对法律和秩序的向往。

陆地上的交通

从北极极寒的挪威到气候温和的丹麦，斯堪的纳维亚半岛的面积大约有80万平方千米。在这片幅员辽阔的土地上，各地的地貌和气候差异巨大。挪威和瑞典的部分地区多为山区，大部分被森林所覆盖，而适合耕种的优质土壤十分稀缺。那里的冬季漫长而寒冷，特别是东部和北部。因此人们多居住在气候温和、土壤肥沃的丹麦，而不是酷寒的山区之地——挪威，尽管挪威的面积约是丹麦的8倍。陆地上的交通方式主要是徒步、乘坐马车或骑马。但是如果可以的话，他们更喜欢选择水路交通，因为水路更安全、更快捷。例如从斯科讷到乌普兰，从陆路行走需要1个月，而海路只需要5天。

9世纪的挂毯（进行过修复），向我们展现了当时人们列队游行时的一个场景。当时陆地上的交通方式主要有3种——徒步、骑马和乘坐马车。

道路

我们现在所走的道路在那时并不存在，当时的大多数道路就是泥土小路。在泥泞的地方，维京人会铺一些碎树枝；在便于通行的地方，维京人会用树干或木板建造一种木头道路，或者用石头铺一条石头路，这些道路主要用于行驶马车。至今，我们在日德兰半岛依然可以看到阿米路的遗迹，长度约300千米。在十字路口或重要的路口，会放一块写着北欧文字的石头。维京人很少修建桥梁，遇到河流，他们都是直接蹚过或者乘船渡过。

上图是10世纪的骑马武士银像，出土于瑞典的比尔卡。

推车和马车

农场用马拉木制推车运输货物，不过会受到气候条件的限制。例如在阴雨天气，用这些马车在泥泞的道路上运输就会变得十分困难。

左图：推车的车身通常可以拆卸。冬天，人们会将车身从轮子上卸下来，装在雪橇上。推车车身有时还会在葬礼上使用。

这个雕饰精美的雪橇是在奥赛贝格葬船中发现的。木质雪橇是维京人冬季运输的重要工具。

维京时代过后不久，人们发现了上图中男人和女人使用的滑雪单板，由此可以推断维京人很可能已经使用了这样的工具。

冬季交通

在斯堪的纳维亚的大部分地区，陆路交通在冬天要比夏天容易得多。沼泽湿地、湖泊、河流都冻得结结实实。如果选择步行，穿冰鞋和雪橇再适合不过了。雪橇由松木制成，长达2米。人们给马钉上马掌（一小块带防滑钉的铁片）。相比夏天泥泞不堪的小路，马在冬季的雪地上拉着满载货物的雪橇车要轻松得多。

这是维京时代斯堪的纳维亚地区冬天的场景。左图中，马拉着载满货物的雪橇板车。

维京人除使用木制的滑雪板外，也会将动物骨头绑在鞋底下，制成冰鞋（上图）。他们真的很喜欢阔边的短滑板。滑雪者用尖尖的手杖推动自己前行。

造船术

船只多次出现在维京人的宗教仪式上，由此可见它对维京人来说非常重要。维京人是欧洲最优秀的水手，他们建造的船只非常精良，尤其是他们的长船最为著名。他们的战船狭长，吃水浅，因而能在水浅的地方航行，船速可达20千米/小时。船帆呈长方形，大多是用羊毛粗布缝制而成。维京人在开阔的海面上航行时，通过操控船帆前行，而到了沿岸的浅水区和内河，则使用船桨划行。

上图的这艘船由船尾右侧（右舷）的一支超大船桨操控。

维京人的船头上常常刻有精致的龙头（下图）。龙头是维京工匠非常喜欢的东西，在很多地方都出现过。

俄罗斯的维京商人沿着河边行进。当他们不得不绕开障碍物或改换河道时，他们就会把所有东西放在船里，扛着船在陆地上行走。

维京人的船

除了长船，维京人还建造各种各样的船只。如又宽又深的货船，可以载着移民穿越大西洋。还有一种平底的渡船和一种小型划艇，主要用于当地的水上交通。如果要去拜访附近河谷的邻居，维京人通常是先驶入大海，然后驶入相邻的河道，沿河而上。

右图是维京人在船坞造船时的繁忙景象。维京人的船只之所以强劲牢固，就在于它灵活的龙骨。做甲板用的木材被安插在船的肋拱上，使船身更加灵活。即使遇到大西洋的波浪，船也不会发生剧烈的摇晃。

船的装饰

维京人喜欢在高高的船头装饰一些图案或人像，他们尤其喜欢用龙头来做装饰。这些装饰由手艺精良的工匠雕刻而成，维京人可能期冀这些装饰会起到保佑船只或震慑敌人的作用。在冰岛一个古老的传说中，当船只抵达某些海岸时，维京人会把船头上的龙头卸下来，以免惹怒当地的神灵。

上图是正在建造战船的造船工人。(这幅图不是等比例画的。实际上战船要比这大得多。)

造船

维京人的船是用橡木制造的,在不产橡木的地方,则用松木代替。先用整根木材做出龙骨、艏柱和艉柱,然后将龙骨与船头、船尾相连接。船体用木板搭接而成,用铁钉固定,然后用动物的皮毛和焦油进行处理,使其具有水密性,防止水渗入。弯曲的部分都是用自然弯曲的木头加工而成。加工木材时要顺着木头的纹路(否则会引起木材开裂)。造船工人的工具包括锯、锤子、斧头和锛子(也叫扁斧,用来削平木材表面)。

维京人建造的船只两端都是尖的,船帆挂在帆桁上。不过逆风的时候,帆就起不到什么作用了。

航海

在海上航行时,维京人根据太阳、星星的方位或地标来判断方向,有时也要做一些合理的推测。他们可能也使用一种被称作太阳罗盘的工具。太阳罗盘可以测量出太阳距离地平线的高度,从而得出所在位置的纬度。

下图是在挪威出土的11世纪的镀金青铜风向标,很有可能曾经装饰在某艘船的船头上。

宗教和葬礼

雷神托尔掷出手中的铁锤会发出轰隆的雷声。就像十字架一样，雷神之锤也是一个普遍的宗教标志，常被做成吊坠佩戴。

在斯堪的纳维亚人改信基督教之前，他们信仰很多神灵。每位神灵负责照看人类生活的某一方面。如众神之王独眼奥丁，是战争、智慧和诗歌之神。他狂野而冷漠，骑一匹长着八条腿的马。两只神鸦向他报告世间的各种消息。他的儿子托尔同样英勇好战，星期四的英文就是以托尔的名字命名的。托尔的形象平易近人，深受普通百姓的欢迎。

瑞典一座中世纪教堂里的一幅挂毯上画着3位神明形象（下图），分别是手持战斧的奥丁、手持铁锤的雷神托尔和拿着玉米穗的丰饶之神弗雷。

宗教

由于古老的挪威宗教没有圣典，所以我们无法准确地知道那时的人们是如何膜拜神灵的，不过可以肯定的是他们会举行盛宴，用动物（有时用人）祭祀神明。除了这些主神，维京人的宗教中还有很多拥有神力的人物，如诺伦三女神是掌管诸神和人类命运的命运女神；好战少女瓦尔基里，负责引导阵亡的战士到瓦尔哈拉殿堂（北欧神话中死亡之神奥丁款待阵亡将士英灵的地方）；诡计之神洛基和他的子嗣"尘世巨蟒"耶梦加得、巨狼芬里尔；此外还有怪物、幽灵和小精灵。

葬礼

根据挪威的宗教信仰，人们去世时灵魂会从身体里出发，去往另一个世界。所以要在他的坟墓里放一些陪葬品以供来世使用，陪葬品有时包括马匹和仆人。社会地位高的人通常被葬在船上，船会被埋在地下，或者点燃后被推向大海。有些坟墓会用石头垒成船的形状。我们从维京人的坟墓中了解到了很多关于他们生活方面的信息。

❶ 祭祀的马匹
❷ 圆木制成的墓室
❸ 维京国王或首领
❹ 陪葬的女仆
❺ 盾牌
❻ 墓葬主人的头盔和武器
❼ 毛皮毯子
❽ 装牛奶或水的桶

54

奥塞伯格船葬

考古学家们曾经发现过多个船葬,位于奥斯陆的奥塞伯格船葬是其中最富有的。船里面有两具女性尸体,其中一位可能是女王,另一位是她的女仆。她们死于834年。这座坟墓和里面的陪葬品保存得十分完好,其中包括1辆精美的马车(作为死者在来世的交通工具),5张床(普通人都是睡在地板上),还有很多木制品。由于陪葬品中的木制品在其他坟墓中都腐烂掉了,所以奥塞伯格船葬中发现的木制品要远比被盗墓者偷走的珠宝有价值得多。

在较大规模的船葬中,尸体通常被放进船舱。上图是仿照奥塞伯格船葬中的船制成的模型,可以在今天奥斯陆附近的维京船只博物馆中见到。

左图:墓主人与他的女仆埋葬在一起,身边放了很多陪葬品,包括武器、食物和陶器。

来自瑞典哥得兰岛的一幅9世纪的石刻(下图),上面刻着奥丁骑着8条腿的坐骑斯雷普尼尔,女武神瓦尔基里在向他进献美酒。除了是亡灵的指引者之外,瓦尔基里还是瓦尔哈拉殿堂的侍女。

瓦尔哈拉殿堂

维京人相信众神都居住在仙宫之中,而所有亡灵的主宰——掌管死亡的奥丁,就居住在宽敞冰冷的瓦尔哈拉殿堂中。那些在战争中阵亡的伯爵和战士都会来到瓦尔哈拉殿堂。当这些英勇的亡灵在瓦尔哈拉殿堂欢宴之时,奥丁独坐在一处,一言不发地喂他的宠物狼。所有人都在等待最后的大战,即终结所有世界的诸神黄昏之战。北欧神话中包含了成百上千个玄妙的神话故事,很多故事都被编写成了诗歌。

农业和渔业

我们通常认为维京人是海上民族，是航海家，是商人，是掠夺者，但实际上他们的主要工作同样是务农。维京人几乎所有的日常需要都来自农场，不只是食物，还包括衣服、家具、工具、马车和船只。他们必须种植庄稼以收获足够多的粮食，这样才能度过漫长的寒冬。如果哪年收成不好，人们就会挨饿。所有的家庭成员都要参与农田的劳作，奴隶们则要干更多的活。除了照料庄稼、饲养家畜，维京人还有很多工作要做，如酿造啤酒和伐木，修建房屋、围墙和制作工具、船只等。

人们通过晾干或腌制的方式把鱼保存起来。维京人用鱼钩钓鱼（冬季则在冰上凿个洞），用鱼叉捕鱼（主要捕三文鱼），或用绑着石头的渔网捕鱼。

8—10世纪期间，斯堪的纳维亚的农民要从事繁重的劳动，虽然有些地区的生活条件非常艰苦，但总体来说他们的生活还不错，人口数量在不断增长。

农耕村庄

在丹麦，一个农庄通常有五六个农场。人们共用一些公共服务设施，如水井或铁匠铺。每个农场都有一个长屋，人和家畜共同生活在里面。一些考究一点儿的长屋，还会有几个独立的附属外屋。每隔一段较长的时间，或许是 100 年，或许是更长的时间，人们就会离开自己的村子，在附近重新建造一个村庄。

渔业

大多数维京人都居住在海边或是靠近湖泊、河流的地方。海边有资源丰富的沿海渔场，而湖泊和河流里则有大量的鲑鱼。维京人很爱吃鱼，有些地区的渔业甚至比农业还要重要。狩猎是维京人获取食物的另一个重要来源。除了捕猎驯鹿和麋鹿外，北方的维京人还会捕猎野禽、海豹和海象（因为它们的皮、牙齿和油脂非常珍贵），以及捡拾贝类和鸟蛋。

农民用手播撒种子，用马和牛耕地。

农作物

在斯堪的纳维亚地区，只有丹麦足够暖和，可以种植小麦。在其他地区，人们种植的谷类作物有大麦（用来酿制啤酒或做面包）、燕麦（冬季时做牲口的饲料）和黑麦；种植的蔬菜有大豆、豌豆、卷心菜和洋葱。此外也会种植牧草来做饲料。人们会挖野菜，采摘坚果、浆果和啤酒花（用来酿造啤酒）。海泽比还生长着桃树和李树。因为维京人喜欢喝蜂蜜酿制的蜂蜜酒，所以他们很可能已经开始养蜂。

家畜

维京人农场饲养的家畜要比我们现在饲养的家畜小一些。在饲养的家畜中，最有价值的是牛和马。牛可以为人们提供牛奶、乳制品、牛皮（皮革）和牛肉。维京人有时也会吃马肉。绵羊可以为人们提供制作衣物用的羊毛，还有羊奶和羊肉。猪和山羊已经被广泛饲养。家禽可以提供蛋和肉，它们身上的羽毛还可以用来制作被子。

右图是维京的农民用的铁制的羊毛剪和羊毛梳，用来修剪羊毛。

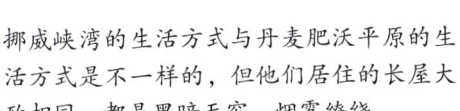

挪威峡湾的生活方式与丹麦肥沃平原的生活方式是不一样的，但他们居住的长屋大致相同，都是黑暗无窗，烟雾缭绕。

集镇

大多数集市和城镇都是由国王或酋长设立的。808年，丹麦国王戈弗雷德迫使一些商人在海泽比定居，而在此之前，海泽比只是一个以农业为主的小村落。贸易创造的财富，国王会以税收和关税的形式索要一部分。随着城镇的发展，那些想要逃离乡村生活的人们被吸引到了城镇。

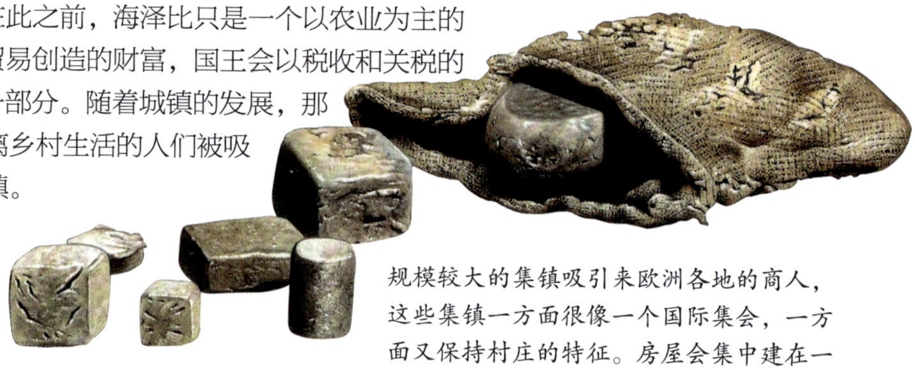

当时的经济体系缺少货币基础，商人们会随身带着天平，用其称量碎银块的重量。

维京的工匠能制作精美的珠子和饰品。因为维京时代的斯堪的纳维亚不生产玻璃，所以玻璃碎片会被回收重新制成漂亮的珠子。

规模较大的集镇吸引来欧洲各地的商人，这些集镇一方面很像一个国际集会，一方面又保持村庄的特征。房屋会集中建在一小块土地上，每家每户都会种植蔬菜和饲养一些家畜。

集市和城镇

8世纪初，虽然斯堪的纳维亚人已经和北欧人开始了商业贸易，斯堪的纳维亚大地上仍然分布着一个个以务农为主的小村落，没有真正意义上的城镇。随着贸易的兴起，那些地理位置优越的贸易中心，如日德兰半岛的海泽比，因为地处波罗的海和北海连接的枢纽位置，逐渐发展成了城镇。商人们聚集在城镇进行买卖。最初，海泽比只是一个小集市，只有很少的人常年居住在那里。不久，各种作坊和服务业开始出现，不断生产和加工出用于交易的商品，使市场日益兴盛。最终，小集市发展成了大城镇。

左图：这个小小的琥珀色人像很可能是当时棋盘游戏中的一枚棋子。

港口

集市大多建在海边或靠近水路的地方，因为这里更方便货物运输，尤其是那些大件商品，如木材或葡萄酒都是靠货船运输的。并非所有的贸易都是在海边进行的。集市有时会在冬季举行，那时马车在冻得结实的路面上行驶要容易得多。

皮毛贸易

维京商人能够提供很多实用的、价值不菲的商品，例如皮毛和皮革。瑞典商人居住在波罗的海东海岸，为了得到昂贵的紫貂和貂皮，他们会深入俄罗斯去寻找。他们会从当地的部落人手中收买皮毛，有时通过协商，有时则使用武力。另外，挪威北部的一个首领曾经向英国国王阿尔弗雷德说起，在他统治的拉普兰德，人们为了向他表示敬意，会向他进献皮毛、羽毛和鲸须。

右图的瑞典商人正在买卖皮毛。在集市上，不同种族、不同信仰的人们聚集在一起，彼此包容，和睦相处。

左图是在比尔卡附近的一个岛屿上出土的大口玻璃杯。像这样昂贵的玻璃器皿是从德国莱茵兰地区进口的。

出口贸易

一般来说，维京商人向外出口的商品是皮毛等一些未加工的原材料和奴隶，以交换银子和珠宝等奢侈品。但是斯堪的纳维亚人也有自己的奢侈品，其中就包括琥珀。琥珀产于波罗的海沿岸，是一种早已灭绝的树种——冷杉树树脂化石（有时里面有被困住的昆虫）。琥珀非常漂亮，质地清透，呈红黄色。它有足够的硬度，可以被雕刻、抛光，制成珠宝首饰。

东方贸易

维京人依靠贸易和抢掠而变得富庶。波罗的海地区盛产许多欧洲南部需要的原材料（皮毛、皮革、木材、焦油、琥珀、海象牙和海豹皮），维京人的交易遍及欧洲各地，甚至已经走出欧洲。初期大多数贸易都是在当地进行的，但是随着他们航海技术的进步，维京人开始开拓一些长距离的贸易路线。最伟大的贸易者当属瑞典人，他们越过波罗的海，穿过俄罗斯和中欧，最终到达拜占庭。他们卖出原材料和奴隶，换回东方的白银和香料、丝绸、珠宝等名贵奢侈品。

860年，一队维京人袭击了君士坦丁堡。但是在当时的拜占庭帝国，贸易比战争更有利可图。

贸易路线

在维京人以掠夺者的身份闻名于世之前，他们其实是四处贸易的商人。整个北欧都有他们的贸易站。到了11世纪，他们的贸易路线已经西达格陵兰，东至西南亚。而这样长距离的贸易路线，交通并不发达。只要可以行船，他们就会采用水路通行。没有水路可行时，他们会把船只扛在肩上行进。维京人就是用这样的方法穿过俄罗斯的。

君士坦丁堡

9世纪，第一个小小的俄罗斯国家——罗斯建立。瑞典的维京人也参与其中。他们称自己为"罗斯人"，和本土的斯拉夫人一起建立了较大的贸易城市——诺夫哥罗德和基辅。当时，罗斯人要从这两个城市里选择一个作为自己的首都。瑞典商人可以从这两个城市出发，穿过俄罗斯，最终到达他们的目的地——君士坦丁堡。君士坦丁堡作为拜占庭帝国的首都，是当时欧洲最大最富有的城市。

异国珍宝

维京商人最想买的商品主要是那些斯堪的纳维亚没有的珍贵奢侈品，诸如欧洲南部的葡萄酒，或稀有的东方丝绸。在维京人的墓中，考古学家惊奇地发现了一些物品，而这些物品是来自维京人从未到访过的地方。由此可以推测，这些东西一定是辗转买卖了很多次，才来到了斯堪的纳维亚。

维京人最奇异的珍宝之中有一尊6世纪的小佛像（左图）。这尊佛像出土于瑞典，却是在几千千米外的印度北部制作的。

瓦兰吉卫队

维京人因为骁勇善战而闻名于东方，拜占庭皇帝雇佣维京人作为自己的私人护卫，称他们为"瓦兰吉人"。从9—11世纪，瓦兰吉卫队一直是拜占庭最优秀的军团。后来的挪威国王哈拉尔德·哈德拉达就是瓦兰吉卫队中的一员。1066年，英格兰的哈罗德击败了哈拉尔德，标志着维京时代的终结。

右上图是一块拜占庭马赛克（彩色玻璃和石块上的一幅画）上的瓦兰吉卫队中的一名战士。

上图：这个9世纪青铜手炉可能是阿拉伯商人卖给瑞典人的，炉子样式是典型的伊斯兰风格，制作于巴格达。

对维京人来说，银子的价值是用重量来衡量的。因此，银子会被切割成他们想要的重量。戒指等银制品也可以当作货币使用。

维京商人抵达君士坦丁堡。他们从俄罗斯西北部出发，沿着第聂伯河顺流而下，然后穿过黑海到达这里。这条路线要比地中海航线更短、更便捷。

房屋与家庭

维京时代的维京人并不是杰出的建筑家。据我们所知，在基督教时期，木构教堂出现之前，仅有的几座大型建筑只存在于一些皇家城堡中，如日德兰半岛的特雷勒堡，在那里可以找到一些非常大的首领房屋。随着地貌的变化，维京人的房屋也有所不同。人们修建房屋都是就地取材，大多使用的是木头。只有冰岛地区，因为树木稀缺，所以人们会在石头房基上修建泥草房。维京人修建的房屋大约只能维持一代人的时间，所以今天几乎找不到一点它们的遗迹。

这个德国酒壶（用来装葡萄酒）和带盖水壶出自技艺精湛的工匠之手。它们一定属于家境富裕的家庭，因为在维京社会，普通人家的大多数容器都是自制的。

维京人修建的房屋有石屋、木屋和草屋。房屋的墙通常是抹灰篱笆墙（用细柳枝编成框架，在上面涂满泥巴），用木柱做支撑。维京人房屋有的是木屋顶，有的是茅草屋顶，还有的是泥屋顶。

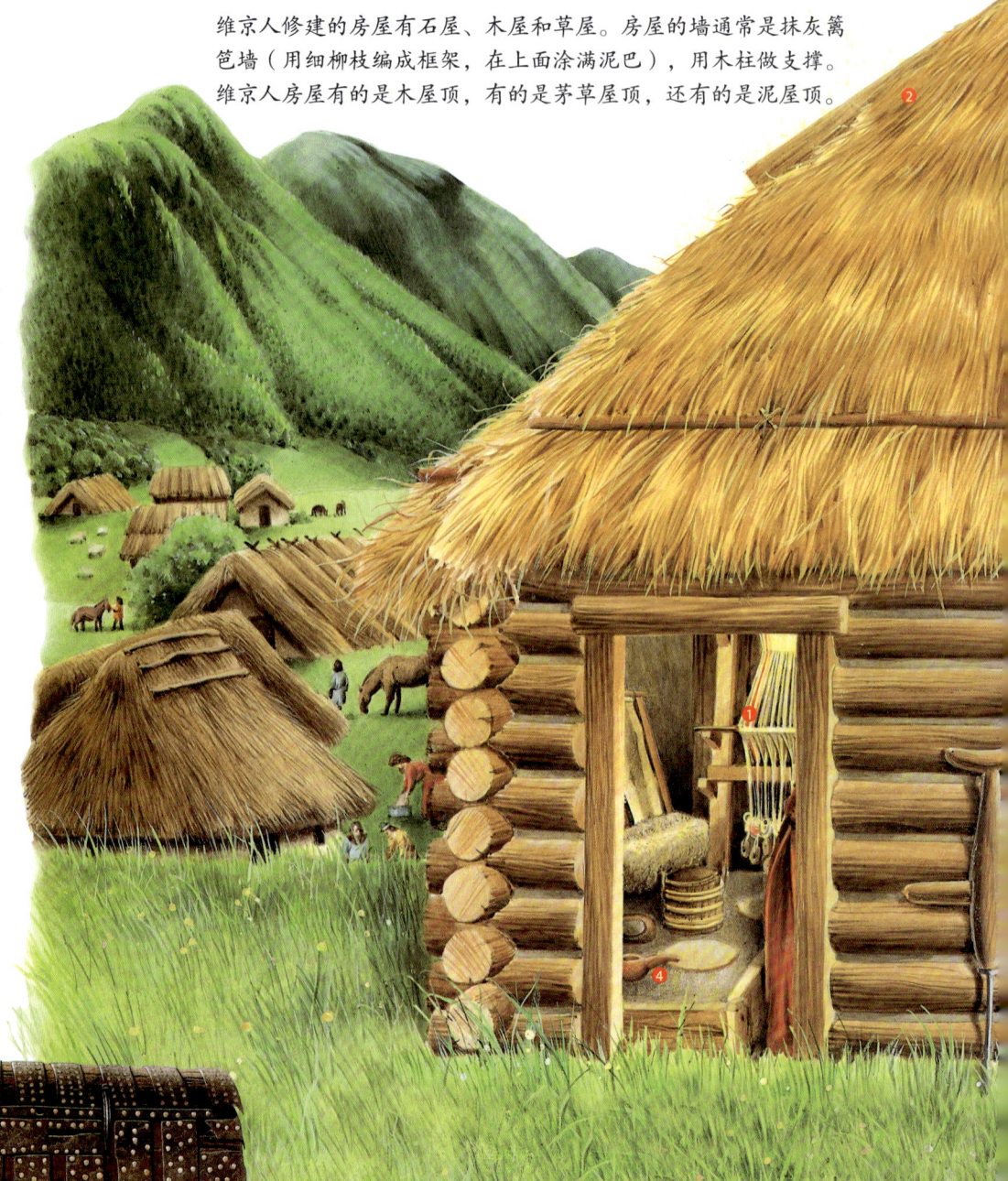

长屋

长屋的屋顶是搭建在横梁上的，而这些横梁又由两排柱子支撑。这两排柱子拼接的长度就是整个房屋的长度，因此你想把房屋建造得多长都可以（有些房屋的长度甚至已经超过 50 米），但是房屋的宽度却只有 5 米左右。维京人的长屋被分成两部分，一部分用来住人，另一部分则用来储存物品和做马厩。人们起居、吃饭、睡觉都在一个大大的房间里。

考古学家发现，在维京人的房屋里有一些箱子、凳子之类的家具。

在富裕的家庭,奴隶们负责做饭。大多数人家都会在火炉上支一个铁制三脚架,然后将一口铁锅吊在上面。

围炉而坐

傍晚时分,一家人围在火炉旁边吃饭、听故事,是维京人在漫长冬季的主要娱乐方式。因为没有窗户,整个屋子很黑,而且烟雾弥漫。家具是几个箱子,大多数人都睡在靠墙低矮的平台上。只有家族中的重要人物才能有一把椅子和一张舒适一点的床。城镇的房屋会小一些。工匠们一般会在起居室的旁边建一个作坊。

大多数人家都有一部织机。这个刻有兽首形状的鲸鱼骨板,很可能是用来将织好的布熨平的。

饮食

房子的中间会生一个火塘。人们在铁锅、陶锅或皂石锅里烹饪食物,然后把食物盛在木制盘子里吃掉。几户家庭会共用一个面包烤炉。在维京时代,人们一天只吃两顿饭,他们的饮食非常健康,有充足的鱼肉、新鲜的水果和蔬菜。很多食物会被晾干,留到冬天食用。

妥善保管

有价值的财产,如珠宝饰品、银子或者武器,都会被锁进箱子里保管起来。斯堪的纳维亚锁匠制作的锁具十分精良。每个锁具都会配一把钥匙,将钥匙插进锁里释放弹簧片才能将锁开启。

考古学家经常在维京女性的坟墓里发现钥匙,这很可能表示妻子是家里钥匙的掌管者。

❶ 垂直的织机
❷ 草屋顶
❸ 晒干的肉和鱼
❹ 做饭用的工具和容器
❺ 踩实的泥地上铺着灯芯草和青草

这张瑞典维京时代的挂毯上织着很多动物形象,既有真实的,也有想象的。我们看到的这张是用相同制法做成的现代复制品。

织布

在维京家庭,妻子负责管理家务和照顾孩子。和现在的家庭主妇相比,那时的妇女要做更多的工作。在一个农民家庭,妻子要做饭、织布和制作必需品。食物来自她们饲养的家畜和种植的庄稼,织布用的是从绵羊身上剪下来的羊毛。只有很少的几样东西,如铁制工具,是从其他地方来的商人那里或城镇集市上购买的。

维京时代的挂毯

由于布料腐烂得很快,所以只有很少的维京时代的布料碎片残存下来。除了衣服,人们还编织挂毯和做刺绣。富人们会用这些来装饰自己的房子。1904年在奥赛贝格发现了著名的维京时代船葬,陪葬的挂毯上描绘了当时人们步行、骑马、乘车游行时的盛况。

上图:女人们在纺线和梳理羊毛。从剪下羊毛到纺织成布,有很多工作要做。其中一步是把线织成布。维京女性使用的是直立式织布机,有时她们会把织布机靠在墙上。在竖向的线(经线)的底部坠上重物以保持排列紧密,然后手动编织横向的线(纬线)。

服装与首饰

在那些受到维京人抢掠的受害者口中,维京人是野蛮、残暴、令人胆战心惊的强盗,他们都留着乱蓬蓬的胡子和头发。那些维京强盗无疑是残暴的,但是这只是维京人故事中的一小部分。有钱的维京人穿着讲究,佩戴昂贵的首饰。贫穷的人买不起饰品,穿着和富人不同,但是他们依然为自己的外表而自豪。男人们可能留着整洁的长发,胡子也修剪得整整齐齐。不同的地区有不同的穿衣风格,而且纵观整个维京时代,不同时期流行的款式也不相同。

上图的这名维京时代的男子穿着户外服饰,戴着一顶皮帽子。

服饰

斯堪的纳维亚的冬天非常寒冷,人们的穿着都是以保暖为先。男人们穿长裤或马裤。至于上衣,他们一般会在斗篷下穿一件束腰外衣。女人们会穿裙子,上衣是一件像围裙一样的束腰外衣,在肩膀处用别针固定。在户外的时候,无论男女,都会披一件厚厚的斗篷。人们也会穿一些皮革和皮毛制成的衣服。有钱人的衣服常常饰有刺绣或以动物皮毛镶边。

鞋子由一块皮革做成,在脚背上将皮革缝合在一起。男人们也会穿结实的靴子。

玻璃珠子是维京人坟墓中最常见的一种物品。这条项链(下图)还包括其他材料——水晶、金属和彩色石头。

维京人的发型

考古学家经常发现的物品还有梳子。在维京时代,无论男女都留长发,他们喜欢保持头发整洁。除此之外,梳子还能去除头虱。男人们披散着头发。有些女人的发型十分精致,她们会将头发梳成非常复杂的发髻。

这个带有精美花纹的银制臂环(右图)出土于丹麦。

珠宝饰品

就像欧洲其他地方的早期居民一样,斯堪的纳维亚人也喜欢个人炫耀。如果负担得起,他们会佩戴大量的银饰。你可以从一个人身上佩戴的饰品来判断他的身份地位。富有的男人脖子上戴的是纯金项圈,重量达1千克(在紧急情况下可以当钱使用)。珠宝匠也会用很多其他便宜的材料来制作饰品,如黄铜、青铜、玻璃、琥珀、黑玉和红玛瑙等。

上图:这枚珐琅胸针上镶嵌着珍贵宝石。

这是一个由麋鹿角雕刻而成的战士头像(右图)。这个维京战士留着整洁的胡须,面带微笑,这是这个雕像不同寻常的地方。因为在维京时代的艺术品中,笑脸是十分罕见的。

儿童

在维京时代,孩子们的童年十分短暂。丹麦国王克努特 18 岁时就拥有了军队的指挥权,而女孩们通常到 15 岁就要结婚了。当时的维京家庭包括父母、祖父母、孩子和奴隶,可能也会有其他亲戚和他们生活在一起。考古学家们发现了一些不同类型的玩具,如玩具马、玩具船和玩具剑。除了玩玩具,维京儿童还做很多运动,如游泳和各种球类游戏。

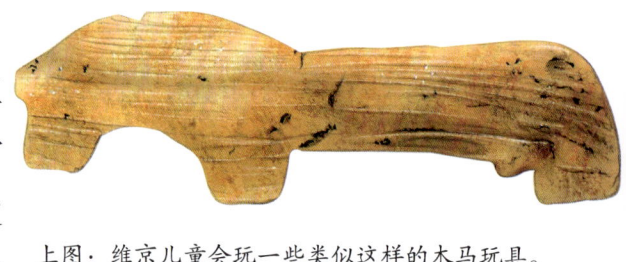

上图:维京儿童会玩一些类似这样的木马玩具。

这个木制杯子(左图)由成年人拿着,用来喂婴儿或者病人。这个婴儿椅(下图)上有一个横杠,可以防止宝宝从上面掉下来。

婴幼儿

在现代医学出现之前,孩子长大的过程常常十分凶险。很多婴儿早早就夭折了。父母也可能会把不想要的婴儿丢弃到野外。贫穷的父母会把孩子卖作奴隶。还有一些年幼的孩子,主要是男孩,可能会在亲戚家生活和长大,因此这些孩子就有了两对父母。

教育

维京人没有学校或大学,父母或其他家庭成员会教孩子们一些生活常识。男孩们要学习如何耕种和照顾牲畜,如何修建房屋和操控船只,如何狩猎和打鱼,还有如何战斗。女孩们要学习如何照料家务,特别是做饭、纺线和织布等技能。她们也要知道如何照顾农田。

维京时代的男孩们要掌握一项本领,从而成为一名成功的农夫或者战士。

讲故事

在维京时代,没有电影、电视和电脑,甚至连书籍也没有。他们最主要的娱乐活动就是讲故事。在一些名门望族,家里有专门讲故事的人来娱乐大家,但是每个家庭讲述的都是他们自己的家族故事。通过这样的方式,家族故事能够代代相传,这对维京人来说有着十分重要的意义。男孩会以父亲的名字为姓,如莱夫·埃里克森就表示莱夫是埃里克森的儿子。

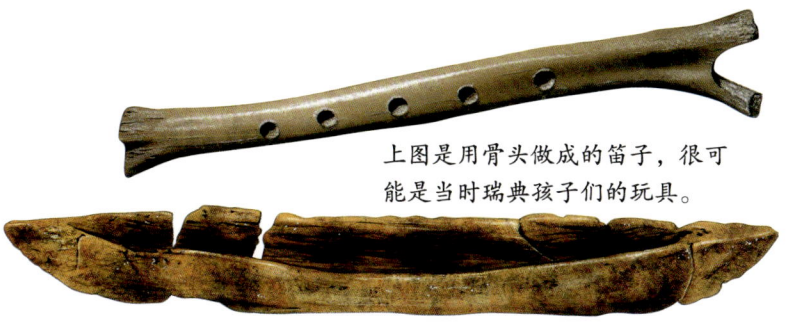

上图是用骨头做成的笛子,很可能是当时瑞典孩子们的玩具。

上图是法罗群岛的居民为孩子做的木船模型。

玩具和游戏

维京时代的儿童是怎样生活的,对此我们知之甚少。因为很少发现儿童的坟墓或刻有相关文字的石碑。不过考古学家却挖掘出大量的玩具,包括用木头雕成的各种小动物、木船、工具和木剑。除了这些,人们还发现了成年人和孩子都会玩的棋盘游戏和骰子。从晚期的维京人故事中,我们也了解到一些当时玩的游戏。在一些木雕中,还发现了一些似乎在玩游戏的人像。

婚姻

在维京时代,婚姻是由男女双方的家庭安排的。男人和女人在社会中扮演不同的角色,在婚姻里是平等的伴侣关系,这体现在生活中的各个方面。丈夫不在家的时候,女人负责照顾家庭和农场。让来到这里的阿拉伯人感到惊叹的是,维京时代的女人有权提出离婚,并可以继承财产。

在挪威出土的金箔,上面的图案是一对男女正在拥抱。

下图是一位老妇人正在给她的孙子们讲故事。就像那些萨迦传奇故事一样,她讲的故事很可能关于神灵、魔法或那些著名的英雄,也可能是他们自己的家族故事。

休闲娱乐

维京时代，一些维京男性过着充满暴力的生活，但是农耕、打斗和盛宴并不是生活的全部。一些男人的身份是工匠，他们不会出去参加突袭或者战争。几乎所有的维京人都喜欢音乐、故事、谜语，以及那些需要动脑的游戏。维京的战士不仅仅要强健有力，还要聪明机智，战斗能力和沟通能力一样重要。杂耍、杂技艺人和吟唱诗人会在集市等场合进行表演。一些维京人的运动也是很平和的，但确实常常与狩猎和战斗有关。

男人们会用这样的骰子进行赌博。这些骰子是用动物的骨头或角制成的。有些骰子不是正方体，而是长方体。

维京时代的运动

在维京时代，很少有人只是为了消遣才进行运动。运动通常还有其他更严肃的意义，常常与战斗中的技巧或锅中的肉有关。在挪威，射箭比赛的获胜者会赢得奖品。据我们所知，维京人也会进行球类比赛。

音乐

除了在富人家供职的全职乐师，普通百姓也喜欢唱歌，并自己编写乐曲。不幸的是，我们现在无法知道那时的音乐听起来是什么样子。在维京人聚居的地方，人们发现了骨质管乐器，如直笛，还有一些其他乐器，如早期的竖琴、里拉琴、号角、木管和鼓。

这个10世纪的黄杨木排箫，发现于英格兰北部的约克郡。

维京人喜欢身体竞技，进行力量和技能的比拼。他们甚至会给马系上角，上演马与马之间的对决。如果人们对胜负的结果有争议，那么马的主人就会通过决斗来结束争议。摔跤主要是底层社会的运动，那些高级首领不会参与这样的运动。拳击比赛常常也是等一方严重受伤后才会宣告结束。

维京人喜欢玩棋盘游戏，特别是在漫长的冬季里。

维京人的宴会上有很多美食和饮品。

游戏

我们知道维京人常玩的几种棋盘游戏的名称，却不知道它们的游戏规则是什么。它们的名字通常以"塔夫尔"结尾，"塔夫尔"的意思是桌子或棋盘。考古学家们已经发现几种不同的棋盘和棋子。最常见的是一种和战争有关的棋盘游戏，棋子有国王和士兵。棋盘上画有很多小方格，有时是很多小孔。

右图的饮酒的杯子是用动物的角制成的。用这样的杯子必须一饮而尽，因为杯子不是平底的，无法平放。

上图的维京人很可能是从阿拉伯商人那里学会了棋类游戏。这些12世纪的棋子来自赫布里底群岛。

宴会

宴会让人们聚在一起，使家族成员之间关系更加亲密。地位尊贵的首领会为他的追随者们举办宴会。在宴会上，大家交换信息、安排婚事和进行交易，但也会发生争执。维京人的宴会很喧闹，大家会喝很多酒，宴会上还会有音乐、舞蹈表演，也会有人在宴会上讲故事。维京人会在三个重要的节日举行宴会，分别在春天、收获时节和冬天。

狩猎

带着猎狗和猎鹰（驯服的鹰）进行骑马狩猎活动，是国王和贵族们才能进行的运动。然而大多数维京人都是打猎的高手。他们使用弓箭和长矛捕猎各种动物，大到海象，小到野兔。在挪威的部分地区，人们发现了捕鱼用的铁钩和带倒刺的鱼叉。

下图中这个11世纪的勇士正带着猎狗和猎鹰进行狩猎。他应该是要捕捉一些动物来做晚餐。

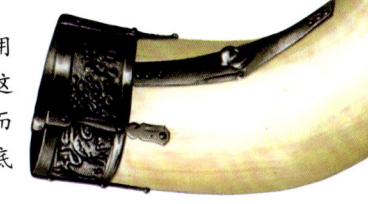

69

维京人的防御工事

设防的营地和防御工事是维京时代的最大建筑。早期的防御工事往往是临时修建的，作为战时周围村民的避难所。也有几个集居地是建有防御工事的，如海泽比和比尔卡，这两个城镇都建有半圆形防御建筑。考古学家曾经发现五个大型环形聚居点，即皇家城堡。经考证，这些皇家堡垒属于10世纪晚期的建筑。

菲尔卡特环形城堡

在发现的五个皇家城堡中，考古学家对位于日德兰半岛的菲尔卡特环形城堡进行了最为细致的研究。菲尔卡特含有四个建筑群，呈方形排列。这里的建筑就像是超大号的长屋，但是它的侧墙呈弧形，房屋的四面都有起支撑作用的扶垛。这些房屋都是用橡木建成的，两条木板铺成的街道将这些房屋分成不同的建筑群。外城墙上也钉了木板，这样即使攻城的敌人越过壕沟来到城墙脚下，他们也很难沿着城墙向上爬。

❶ 维京士兵
❷ 瞭望塔
❸ 加固的城墙
❹ 木板铺成的小路
❺ 房屋和作坊
❻ 穿过街道的河流
❼ 很多妇女和孩子也生活在城堡里

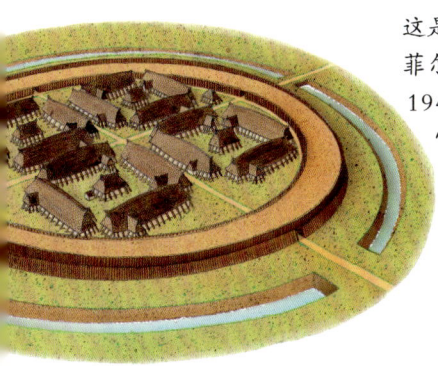

这是一个艺术家复原的菲尔卡特环形城堡。在1940年之前，人们对它一无所知，这个堡垒只能是由强大的政府修建的。

军营抑或首府？

这5个城堡十分相像，由此可以推断它们一定是按照同样的规划图修建的，而且修建的时间也大致处于同一时期。当这些城堡被发现时，它们整齐的规划曾经让专家们认为是军队集结的军营（或许是为了侵略英格兰做准备）。但是后来，考古学家在墓群中发现了女性和儿童的尸骨，还在城堡的建筑群中发现了谷仓和工匠作坊，从而证明普通百姓也住在这些城堡里。由此可见，这些城堡不仅仅是作为军队集结的军营，也可能是皇室政权维持和平以及征收赋税的中心区域。

土木工程

丹麦城堡的修建不仅需要精妙的规划，还要耗费大量的人力财力。以菲尔卡特环形城堡为例，防御城墙的修建需要移动大约10,000立方米的泥土，需要砍伐数以千计的橡树，用来修建房屋、道路和围墙。海泽比城（下图）和比尔卡城的主体是大型城堡，环绕的城墙上散布着一些巨大的防御性瞭望塔。

城堡的修建需要大量的劳工（或许是奴隶），他们需要砍伐树木，将树木锯成合适的板材，再将板材运输到建筑工地，搭建房屋。

海泽比位于日德兰半岛，环绕这座贸易城市的巨大的半圆形城墙长达1,300多米，在某些地方，城墙高度达到10米。在坚固的城墙内是繁华的社区和贸易中心，一座座用抹灰篱笆墙围成的房屋是市民的住宅、工匠作坊和各种各样的商铺，城内有木板铺就的人行道，还有一条从街中流过的小河。

维京人的突袭

8世纪90年代,维京人开始以野蛮凶猛的抢掠者形象出现在欧洲海岸。他们乘坐速度很快的狭长战船,毫无预警地向没有防卫能力的村庄和修道院发起袭击。他们会残忍地杀死手无寸铁的人,把俘虏卖为奴隶,抢掠一切能带走的值钱东西。开始的时候,维京人的突袭只发生在夏季的某几天。渐渐地,抢掠队伍的规模越来越大,并且会持续整个冬季。最后,这些抢掠者以殖民者的身份定居下来。当时,丹麦人占领了几乎所有的英格兰王国,直到878年,威塞克斯王国的阿尔弗雷德大帝在爱丁顿打败丹麦人,双方达成协议,同意划地而治。

这顶斯堪的纳维亚头盔是在维京时代之前制造的。维京人很少戴头盔,即使戴,也不过是一顶简易的铁帽。

793年,维京人突袭了英格兰北部的林迪斯法恩修道院,将那里的教堂洗劫一空,很多修士被杀死或溺死,一些宗教文物也被破坏摧毁。

狂战士

狂战士是一群特殊的战士,他们穿着兽皮,尖叫着、嘶喊着向敌人发动进攻,非常嗜血。据说这些狂战士受到了司掌战争的奥丁的庇佑,他们无所畏惧,也不会感到疼痛,只有死亡才能阻止他们进攻的脚步。尽管狂战士战斗力非常强大,但是维京的首领们并不信任他们,这是因为狂战士很难控制。据说当狂战士杀红了眼时,会狂暴地撕咬自己的盾牌。

战士

维京抢掠者是一群由首领率领的战士。战斗就是他们的职业,他们会誓死追随他们的首领。当一小队突袭者发展壮大成一支军队时,里面会包含一些武器装备较差的普通农民。有些人手中虽然只有农场上使用的斧头,但他们仍然是凶猛的斗士。

初期的突袭

我们所知道的第一次维京突袭发生在793年,当时维京人袭击了林迪斯法恩修道院,它位于英格兰北部诺森布里亚的一个岛屿上。这是一个容易得手的突袭目标,因为修道院通常建在无遮挡且遥远偏僻的地方。那些被吓破胆的修士从来不曾想过危险会从海上而来。修道院和教堂常常住着一些吸引抢掠者的人。他们没有防卫能力,随身带着金银物品和很多其他的财宝。

右图的这幅图来自一本12世纪的书籍,上面描绘了丹麦大军抵达英格兰海岸时的情景。虽然英国人称袭击者为丹麦人,但其实里面也包括挪威和其他地区的人。

战士们的主要武器就是剑、矛和战斧。为了防御,他们会举着圆形的木盾,偶尔也会戴圆顶的头盔。

这个镶嵌着宝石的青铜盒子(右图)是在挪威发现的,但实际上它来自苏格兰的修道院或教堂,里面很可能装有某位基督教圣徒的一些遗物(比如遗骨)。

突袭目标

维京人的海外突袭,最初只是简单地使用暴力进行抢劫,规模小且无组织。随着对欧洲大陆的突袭规模变大、次数增加,维京人的主要突袭目标不再是偏僻的寺庙,而是转移到了那些贸易中心和较大的城镇。维京人对贸易中心和城镇的突袭始于9世纪30年代,因为之前在查理曼大帝(死于814年)统治时期,欧洲大部分地区固若金汤,但查理曼大帝逝世之后,他统治的地区开始四分五裂。

右图这块来自林迪斯法恩修道院的石碑记录了维京抢掠者的罪行,它应该是在修道院被维京人袭击后不久雕刻的。

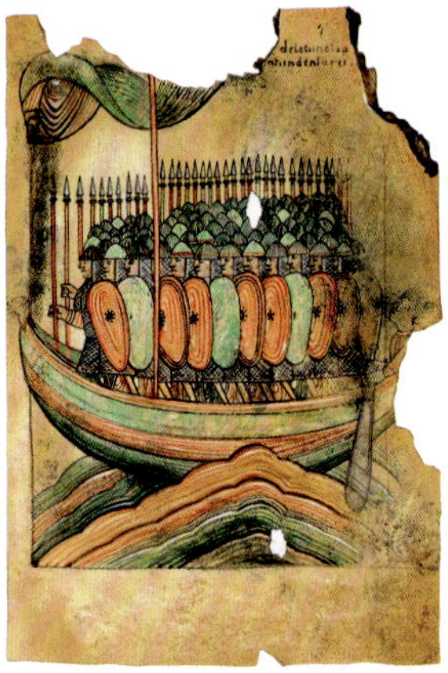

维京人在法国

到了840年,查理曼大帝统治下的法兰克帝国不复存在。法兰克帝国分裂成三部分,分别属于并不和睦的三兄弟。各地首领都只追求自己的私人利益,对帝国的忠诚和敬意荡然无存,这为维京人突袭内陆的城镇创造了有利条件。在9世纪40年代,维京人沿着卢瓦尔河和塞纳河逆流而上,分别在841年和843年占领了鲁昂和南特,进行了残忍的大屠杀。在845年,120艘丹麦舰船到达巴黎。他们来来回回很多次,寻找可落脚的地方。在911年,法国国王将塞纳河下游地区割让给了罗洛领导的维京人。他们的子孙后代被称为诺曼人,而他们居住的土地被称作诺曼底。

这是法国一个手抄本上的一幅插图,上面画着维京士兵沿卢瓦尔河袭击昂热时的场景。可以想象,那些维京士兵一定挥舞着手中的宝剑,吼叫着冲向自己的敌人。

沿塞纳河而上

塞纳河地区是维京人最喜欢侵扰的地区。845年,朗纳尔和他率领的丹麦人洗劫了巴黎。他们在巴黎尽情享受,不愿离去,直到法国国王向他们支付了大量白银后才离开。其他统治者,如英格兰国王埃塞尔雷德也同样被迫向维京人支付赎金以换取和平。问题是交付赎金并不能阻止维京人第二年再次来袭。

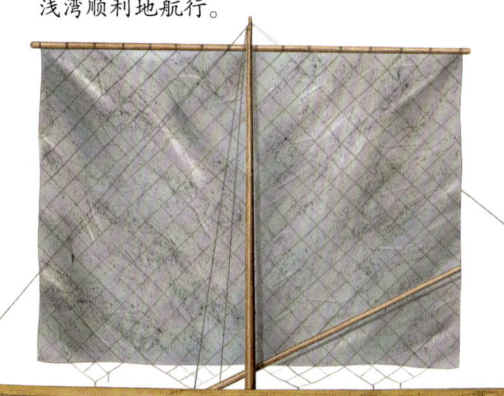

维京人的长船既可以穿越大海,也可以在浅湾顺利地航行。

维京人用弓箭、石头和燃烧的船只攻击西堤岛。

在战斗中,维京人更喜欢近身肉搏。弓和箭主要用于狩猎。但是弓在攻城时是非常有用的武器,因为它可以把箭射过城墙。

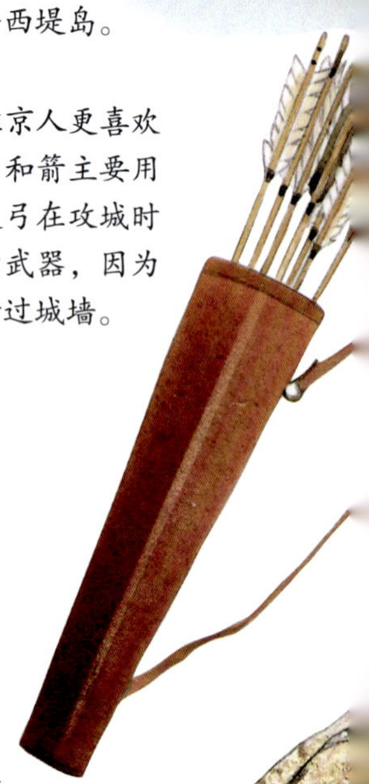

维京人的杀戮

到了850年,维京人自由地行驶于欧洲的河道。当时法兰西一片混乱,旧的政权已经垮台。只要有足够的钱,任何人都可以修建城堡,雇佣士兵来保卫自己的安全。与此同时,维京海盗开始航行到更远的地方,到达西班牙附近,并驶入地中海地区。885年,维京人向巴黎发动了规模最大的进攻。

围攻巴黎

法兰克人曾试图在横跨塞纳河的桥梁上构筑防御工事来阻挡维京人的入侵。那时,巴黎的塞纳河上修建了两座这样的桥梁。885 年,维京大军大举来袭,据说,抵达巴黎的战船多达 700 多艘。对于维京人的到来,巴黎人民已经严阵以待。城里民众顽强抵抗了一年,直到法国国王带领军队到来。他提出赠予维京人物质和白银,以换取维京人和平撤离巴黎。

巴黎没有罗马那么大,城堡建在了塞纳河中的一座小岛上,所有的居民都可以进入城墙之内。当维京人企图爬上城墙的时候,巴黎民众就向他们身上倒滚烫的焦油。

下图这块石碑被发现于瑞典的哥得兰岛,上面刻有拿着盾牌和剑的战士。双剑相碰象征对首领的效忠和拥护。

突袭的结束

那时欧洲属于基督教世界,欧洲的统治者找到了阻止维京破坏性突袭的方法。造成维京人四处劫掠的一个原因就是他们的家乡缺少肥沃的土地。像罗洛领导的维京人队伍就表示,如果提供给他们优质的土地,他们就会保卫这个国家不受其他突袭者的侵扰。随着时间的推移,来自斯堪的纳维亚的移民和当地人渐渐混居在一起,并逐渐失去维京祖先凶猛好战的本性。

冰岛

维京时代冰岛上的树木要比现在茂密得多。冰岛的大部分地区都被冰雪和火山熔岩所覆盖,维京人的先驱者主要居住在气候温和的沿海地区,如现在的冰岛首都雷克雅未克及其附近地区。因为木材稀少,所以早期的冰岛居民用石头和草皮修建房屋。冰岛也有一些独特的优势,比如温泉。即使是在寒冷的季节,人们依然可以享受到温暖的户外浴。

格陵兰岛

982年,红发埃里克离开冰岛,经过3年的航行探险,到达格陵兰海岸。当他再次返回冰岛后,他开始劝说人们跟着他去格陵兰定居。为了使这个地方听起来更具吸引力,他将自己发现的海岛称作"格陵兰(绿地)"。985年,25艘船只跟随他前往埃里克峡湾,最终只有14艘船只到达。他们发现了肥美的草地、新鲜的水源和低矮的灌木。这里的海洋水产丰富,陆地上也有各种各样的动物。很快,越来越多的人移居到这里,他们的后代在格陵兰岛居住了400年。

左图的人们正在切割鲸鱼。鲸鱼经常会在北大西洋的海岸搁浅,冰岛人也会用鱼叉猎杀鲸鱼。

上图:很长一段时间,格陵兰地区一直与欧洲保持着联系。他们的穿着款式和欧洲相同,比如这件14世纪的连帽斗篷。

发现北美洲

在听说西方有大陆存在之后,莱夫决定向西航行,一路沿海岸探险,最终到达一片生长着葡萄和浆果的土地,他把这片土地称为"文兰",意为葡萄酒的国度。他和船员们开始修建房屋,在这里度过一个冬季。随后,其他人也跟随而来。但是由于和当地土著人发生了冲突,维京人在北美的殖民只持续了3年的时间。后来,挪威专家在纽芬兰岛的兰塞奥兹牧草地发现了维京人定居地的遗址。

到达西方

9世纪，一些人为了寻找更多的土地或逃离日益加强的王权，开始背井离乡，向北大西洋上的一些岛屿迁移。最开始的时候他们选择了设得兰群岛，大约到了860年，移居的人们到达法罗群岛。维京人，主要是挪威人，开始大批定居在他们称之为冰岛的土地上。在冰岛，大部分地区是不适合居住的。大概100年后，红发埃里克发现了格陵兰西南部的丰美牧草地，并在985年，带领人们在那里建立殖民地。1000年，埃里克的儿子莱夫·埃里克森，成为第一个在北美登陆的欧洲人。

左图是在兰塞奥兹牧草地发现的一块用皂石制成的纺织锭盘，它应该属于某个欧洲人。

左图是格陵兰北部的因纽特人雕刻的挪威商人木像，时间大约是在1400年。

开拓者

在一个从来没有人类居住过的地方定居下来，挪威移民必须迅速投入工作，适应新的环境。例如格陵兰没有大树，埃里克的房子的椽子就是用鲸鱼的肋骨做成的。格陵兰人还发现了一个捕鱼的简单方法，那就是在海水退潮的时候在海岸挖一条壕沟，涨潮的时候，海水会带来很多比目鱼，当潮水再次退去，大比目鱼就会被困在壕沟里。

从冰岛出发，航行到格陵兰需要4天或更多的时间。移民们需要携带食品和必需的物资供给。他们到达目的地后，要快速投入工作。他们需要在几天之内建好居住的草房。食物，如肉类和鱼，对移民们来说没什么问题，但其他一些必需品就只能从冰岛运来了。

信奉基督教

维京人是异教徒，他们崇拜很多不同的神明。在他们心里，杀死基督教牧师和破坏修道院根本不算什么。但是随着与欧洲基督教国家的接触日益频繁，维京人的思想也开始发生改变。对于基督教来说，劝化北方的异教徒真的是一项艰巨的挑战。传教士和其他基督教徒试图劝化北欧人信奉基督教。一些维京商人发现，如果他们变成基督教徒，交易会变得容易一些，特别是对那些居住在基督教国家的维京人来说更是如此。基督教在斯堪的纳维亚地区的传播也正好符合了当时建立君主制的潮流。

这枚小小的银十字架发现于瑞典比尔卡的一座10世纪的坟墓里。这是在斯堪的纳维亚发现的最早的基督教标志之一。从样式上判断，这个十字架一定是在当地制作出来的。

左图是在丹麦日德兰半岛的一座教堂里发现的镀金银盘。盘子上的浮雕图案是从盘子后面敲击而成，描绘的是丹麦国王哈拉尔德·布鲁图斯正在进行基督教受洗仪式。

基督教的传播

各国国王意识到与基督教合作，虽然他们的权力会受到限制，但能够加强王室的统治。935年，基督教徒哈康成为挪威国王，他召来英国传教士，希望他们能劝化他的国民信奉基督教。虽然他没有成功，但是基督教却从此占据了一席之地。奥拉夫·特里格瓦森强迫他的臣民信仰基督教，但是在他去世之后，他的臣民们又回归信奉挪威宗教。基督教最终确立是在哈拉尔德·奥拉夫松统治期间。

78

这块刻有如尼文字的彩绘符石是哈拉尔德·布鲁图斯立在丹麦耶灵的。据说，是他让丹麦人成为基督教徒。

向基督教的转化

殖民国外的维京人转变较为迅速。870 年，丹麦人侵入东盎格利亚，杀死了基督教国王埃德蒙。从此丹麦人在这里定居下来，30 年后，他们开始纪念殉道士埃德蒙。有一段时间，基督教和异教信仰是并存的。冰岛殖民者赫尔吉信仰基督教，但是当他遇到危险时，他会向托尔祷告。建立了格陵兰殖民地的红发埃里克拒绝接受基督教，但是他的妻子泰约席尔德却信奉基督教，并将埃里克关在了卧室外面。

上图这张12世纪的挂毯来自瑞典，上面画着正在工作的基督教敲钟人。他们敲钟的目的是吓走可怕的怪兽，然而这些怪兽属于北欧神话，在基督教的信仰中并不存在。

起初木构教堂的基本规划就是四四方方的建筑，在每个角都有一根高大结实的立柱。随着时间的推移，木构教堂变得越来越大，越来越复杂。在最后的设计版本（维京时代之后），整个建筑都建得高于地面，以防止木材腐烂（左图）。

木构教堂

在斯堪的纳维亚人变成基督教徒之后，他们修建了很多教堂。它们和原来那些基督教地区修建的教堂大不相同。这些宏伟的教堂都是用木材建成的。像建造船只一样，这些教堂也是用木板或板条建成的，因而被称为木构教堂。这样的教堂在当时的挪威最为常见，至今仍有少量留存于世。

基督教工艺品

基督教在斯堪的纳维亚地区日益增强的影响力，可以通过在坟墓中发现的基督教物品数量的多少来衡量（尽管随着基督教的兴起，殉葬品变得稀少了）。其中最常见的就是作为宗教饰品的小十字架。到了 11 世纪以后，作为北欧宗教的标志，就像之前的雷神之锤一样，北欧制作的小十字架也拥有同样的艺术风格。

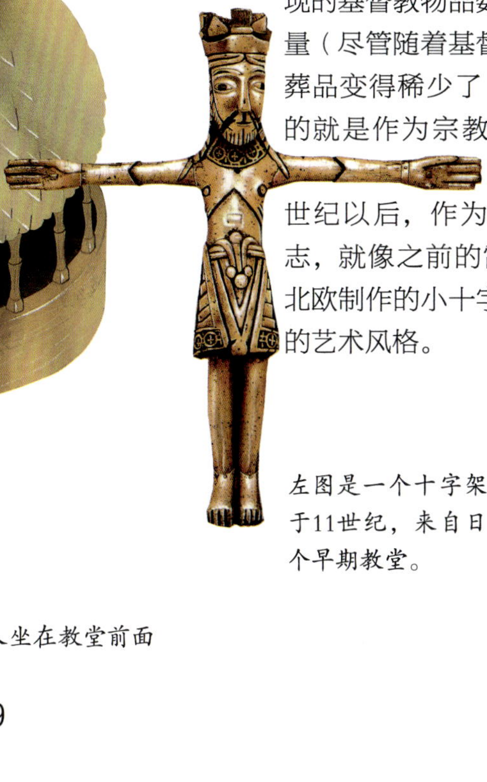

左图是一个十字架镀金铜像，制作于11世纪，来自日德兰半岛上的一个早期教堂。

❶ 盖有木瓦的木质屋顶
❷ 青兰属植物样式装饰
❸ 维京人教徒
❹ 雕花的木质长凳
❺ 在维京社会，最重要的人坐在教堂前面

79

文字

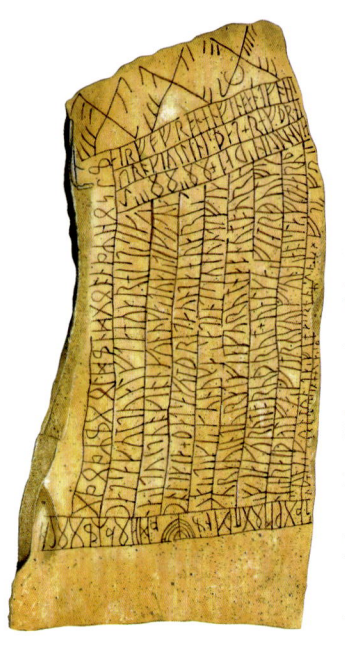

斯堪的纳维亚各地的人们使用共同的语言。在基督教时期之前，只有很少的人能够读书认字，而且那时也没有书籍。我们今天读到的冰岛传奇故事都是通过口口相传的方式流传下来的，在被文字记录下来之前，有些故事通过这样的方式传了几个世纪。然而维京人确实有一种书写的文字，叫作如尼文字。我们知道的绝大多数如尼文字都是来自纪念石碑，即刻着如尼文字的"符石"。北欧古代文字——如尼文字在城镇更为常见，那里的人们使用文字记录事件。

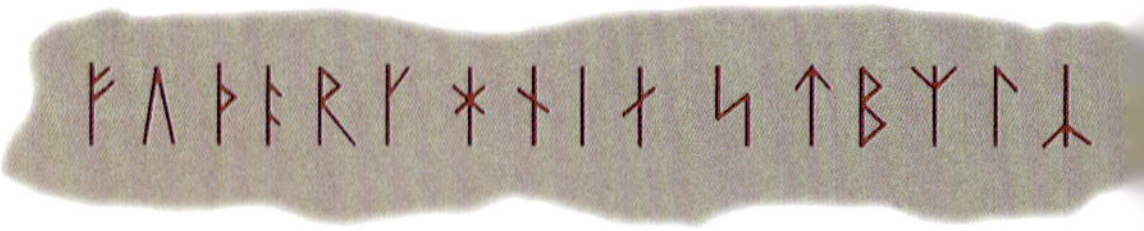

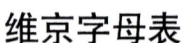

这块很大的瑞典符石（上图）上面写满了文字，是一位父亲写给死去儿子的纪念碑文。很多符石上面刻有图画，如这块符石上刻着丹麦的面具（右图），往往是雕刻好图案后再涂上鲜艳的颜色。

上图的如尼文是由竖线和斜线组成的，没有水平的线条。这是因为如果将如尼文刻在木头上，水平线条会和木头的纹理混淆在一起。

维京字母表

"弗萨克字母表"仅有 16 个字母。有时相同的字母代表不同的发音，有些发音没有对应的字母。因此，一个单词可能会有不同的拼读方法，这使如尼文字认读起来十分困难，因此它不适合写较长篇幅的文本。

符石

一些家庭会竖立纪念碑，在上面雕刻如尼文字，以纪念家族中某位著名的亲人或记录一段旅程。他们会将石碑立在一些显眼的地方，如十字路口或河流浅滩。保存到今天的大部分如尼文字都来自这些符石。人们也会将如尼文字刻写在其他材料上，如兽骨或木头。

文学

冰岛的传奇故事是欧洲文学的一个巨大宝藏，记录于 12—13 世纪。在此之前，这些故事只存在于人们的记忆中，通过吟唱诗人的传唱流传下来。有些传奇故事是杜撰的小说和充满奇幻色彩的玄幻故事。其他故事则是歌颂国王和传奇英雄们的事迹。只有很少一部分是讲述普通人的，如埃吉尔传奇故事。

诗歌

虽然有一些传奇故事采用了散文文体，但是大多数是以诗歌的形式存在。这是因为在用文字将这些故事记录下来之前，人们只能靠记忆来学习和传播，所以采用诗歌的形式要容易得多。斯堪的纳维亚的吟唱诗人在贵族的庭院诵唱，讲述自己雇主的伟大事迹。还有一类诗歌，如古冰岛诗歌，讲述的是北欧诸神和古代英雄的传奇故事。

上图是维京时代之后的一个手抄本上的插图，画的是埃吉尔·斯卡德拉格里姆松，他是一个战士、商人、诗人和农民，是埃吉尔传奇故事的主人公。

左图是《弗莱特岛记》中的一幅插图。《弗莱特岛记》写于13世纪，是一本多达226页的传奇故事集，里面包括了格陵兰传奇故事、莱夫·埃里克森发现北美洲的故事，以及挪威国王奥拉夫·特里格瓦松杀死野猪和海上女妖的故事。

符石的雕刻

维京人认为如尼文是诗歌之神奥丁发明的,因此拥有神奇的魔力。在早期,如尼文字被当作魔法咒语刻在武器上,以保护战士。有纪念意义的石碑是在较晚的时候出现的。有时,人们立石碑是为了纪念自己,如在韦斯比发现的碑文,其中有一段如此写道"为了纪念自己的荣誉,阿里特立此碑"。

上图的如尼文字是用刀或凿子刻出来的,因为在石头上雕刻弯曲的曲线比较困难,所以如尼文字全是由直线组成的。

有专门负责雕刻符石的工匠,而且雕刻出来的图案要被涂上颜色。通常碑上的如尼文字会被涂上红色、黑色或白色。

铁匠铺

铁匠铺里有一个熔炉和一个铁砧。金属在熔炉里加热至熔化，然后放在铁砧上用锤子和其他工具打造成不同形状。这些工具最后会作为陪葬品埋进工匠的坟墓里。在维京社会，铁匠是非常重要的人物，很受人们的尊重。他们甚至会出现在一些神话和传奇故事中。

斯堪的纳维亚最受欢迎的非基督教神灵托尔通常被描绘成拿着铁锤和铁砧的铁匠形象（右图）。

这2枚椭圆形胸针（左图）是由专业的工匠用黏土模具制成的。而穷人佩戴的都是大批量生产的廉价胸针。

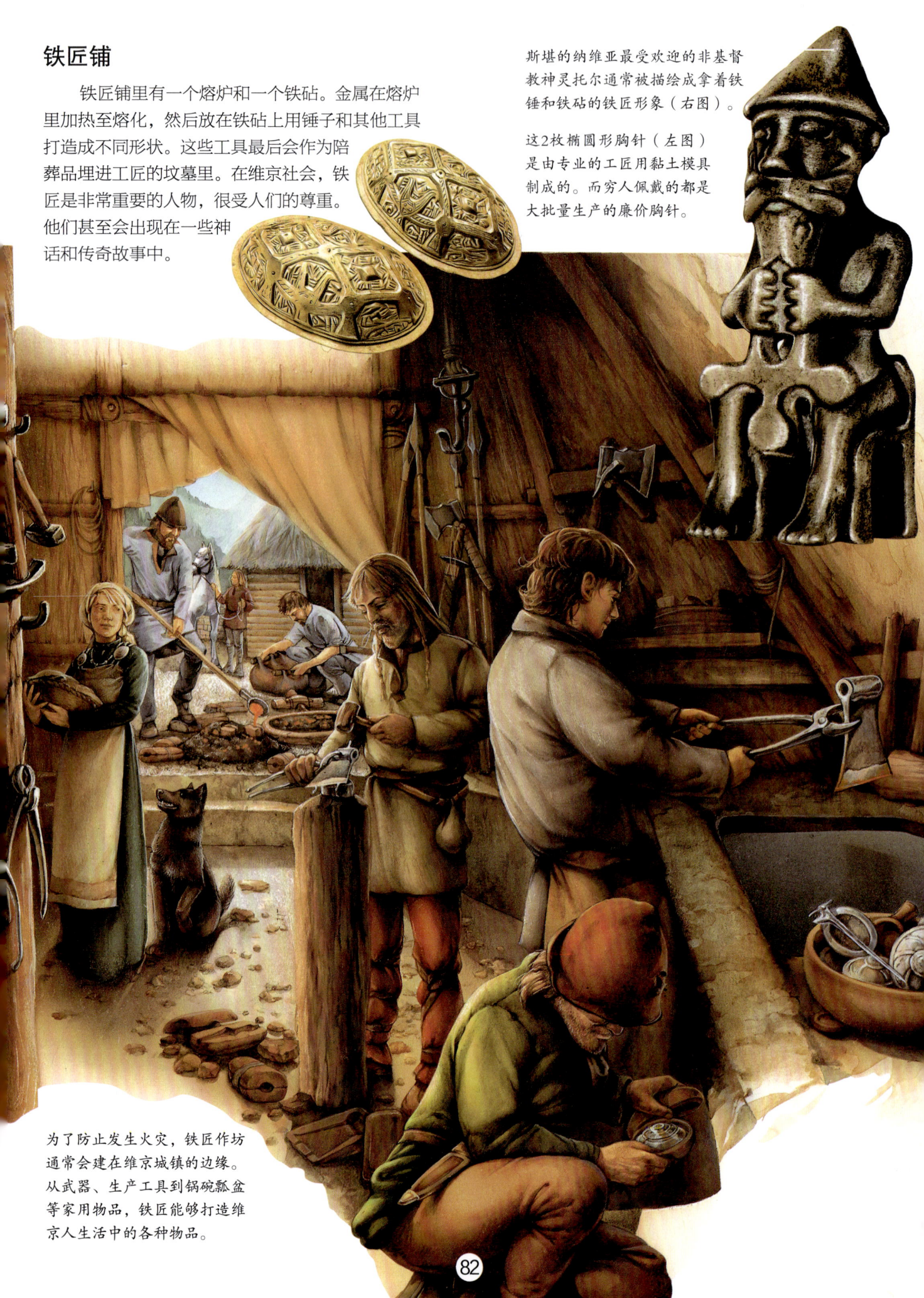

为了防止发生火灾，铁匠作坊通常会建在维京城镇的边缘。从武器、生产工具到锅碗瓢盆等家用物品，铁匠能够打造维京人生活中的各种物品。

82

金属制造

农夫离不开农具,战士离不开武器。维京工匠的技艺十分精湛,他们打造的金属制品在欧洲可以称得上是最好的。铁在当时被广泛地应用,如打造武器、工具和修建船舶。铁矿石主要分布在沼泽和湖泊等地。他们采用木炭炼铁法,通过熔炉将原铁从铁矿石中提炼出来,然后再锻造成铁条,运送到铁匠铺中。在铁匠铺里,铁条再次被熔化,打造成不同形状的物体。工匠也会冶炼其他金属,如铜和铅,将其熔化后浇入模具。

上图是一把剑的剑柄,它可能被用在某些仪式上或者战场上。

右图的这款镀金青铜针扣用来在肩膀处固定斗篷。

武器锻造

刀、斧、矛、箭头,特别是剑刃都是用铁打造的。一把好的宝剑非常珍贵,会得到主人的珍藏。维京铁匠的造剑工艺非常先进,剑刃用最坚硬的金属打造,剑脊则是由金属条联结而成,从而使剑更具灵活性,外观也更引人注目。

日常物品

在维京时代,大量实用性和装饰性的物品都是由金属制成的,从金银首饰到马具的铜配件,再到铁钉、船上的铆钉和绣花针。灶台上的铁锅并不是一次成型,而是由一些金属板铆接在一起制成的。另外很多工具也是用金属制成的,即使那些木制工具,如铲子,通常也会安一个铁边。

下图是斯堪的纳维亚铁匠用过的铁钳,在打造变软的热铁时,铁匠会用铁钳夹住热铁。

1936年,考古学家在瑞典哥得兰岛的沼泽里发现了一个工具箱,里面竟然装了200多件工具。既有木制品,也有金属制品,它可能属于一个富有家庭或者造船厂(下图)。

铁匠的工具

铁匠铺里打造出来的第一件重要物品,就是他们自己使用的工具。因为很多人,特别是挪威居民,居住的地方都很偏僻,所以几乎每家都有一个金属锻造间,而且普通农民可能也会自己打造和修理一些铁制工具。那些精细的工艺,如上面提到的剑柄,则是由居住在城里的专业工匠打造而成。

图书在版编目（CIP）数据

　　文明：手绘历史图鉴.凯尔特人和维京人/（英）尼尔·格兰特著；（英）曼纽埃拉·卡彭绘；谭斯萌，牟超译. -- 北京：北京日报出版社，2023.10
　　ISBN 978-7-5477-4211-2

　　Ⅰ.①文… Ⅱ.①尼… ②曼… ③谭… Ⅲ.①文化史 – 欧洲 – 上古 – 中世纪 – 儿童读物 Ⅳ.① K103-49

　　中国版本图书馆 CIP 数据核字 (2021) 第 264637 号

北京版权保护中心外国图书合同登记号：01-2022-5624

Everyday Life of the Celts & Everyday Life of the Vikings
Text by Neil Grant Copyright © 2017 Nextquisite Ltd., London
Illustration by Manuela Cappon Copyright © 2017 Nextquisite Ltd., London
First published in 2003 by McRae Books Srl, Florence (Italy)
All rights reserved.

文明：手绘历史图鉴

凯尔特人和维京人

出版发行：	北京日报出版社
地　　址：	北京市东城区东单三条 8-16 号东方广场东配楼四层
邮　　编：	100005
电　　话：	发行部：（010）65255876
	总编室：（010）65252135
责任编辑：	姜程程
印　　刷：	天津善印科技有限公司
经　　销：	各地新华书店
版　　次：	2023 年 10 月第 1 版
	2023 年 10 月第 1 次印刷
开　　本：	889 毫米 × 1194 毫米　1/16
总 印 张：	21.25
总 字 数：	660 千字
定　　价：	168.00 元（全 5 册）

版权所有，侵权必究，未经许可，不得转载